Klöster in Bremen

Wilhelm Tacke

Klöster in Bremen

Über 800 Jahre Konfessionsgeschichte der Freien Hansestadt Bremen

EDITION TEMMEN

Die Deutsche Bibliothek verzeichnet diese Publikation in der Deutschen Nationalbibliografie; detaillierte bibliografische Daten sind im Internet unter http://dnb.ddb.de abrufbar.

Herausgegeben im Auftrag des Katholischen Gemeindeverbandes in Bremen und mit freundlicher Unterstützung des Bonifatiuswerks der Deutschen Katholiken, Paderborn, der Bremer Landesbank, des Bankhauses Neelmeyer AG, der Commerzbank, Bremen, des Kaufhauses Leestra, der deutschen Provinz der Jesuiten und der Vereinigung für Bremische Kirchengeschichte e.V.

Margret und Alexandra,
Msgr. Ansgar Lüttel
Propst von St. Johann
Generaläbtissin Mutter Tekla Famiglietti
Mutter Walburga
und den Birgitten in Bremen
gewidmet

2., korrigierte Auflage 2005

Hohenlohestr. 21
28209 Bremen
Tel. 0421-348430
Fax 0421-348094
info@edition-temmen.de
www.edition-temmen.de

Gesamtherstellung: Edition Temmen
ISBN 3-86108-545-3

Inhaltsverzeichnis

Vorwort

Anläßlich der Einweihung des Birgittenklosters am 19. Oktober 2002 überraschte Bremens Bürgermeister Dr. Henning Scherf die Gläubigen in der Propsteikirche mit einer Entschuldigung für das, was Vorgänger-Senate den Katholiken in der Reformation angetan hätten. Er erwähnte dabei ausdrücklich die drei Klöster der Benediktiner, Franziskaner und Dominikaner, die damals sozusagen vom Rat kassiert wurden.

Eine noble Geste, die jedoch niemand erwartet hatte; die Katholiken am allerwenigsten. Die Zeiten waren eben damals nicht anders. Wir können das nicht mehr ändern, sondern als Nachgeborene höchstens - je nach Temperament - mit Kopfschütteln oder Schmunzeln quittieren. Außerdem wissen wir natürlich, in katholisch geprägten Gegenden ging man mit den Protestanten schließlich auch nicht zimperlich um.

Es bleibt daher nicht aus, wenn man über rund 800 Jahre Klosterleben in unserer nicht immer so ganz Freien Hansestadt berichtet, daß der konfessionelle Hader dabei eine Rolle spielt. Er wird vom Autor aber bewußt nicht dazu benutzt, alte - und weitgehend verheilte - Wunden wieder aufzureißen. Es geht weder um Vergangenheitsbewältigung noch gar um Entschädigungsforderungen. Wir sind ja schließlich nicht in Amerika. Es soll und darf vielmehr deutlich werden, wie weit wir es heute ökumenisch gebracht haben.

Der beste Beweis dafür ist der Bau des Birgittenklosters. Er hätte ein Jahrhundert vorher - ja, vermutlich sogar noch 50 Jahre vorher - wenn auch nicht zu einem Sturm der Entrüstung, aber doch wohl zu - teilweiser - Ablehnung geführt. Man braucht ja nur mal mit heute sechzigjährigen Katholiken zu reden. Die berichten unisono, daß sie es als einzige Katholiken in einer Schulklasse oder Gruppe in Bremen nicht immer leicht hatten. Mit der sprichwörtlichen »Weltoffenheit« und »Liberalität« der Hanseaten war es da nicht weit her, wie auch Bürgermeister Scherf bei passender Gelegenheit anmerkte. Katholiken und Juden wurden diskriminiert. Punkt!

Um so erstaunlicher ist die hundertprozentig positive Reaktion auf den Klosterbau im Schnoor und zwar bei Katholiken, Protestanten, ja, selbst bei kirchlich nicht Gebundenen.

Das ist ein Beweis dafür, was die ökumenische Bewegung geleistet hat. In Zeiten, wo in ökumenisch-orientierten Kreisen häufig der Frust regiert und jede päpstliche Definition von katholischen Selbstverständlichkeiten als ökumenischer Rückschritt interpretiert wird. Viele bedauern, noch nicht weiter zu sein. Da mag es angebracht sein, einmal innezuhalten und zurückzublicken. Dann kann man dankbar sein für das, was erreicht wurde. Außerdem mag man sich fragen, wem denn jetzt unsere - gemeinsamen - Vorurteile gelten. Denn ganz ohne dieselben kommt der Mensch augenscheinlich nicht klar. Leider!

Und noch etwas:

Dieses Buch ist nicht das Ergebnis intensiver Forschung. Es wurde nicht in den Quellen geforscht, sondern in den gängigen Bremensien nachgeschaut, was dort über die stadtbremischen Klöster zu finden ist. Auf einen wissenschaftlichen Apparat wurde verzichtet. Im Text und im Literaturverzeichnis werden jedoch die erwähnt, aus deren Werken dieses Buch entstanden ist.

Dabei wurden nicht nur die Klöster an sich beschrieben, sondern auch die Kommunitäten von Patres und Ordensschwestern unter die Lupe genommen, die sich zu zweit, zu dritt oder in größerer Zahl im nachreformatorischen Bremen niederließen, um hier diversen Tätigkeiten innerhalb ihrer Kirche nachzugehen.

Es ist eine spannende Geschichte des klösterlichen Lebens in der Hauptstadt des mittelalterlichen Erzbistums Bremen und in der Freien Hansestadt gleichen Namens dabei herausgekommen. Es ist die Geschichte von Aufschwung und Verfall des klösterlichen Lebens und es ist die Geschichte der Ökumene im letzten Jahrhundert. Sie führte zu einem Umdenken in beiden großen Kirchen. Man sah plötzlich nicht nur über den Rand der eigenen Kirchturmspitze hinaus, sondern tat das auch noch mit Wohlgefallen; meint: Man entdeckte bei dem anderen etwas, das verdrängt, beseitigt, diskriminiert oder desavouiert worden war. Und plötzlich galt es als wertvoll, weil man es mit anderen Augen ansah.

Es ist ein Stück Geschichte der Ökumene, die anhand der Klostergeschichte deutlich wird.

Da diese Geschichte für viele unbekannt und nur aus vielen Aufsätzen und Veröffentlichungen herauszufiltern ist, ist sie hier zusammengetragen worden. Die Geschichte hört aber nicht nur bei der Schließung der Klöster auf, sondern sie zeigt auch auf, was mit deren Resten geschah. Und sie vergißt nicht zu erwähnen, ob oder daß es die in Bremen einst ansässigen Orden noch gibt. Und sie erwähnt, wo man die nächsten findet. Denn der Autor weiß aus Erfahrung: Klöster sind wieder in.

Da die Einweihung des Birgittenklosters 2002 als erstes Kloster nach der Reformation der Anlaß für die Recherche zu diesem Buch war, kommt dieses Kloster selbstverständlich nicht zu kurz. Zwei weitere Kapitel beschäftigen sich mit den beiden Gründerinnen des Birgittenordens.

Natürlich konnte und wollte der Autor seine Herkunft »als Katholik vor dem Herrn« (taz) nicht verbergen oder gar verheimlichen. Es ist somit eine Klostergeschichte dabei herausgekommen, bei der die katholische und – hoffentlich auch – die ökumenische Sicht eine wichtige Rolle spielen.

Und nun:
Viel Freude bei der Lektüre!

Ihr Wilhelm Tacke

Die Mönche des Mittelalters

Das Paulskloster – Bremens vergessene Abtei: »... und zerstörten es an einem Tag«

Von der Gründung des Bremer Paulsklosters ist uns eine schöne Legende überliefert: Trutbert, der Graf von Stotel, wird nach wildem Kriegerleben fromm. Er zieht sich in die Kapelle des heiligen Paulus vor dem Ostertor zurück, um dort den Rest seiner Tage in mönchischer Ruhe und himmlischem Frieden mit Gebet und Arbeit zu verbringen. Aus Ärger darüber, daß sein väterliches Erbe der Kirche zufallen soll, wird er jedoch rückfällig: er betätigt sich als Raubritter. Das finden die Bremer gar nicht schön. Sie verhaften ihn. Er wird wegen Wegelagerei angeklagt und weil er auf der Königsstraße raubte und plünderte, vor seiner Einsiedelei geköpft. Dann aber müssen einigen Bremern Bedenken gekommen sein: Sie kümmern sich nämlich um das Seelenheil des Bösewichts, indem sie von seinem Besitz an jener Stelle ein Kloster bauen und es entsprechend dotieren.

Leider wird diese schöne Geschichte von der Studienrätin Luise Michaelsen in ihrer Doktorarbeit wortreich ins Reich der Märchen verwiesen. Sie traut zwei Urkunden mehr, die in der »Clausura« enthalten sind, dem bis heute erhaltenen Urkundenschrank des Bremer St. Paulsklosters. Die eine stammt von Erzbischof Adalbero aus dem Winter 1138–1139, wird aber »in der vorliegenden Gestalt« als »eine Fälschung auf echter Grundlage« angesehen. Deren Text sei »nur mit äußerster Vorsicht« zu genießen. Die andere stammt vom Erzbischof Hartwich II. aus dem Jahre 1185. In der ersten verspürt ein »Edelherr« Trutbert gegen Ende seines Lebens den Drang, »in capella illa sancti Pauli« vor der Stadt als Mönch zu leben und »diesem Ort aus eigener Kraft und mit Hingabe seiner Güter zu höherem Ansehen zu verhelfen. Doch bevor er seine löbliche Absicht verwirklichen« kann, stirbt er und überläßt dem Erzbischof die Ausführung seines generösen Plans. Der zweiten Urkunde entnehmen wir, daß Trutbert der »capella« seinen Besitz in Driftsethe, Kreis Wesermarsch, vermacht und der Erzbischof den Zehnten

Das Paulskloster aus der Rennerchronik des 17. Jahrhunderts

der Trutbertschen Ländereien hinzufügt sowie die Zehnten, die Trutbert vom Erzbischof als Lehen besaß, um das Kloster zu bauen.

Auch wenn uns die Studienrätin Michaelsen auf vielen Seiten abrät, die schöne Gründungslegende ernstzunehmen, sei hier ganz simpel angemerkt, daß dessen Autor Heinrich Wolters heißt, und der war schließlich Kanoniker und Kaplan des Bremer Erzbischofs Balduin II. (1435-1442). Er hätte sich doch an sich auskennen müssen, auch wenn er erst 300 Jahre nach der Klostergründung lebt.

Wie auch immer: In jener »Capella«, einer Kirche ohne Pfarrbezirk, vermutet man die Reste der Propstei St. Pauli, die Erzbischof Adalbert (1043-1072) im Jahre 1050 gründet und mit Gütern des Armenhospitals des heiligen Ansgar ausstattet, wie Adam von Bremen berichtet. Nach dem Tod des Edelherrn Trutbert ruft Erzbischof Adalbero (1123-1148) Ende 1131, Anfang 1132 Benediktinermönche nach Bremen, weiht einen Abt und vermehrt den Besitz des Klosters durch ansehnliche Schenkungen.

Trutbert wie der Erzbischof handeln als Kinder ihrer Zeit. Sie versuchen sich ihr Seelenheil durch die Stiftung eines Klosters zu sichern. Denn das Gebet von asketischen Mönchen gilt nach damaliger Auffassung im Himmel mehr als das von Weltpriestern. Auch deshalb entstehen zwischen 1080 bis 1200 allein in Norddeutschland 22 neue Männerklöster benediktinischer Observanz. Die Bremer Gründung liegt somit im Trend. Und laut der Chronik des Klosters Gosseck hat der Herr Erzbischof mit dem ersten Abt Bertold sozusagen das große Los gezogen. Der Chronist sieht in ihm »eine hervorragende Persönlichkeit«.

Die Äbte entstammen dem Adel, den Ministerialengeschlechtern des Erzstifts oder dem städtischen Patriziat. Daher kommen auch viele der Mönche. Natürlich zieht es auch Bauernsöhne ins Kloster. Denn nicht alle können auf dem heimischen Hof etwas werden. Die Fähigkeiten der Bauernsöhne kann die Abtei gebrauchen, fordert die Mönchsregel des heiligen Benedikt doch »ora et labora«.

»Ora«, das heißt fünfmaliges Chorgebet am Tag und die Konventsmesse am Morgen. Einige Mönche sind auch außerhalb des Paulsklosters mit »ora« beschäftigt: Sie wirken als Priester und Beichtväter in den Nonnenklöstern Heiligenrode, Neuenwalde und Osterholz. Dort versorgt etwa Pater Johannes noch 1528 die Osterholzer Nonnen »myt kirchendienst am ampt der heiligen Mess, Verhör der Beicht, trost und versehung der krancken, reichung des hochwürdigen sacraments und sunst aller ander christlicher Catholischer Nottorft«. Andere Mönche betreuen die Kapelle, die sie 1261 in Huntorf inmitten ihres Besitzes auf dem linken Weserufer bauen. Und in Asendorf stellen sie den Pfarrer. Die vielen Schenkungen von Bremer Bürgern belegen, daß die Mönche auch in der Stadt Seelsorge betreiben, sei es auch nur in der Form von Seelenmessen wegen erwähnter Wirksamkeit.

Das Siegel des Klosters

Relief des hl. Petrus mit Tiara auf dem Haupt.
1971 bei Bauarbeiten im Schütting verbaut gefunden. Eventuell aus dem St. Paulskloster

Beim »labora« geht es hauptsächlich um Landwirtschaft. Das Land wird in der Regel zu Meierrecht vergeben. Die Klostermeier liefern ihre Abgaben in Geld und Naturalien, sie leisten dazu Hand- und Spanndienste. Die Zinsen werden an Michaelis und Martini ins Kloster gebracht. Aber wenn es um Geldzins geht, sammelt der Prior oder Cellerar denselben höchstpersönlich ein. Auch der Zehnte macht den Cellerar mobil, ist der doch die zweitwichtigste Einnahmequelle. Der Cellerar rückt aus Bremen an, wenn das Getreide in Hocken auf den Äckern steht. Dann ist es an der Zeit, den Zehnten zu »ziehen«. Und selbstverständlich wagt kein Bauer in Stedingen sein Korn einzufahren, bevor nicht der Cellerar oder ein anderer Mönch den Zehnten gezogen hat. An Ort und Stelle wird das Zehntgetreide ausgedroschen und entweder umgehend verkauft oder als Korn per Schiff nach Bremen geschafft.

Das Kloster hat einen Wirtschaftshof in Huntorf und sein Klostervorwerk in der Ostertorvorstadt. Hier stehen auch die Klosterbäckerei sowie die Klosterbrauerei und es gibt eine nicht unbeträchtliche Viehzucht: Ende des 15. Jahrhunderts gehören ein Bulle, 26 Ochsen, 24 Milchkühe, elf Starke, 19 Kälber zum Klostervorwerk und in Heiligenrode hält das Kloster 31 Pferde bzw. Fohlen, zwei Säue und 73 Schweine. Ein Teil des Viehs steht in den Ställen des Vorwerks oder auf den Weiden der Pauliner Marsch. Die ist so groß, daß die Mönche noch 50 Kuhweiden verpachten können. Daß das Land ums Kloster fruchtbar ist, belegt folgende Episode: Der Bürgermeister Johann Hemeling unternimmt gar gegen Ende des 14. Jahrhunderts »den denkwürdigen Versuch, einen Weingarten in der Nähe des Paulsklosters anzulegen«. Ob der Bürgermeisterwein allerdings mit dem Klosterbräu konkurrieren kann, ist nicht bekannt.

Das »labora« besteht aber nicht nur aus Handarbeit. Die Abtei besitzt auch eine recht vielseitige Bibliothek. 1497 enthält sie exakt 199 Titel, darunter einige liturgische, viele juristische Folianten sowie Bücher hauptsächlich geistlichen Inhalts. Auch ein Skriptorium besitzt das Kloster, eine Schreibstube, in der Bücher abgeschrieben werden. Im 14. Jahrhundert gibt es gar eine Klosterschule. Wie lange sie besteht, ist leider nicht überliefert. Den Mönchen kann mithin nicht ein völliger Mangel an geistiger Tätigkeit vorgeworfen werden, wie Wilhelm von Bippen das im 19. Jahrhundert tut. Er schreibt in nachreformatorischer Überheblichkeit: Die Benediktiner, die »vier Jahrhunderte« in Bremen »gehaust« hätten, seien »in der Geschichte unserer Stadt fast ohne alle Bedeutung geblieben«. Er untermauert das mit dem Hinweis: »Gelehrte Studien« schienen »unter ihnen kaum geblüht zu haben und historische Aufzeichnungen« hätten sie nicht hinterlassen! »Erst die Zerstörung ihres Klosters in der Reformationszeit« sei »wieder« ein »Anlaß« gewesen, »ihrer zu gedenken«.

Das ist - ehrlich gesagt - dreist, kommt doch exakt damals die Bibliothek abhanden. Im übrigen scheint von Bippen die großen Leistungen vergessen zu haben, die gerade die Söhne des heiligen Benedikt vollbringen. Daß Europa nicht in Barbarei verfällt, als es an die Stelle des zerfallenden römischen Weltreichs tritt, verdanken wir dem Mönchtum. Dessen Ursprung liegt zwar im Eremitentum der ägyptischen Wüste, es wird aber zur Schöpferin der mittelalterlichen Stadtkultur. Und Mönche legen den Grund für die Kultur des Abendlandes.

Doch zurück zum Paulskloster! Ende des 15., Anfang des 16. Jahrhunderts diversifiziert sich das Kloster: Es mutiert zumindest teilweise zur Altenpension. Denn es nimmt einzelne »Prövener« auf, Bremer Bürger, die für eine Schenkung vom Kloster auf Lebenszeit versorgt werden.

Die Leitung der Abtei obliegt dem vom Konvent gewählten Abt und seinem Stellvertreter, dem Prior. Der Infirmarius kümmert sich um die Kranken. Der Thesaurarius hütet den Klosterschatz. Der Camerarius ist der Finanzminister. Der Cellerarius sorgt dafür, daß der Keller gut gefüllt ist, und der »magister caritatum« verwaltet die »Seelmeßstiftungen«. Die wiederum tragen nicht unwesentlich zum Reichtum des Klosters bei.

Wie viele Mönche die Abtei bevölkern, kann wegen fehlender Namenslisten nur dem Geschirr nach beurteilt werden: Danach können um 1474 nicht mehr als 20 Personen an der Klostertafel Platz nehmen. 1547 ziehen mit dem Abt nur noch fünf Mönche in die Stadt, um ihren Lebensabend sozusagen im Exil zu verbringen. Diese Tatsache belegt am deutlichsten, was von den Behauptungen im Ratsprotokoll zu halten ist. Den Mönchen wurde nämlich keineswegs gestattet, ihr Kloster in der Stadt zu errichten, nachdem sie dorthin angeblich ihre Inneneinrichtung gerettet hatten. Im Gegenteil.

Doch zurück zu den Anfängen! Rund hundert Jahre nach seiner Gründung verliert das Paulskloster zunehmend an Bedeutung. Denn es bekommt Anno 1225 unter Erzbischof Gerhard II. von der Lippe (1219–1258) in der Stadt »Konkurrenz« durch die neuen Bettelordensklöster der Dominikaner wie Franziskaner. Und zuvor steht unter Erzbischof Balduin (1169–1178) nicht gerade eine Geistesgröße als Abt dem Kloster vor. Einem Visitator des Baseler Konzils tritt in Abt »Henricus« ein »discretus tamen sed illiteratus«, zu deutsch ein »weiser, aber gleichwohl ungelehrter« Klostervorsteher entgegen.

Im 13. und 14. Jahrhundert ist das St. Paulskloster vor allem mit Verwaltung und Vergrößerung seiner Grundherrschaft beschäftigt. Die klösterliche Disziplin wird lockerer. Mönche aus Ministerialenfamilien besitzen Privateigentum und führen ab und an gar ein

Romantisierende Darstellung des Paulsklosters nach Zeichnungen Wilhelm Dilichs von 1603. Aquarell von J.F.W. Weymann

kampflustiges Ritterleben. Erste Mönche wohnen außerhalb der Klausur, betreiben eigene Handelsgeschäfte und zeigen sich in der Öffentlichkeit in unangemessener Kleidung, kurzum: sie tragen nicht ihren schwarzen Habit.

Bei derlei Regelverstößen dient das Paulskloster schon mal als Klerikergefängnis. So wird der Prior Meinhard nebst einem seiner Rasteder Konfratres wegen des fehlenden Mönchsgewands in der Öffentlichkeit im Paulskloster festgesetzt. Dort sitzt auch der Rasteder Abt Johannes Farbri ein, weil er die Unverfrorenheit besitzt, für seinen Sohn beim Erzbischof um Dispens nachzukommen. Er bekommt eine Strafe von 40 Gulden aufgebrummt und bleibt so lange im Paulskloster, bis er die Gulden zusammenhat.

Einen erneuten Aufschwung erlebt die Abtei im 15. Jahrhundert. Der neue Abt Heinrich schließt sich 1453 samt Konvent der Bursfelder Kongregation an. Abt und Mönche des Paulskloster sorgen auch dafür, daß andere Klöster diesem Schritt folgen und sich der strengeren Observanz unterwerfen. Das ist nicht verwunderlich, denn in den Nonnenklöstern Heiligenrode, Neuenwalde und Osterholz haben die Pauliner Äbte als Visitatoren die Oberaufsicht in geistlichen und weltlichen Dingen.

Das Ende der Benediktinerabtei auf der Düne vor dem Ostertore wird in den ersten Jahren der Reformation besiegelt. Kurz zuvor jedoch erlebt das Kloster noch einmal große Tage: Der Kardinallegat Raimund Peraudi, Bischof von Gurk, wohnt Anno 1503 eine Woche lang im Kloster, liest dort feierliche Messen und empfängt den Rat. Er ist auf Ablaßtour durch Norddeutschland und vermutlich der höchste kirchliche Würdenträger, den das Kloster je beherbergt hat. Er hinterläßt bei seiner Abreise im Dom eine volle Ablaßkiste. Sogar ein äußerst skeptischer Bürgermeister Daniel von Büren erwirbt damals einen Ablaß. Man kann ja nie wissen!

Zwanzig Jahre später sorgen dieselben Bremer, die sich damals mit Ablässen eindecken, um ihre Zeit im Fegefeuer zu verkürzen, und daher der Predigt des Kardinals im Paulskloster ehrfürchtig lauschen, dafür, die Abtei dem Erdboden gleichzumachen.

Wie es genau zum Abbruch des Klosters kommt, ist nicht mehr ganz zu klären: Vergessen werden darf aber nicht, im November 1522 beginnt in Bremen mit der Ankunft des Lutherfreundes und Augustinerbruders Heinrich Möller aus Zütphen die Reformation.

Und bei der geht es nicht nur um hohe Theologie, sondern auch ganz profan darum, wer in der Stadt das Sagen hat, der Rat oder der Erzbischof nebst Klerisei.

Rangeleien zwischen Bürgerschaft und Klerikern um Besitz gibt es aber schon vorher: 1483 entsteht beispielsweise ein Streit um den Besitz des Klosterkamps und des Feldes vor dem Steintor. Doch als zwei Bürgermeister, drei Ratsherren und der siebzigjährige Abt Heinrich von Schinna hoch und heilig beteuern, das Land sei immer im Klosterbesitz gewesen, trollt sich die protestierende Menge.

Als es 1523 erneut zur Demonstration um die Kämpe kommt, ist zwar auch ein Bürgermeister dabei, doch dieser, Johann Trupe, kommt nicht als Friedensstifter, sondern als Rädelsführer. Er sorgt dafür, daß die Zäune der Kämpe eingerissen und verbrannt und die Bäume in den Gärten abgehackt werden. Kurzum: Luise Michaelsen macht bereits »am Vorabend der Reformation eine ausgesprochen feindselige Stimmung aus«. Die habe sich aber weniger gegen das Kloster als geistliche Einrichtung gerichtet, sondern es sei um wirtschaftliche Belange, sprich um Besitz gegangen. Ein »Leben in Saus und Braus« werde den Mönchen nicht unterstellt. Die Bürger treiben es laut Michaelsen jedoch »mit ihrer Plage so arg«, daß Abt Heinrich Junge überlegt, »ob man das Kloster nicht besser niederreißen und an anderer Stelle wieder aufbauen solle«. Er habe sich das gar 1518 vom Generalkapitel der Bursfelder in Erfurt genehmigen lassen.

Darüber, wie es schlußendlich zur Zerstörung des Paulsklosters kommt, gibt es zwei Versionen: die des Ratsprotokolls von 1525 und die der Renner-Chronik. In ersterem behaupten die Bremer nachträglich, der Abt habe selber um den Abriß gebeten, wenn er das Hab und Gut des Klosters in die Stadt bringen und seinen Konvent dort wieder aufbauen könne. Zuvor habe ihn eine »hochbenombte person hogen standes« auf die militärische Notlage hingewiesen. Man befürchte nämlich, daß der Dänenkönig Christian anrücke. Der habe freies Geleit gefordert und zart angedeutet, er werde im Falle der Weigerung »jegen dat stifte leyde medebringen«. Klartext: Wenn der Wikingernachkomme anrücke, könne er sich leicht im Kloster festsetzen und von dort in die Stadt böllern. Der Abt habe mithin alles bewegliche Gut, die Kleinodien, die Altartafeln, die Orgeln, das Schnitzwerk von Stühlen, Altären und Bänken, Tische und Fenster in die Stadt gebracht und erst dann sei das Kloster zerstört worden.

Die Renner-Chronik berichtet, Abt Heinrich Junge habe es mit der Angst zu tun bekommen, als bereits erste dänische Reiter in der Nähe aufgetaucht seien. Voller Furcht sei er in die Stadt gestürmt und habe den Bürgermeistern, die gerade auf der steinernen Bank am Rathaus Gericht hielten, gesteckt, nun sei er bereit, das Kloster niederzureißen. Die Ratsherren vernahmen es nicht ungern.

Auf dem Markt habe Abt Heinrich noch wissen wollen: wie man in so kurzer Zeit die Zerstörung des Klosters hinkriegen wolle. Die Bürgermeister hätten daraufhin flugs den Lohgerber Hinrich Vollmers herbeigewunken und ihn gefragt, ob er Rat wis-

Das Siegel des St. Paulsklosters

Leuchter des Schmiedamts im Focke-Museum, Vorderseite und Rückseite

se. Und der wußte Rat. Denn »he sede Ja, leep upt Markt, sprak de gemene Borgerschap an und makede die wach, dat se na Hues lopen und haleden Exsen, Bilen, Spete, Helebarden, Vorhammers, Koevöte und andere Instrumente, fellen dat Closter an und verstörenden id up enen Dag, also dar dat nich mehr also dat Murwek stehende bleef; dat ander word geplundert, genammen und prisgemaket, darher den Monneken groth Schade geschah«.

Der Rat wäscht seine Hände später in Unschuld. Nur klingt seine Entschuldigung hohl. Platt ausgedrückt, empfindet er klammheimlich Freude über diesen Coup. Nicht auszuschließen, daß er »de gemene Borgerschap« gar zum Abbruch angestiftet hat. Das könnten die späteren Besitzverhältnisse in der »Pauliner Marsch« unterstreichen: Rat und Erzbischof nebst Domkapitel machen beim bremischen Teil des Klosterbesitzes halbe-halbe. So steht auf der städtischen Hälfte heute das Weser-Stadion und auf dem ehemaligen Besitz des Doms das Restaurant »Jürgens Hof«.

Der Abt leugnet übrigens »mit weinenden Tränen« auf dem Landtag von Basdahl, je mit dem Rat um den Abbruch des Klosters verhandelt zu haben. Vermutlich hat er recht, denn es müßte sich schon um ein besonders dämliches Exemplar von Abt gehandelt haben, das sein Kloster so mir nichts, dir nichts platt machen läßt.

Schwarzwälder faßt die Verantwortlichkeiten beim Abbruch vorsichtig so zusammen: »Wenn der Rat dazu auch nicht direkt Anweisung gab, so ermunterte seine Haltung doch zu dieser Tat, die Bremen um ein hervorragendes Bauwerk ärmer machte.« Im übrigen hätten Erzbischof und Geistlichkeit darin natürlich »nicht nur einen militärisch nützli-

chen oder gar notwendigen Akt« gesehen, »sondern« auch »einen Schlag gegen die Kirche«. Nur zu verständlich! Deshalb klagt Erzbischof Christoph von Braunschweig-Wolfenbüttel (1511–1558) auch den Rat auf dem Reichstag zu Regensburg in Gegenwart von Karl V. in einer Eingabe vom 18. März 1541 heftig wegen der Schließung von Klöstern, der Zerstörung des Paulsklosters sowie der Abschaffung des katholischen Ritus an.

Zu denken gibt selbstverständlich auch, daß die vom Abt ausgehandelten Bedingungen nicht eingehalten werden, als da sind: Aufbau des Konvents in der Stadt. Nach 1523 bewohnen die Mönche nämlich die stehengebliebenen Wirtschaftsgebäude des Klosters. Und einige ziehen auch in »ein eigenes kleines Haus«. Ein drittes Kloster, neben dem Dominikaner- und Franziskanerkloster in der Stadt, wäre den Ratsherren wohl zuviel gewesen, noch dazu in Zeiten der Reformation. Im übrigen können die Ratsherren sich auf die Statuten berufen, die selbiges bereits zweihundert Jahre zuvor verbaten.

Doch als im Schmalkaldischen Krieg 1547 die Belagerung Bremens droht, flüchten der Abt und die letzten fünf Mönche dennoch »in den Schutz der Stadtmauern«. Sie erhalten Unterkunft in der Kurie des verstorbenen Domherrn Simon von Drochtersen in der Nähe der Wilhadikapelle. Dort haust der Abt mit kleiner Dienerschaft allein in jener Kurie, »die von Jahr zu Jahr baufälliger« wird, als 1559 sein letzter Mitbruder, »der um das Kloster hochverdiente Prior Nikolaus Zierenberg«, stirbt.

Zuvor, Anno 1546, sammelt der Rat »alles Silberzeug der Kirchen« ein, um es einzuschmelzen, darunter auch den Schatz des Paulsklosters. Der Rat gibt ihn zum Einschmelzen in die Münze. Er will davon die Anwerbung von Landsknechten bzw. die Unkosten im Schmalkaldischen Krieg bestreiten. Der Klosterschatz erbringt eingeschmolzen ganze 66 Mark Silbers. Doch davon sieht der Abt natürlich nichts. 1562 vermacht er die Güter des Kloster nach seinem Tode testamentarisch dem Erzbischof. Dem luchst das Domkapitel unter anderem die Pauliner Marsch und die Ländereien vor dem Ostertor ab, »als Dank für die Behausung der Mönche und für den Dombau«. 1567 stirbt der letzte Abt Gerhard Vogt. Er wird im Dom begraben. Sein Grabstein ist im Dommuseum zu besichtigen.

Um an die Klostergüter heranzukommen, wählt die Bursfelder Kongregation im Oktober 1567 in der Mindener Abtei St. Simeon und Mauritius den Beichtvater der Zevener Nonnen, einen letzten (?) Pauliner Mönch, zum neuen Abt von St. Paul. Doch der Versuch, über ihn oder über Prozesse wie Briefe von Kaiser und Papst ans Klostergut heranzukommen, scheitert. Der Domdekan Joachim Hinck fragt keck zurück, wer sich denn, bitte sehr, um die armen Mönche gekümmert habe, als sie obdachlos geworden seien? Das sei doch wohl das Domkapitel gewesen. Und die Bursfelder hätten auch nicht mit Mönchen ausgeholfen, als es mit dem Konvent zu Ende ging. Das Kloster habe immer unter der Jurisdiktion des Erzbischofs gestanden und stehe augenblicklich unter der rechtmäßigen Hoheit des Domkapitels, da der Bischofssitz vakant sei. »Von einem Heimfall der Klostergüter an den Orden« könne mithin keine Rede sein.

Die letzten Klostergebäude und die Ruinen der Kirche werden von den Bremern nach 1523 nach und nach beseitigt. Da man das Kloster beim ersten Ansturm nicht ganz »dahlgekregen hade«, sind nun die Schmiede gefragt. Sie bekommen auf ein Jahr Dispens von der Bürgerwehr. Der Rat ist nämlich an den Mauersteinen interessiert. Er braucht sie für die Stadtmauer. Und auch die Elterleute zeigen Interesse. Sie lassen fuderweise Grausteine für ihren Schütting

Epitaph im Dom-Museum von Gerhard Vaget, dem letzten Abt des St. Paulsklosters, gestorben am 9. April 1567, begraben im St. Petri-Dom

rankarren. Und für den Straßenbau werden Reste des Paulsklosters ebenfalls wiederverwendet. Zum Dank bekommen die Schmiede eine Prozessionsstange mit einem Relief der Dreifaltigkeit auf der einen und einer Madonna im Ährenkleid auf der anderen Seite vom Rat verehrt. Sie hängt, von ihnen zum Leuchter umgestaltet, Jahrhunderte in ihrem Amt. Heute ist der Leuchter - jüngst restauriert - im Focke-Museum zu bewundern.

Kurzum: Der Rat hilft nicht nur kräftig mit, das Kloster - angeblich aus militärischen Gründen - abzureißen, nein er profitiert auch vom Recycling der Baumasse und reißt sich einen Teil des Grundbesitzes unter den Nagel.

Im 17. Jahrhundert wird der »St. Pauliberg« vor der Stadtmauer, auf dem das Kloster gestanden hat, für den Ausbau der Ostertorsbastion eingeebnet und damit die Erinnerung an die Abtei vor den Stadtmauern weitgehend beseitigt.

Die Szenekneipe »Paul's Kloster«, die Straße »Beim Paulskloster« und die »Pauliner Marsch« sind das einzige, was an die mittelalterliche Benediktinerabtei im Weichbild Bremens erinnert.

An die Braukunst der Mönche erinnerte allerdings zeitweilig die »St. Pauli-Brauerei«, die Lüder Rutenberg 1857 auf den Bleichwiesen vor dem Ostertor errichten und nach dem ehemals in der Nähe befindlichen Kloster benennen ließ. Reste der Brauerei, wie deren Keller, werden heute vom Theater am Goetheplatz genutzt. Eine letzte Reminiszenz an jene Brauerei ist die von Becks für den Export gebraute Biermarke »St. Pauli-Girl«. Zugegeben, eine sehr skurrile - um nicht zu sagen typisch bremische - Erinnerung an das einstige Bremer Männerkloster.

Es gibt aber auch ein paar handfeste Erinnerungen an Mönche wie Abtei. Neben dem schon erwähnten Leuchter des Schmiedeamts steht im Zimmer des Direktors des Bremer Staatsarchivs die »Clausura«, d.h. der gotische Urkundenschrank. An seinen Schubladen sieht man noch eine mittelalterliche Beschriftung. Und in der Universitätsbibliothek hält der Johannes-Kommentar des Dominikanerpriors Nikolaus Gorra die Erinnerung an das Benediktinerkloster wach. Und Dillichs Chronik kann man entnehmen, daß die Klosterkirche eine Basilika mit mächtigem Westwerk war, aus dem sich ein Turm erhob.

Zwar ist auch ein Verzeichnis der liturgischen Geräte des Klosters erhalten, nicht aber Nachrichten darüber, wie die Klosterkirche innen eingerichtet war. Wir wissen lediglich, daß der Bremer Bürgermeister Johann Vasmers im Paulskloster »vor der Taufe« seine letzte Ruhestätte findet. Er war 1430 auf dem Mühlenberg in der Nähe des Ostertors wegen Hochverrats hingerichtet worden. Wir wissen ferner, daß es neben dem Hochaltar zu Ehren des Apostels Paulus Seitenaltäre zu Ehren der Heiligen Pankratius und Silvester gab. Und es gibt noch zahlreiche Urkunden des Klosters.

Trotzdem: Nicht viel, was von der 473jährigen Geschichte des Paulsklosters übrig ist.

Dennoch! Es gibt kurz vor Erscheinen dieses Buches Neues zu berichten: Seit langem schon versucht Wolfgang Biller, Wirt der im Viertel verwurzelten Szenekneipe »Paul's Kloster« mit einem kleinem Stehkreuz und einem Rosenkranz im Vertiko hinter dem Tresen ein wenig mönchisches Ambiente zwischen die kunterbunten Wände seiner Kneipe zu zaubern.

Noch Neueres tat sich exakt gegenüber. Denn in der nahen Mozartstraße wohnt der gebürtig aus dem atheistischen Leningrad stammende Journalist und Historiker Alexej A. Tschernjak. Bei der Recherche zum 150jährigen Gründungsjubiläum der Straße im Juni 2003 fing er in Sachen Paulskloster Feuer und bat den Autor dieser Zeilen zum Straßenfest um einen Beitrag über die Geschichte der ehemaligen Benediktinerabtei vor den Toren Bremens.

Mit weitreichenden Folgen. Denn Tschernjak kam danach die Idee, eine mit Graffiti ver(un)zierte Hauswand flächendeckend mit dem Bild des St. Paulsklosters nach der Dilich-Chronik zu schmücken. Die Hausbesitzerfamilie Buchholz war begeistert, die Stiftung Wohnliche Stadt signalisierte finanzielle Unterstützung, Bühnenmaler des nahen Goethe-Theaters standen Pinsel bei Farben bereit, nur der Beirat bockte; präzise eine Beirätin. Sie machte sich stark für die kunterbunten Kleckse an der Hauswand: Das sei ›Pop Art‹ und somit ein erhaltenswertes Kunstobjekt, stehe sozusagen unter alternativem Artenschutz. Oder sollte die stimmgewaltige Beirätin vielleicht gedacht haben: Ein Kloster, ganz

Das Bier »St. Pauli-Girl«, für Amerika gebraut, hält die Erinnerung an die St. Pauli-Brennerei wach. Sie ist eine typisch bremische Reminiszenz an ein Männerkloster

Die Szenekneipe »Paul's Kloster« erinnert an die mittelalterliche Benediktinerabtei

groß und ausgerechnet im Viertel? Wir sind doch echt froh, daß wir das Original Annodunnemals so komplikationslos entsorgen konnten ...

Der »gelernte Bremer« Alexej Tschernjak läßt jedoch nicht locker. Er sucht Mittel und Wege, das St. Paulskloster doch noch an erwähnte Hauswand zu pinseln und somit zu neuen Ehren kommen zu lassen.

Und neuerdings sind sogar wieder Benediktiner in der Stadt aktiv. Wenn auch nicht persönlich. Sie kehren lediglich mit ihrem Klosterbräu zurück, dem berühmten Andechser Bier. Das fließt seit Mitte 2003 in den historischen Gemäuern des Dominikanerklosters St. Katharinen wieder, im »Andechser im Katharinenkloster«, so der Name der Klosterschänke im Zentrum Bremens. Sie ist benannt nach der Abtei auf dem »Heiligen Berg« oberhalb des Ammersees in der Nähe von München.

Das Kloster gehört zur Abtei St. Bonifaz in München und ist eine von insgesamt 30 Abteien, Prioraten und Klöstern der Benediktiner und 28 Abteien, Prioraten und Klöstern der Benediktinerinnen in der Bundesrepublik. In ihnen leben und wirken rund 880 Mönche. Weltweit gibt es rund 30.000 Benediktinerinnen und Benediktiner.

Gründer des Ordens ist der heilige Benedikt von Nursia. Er lebte im 6. Jahrhundert auf dem Monte Cassino südlich von Rom. Dort verfaßte er seine Mönchsregel nach dem Vorbild der Regeln der ägyptischen Wüstenväter Antonius und Pachomius. Der benediktinische Habit entstammt der Kleidung der römischen Sklaven, Arbeiter und Bauern. Sie war somit zu Anfang keine mönchische Standeskleidung, sondern der Versuch, nach außen zu zeigen, daß es innerhalb der klösterlichen Gemeinschaft keine Unterschiede geben darf. Deshalb tragen Abt, Priestermönch und Laienbruder den gleichen Habit. Der Abt ist lediglich am Brustkreuz und seinem Abtsring am Finger zu unterscheiden.

Die beiden wichtigsten Grundlagen der benediktinischen Spiritualität sind die Heilige Schrift und die Ordensregel.

Die Männerklöster sind in 21 Kongregationen zusammengeschlossen. Eine Kongregation besteht aus mehreren Abteien, die aufgrund geographischer und sprachlicher Herkunft bestimmte Gemeinsamkeiten haben und übereinstimmen in der Interpretation der Regel. Alle

Clausura, Archivschrank des Paulsklosters im Staatsarchiv

Kongregationen zusammen bilden die weltweite Benediktinerkonföderation. An der Spitze jeder Kongregation steht ein auf sechs Jahre gewählter Abtpräses, an der Spitze der Konföderation ein auf acht Jahre gewählter Abtprimas mit Sitz in Rom. Die Männer-Abteien sind exempt. Das heißt, sie sind allein dem Papst weisungsgebunden. Sie unterstehen daher nicht den jeweiligen Diözesanbischöfen, wie es im Mittelalter ein Bremer Domherr dreist behauptet. Wirtschaftlich sind sie autonom.

Der Name »Abt« kommt vom biblisch-aramäischen Wort »aba«, gleich »Vater«. Seine gräzisierte Form αββα wird im Neuen Testament auch für Gottvater gebraucht. Analog bezeichnet das Wort »Abt« den Vorsteher einer klösterlichen Mönchsgemeinschaft, vorwiegend einer benediktinischen. In der Benediktusregel wird der Abt als geistlicher »Herr« und »Vater« gesehen, dem die Mönche Gehorsam bezeigen. Im Abt begegnen die Mönche Christus selbst.

Klöster, denen ein Abt als Oberer vorsteht, werden Abtei genannt. Zur Gründung einer Abtei bedarf es laut Tradition zwölf Mönche nebst Abt. Kleinere benediktinische Klöster nennt man Priorate, weil ihnen ein Prior vorsteht. Der Prior ist im Priorat der Chef, in einer Abtei aber nur der Stellvertreter des Abts. Er verfügt nicht über die Pontifikalien. Das heißt, er darf nicht wie der Abt Ring und Brustkreuz, Mitra und Stab tragen.

Wer heute von Bremen aus ein Benediktinerkloster besuchen will, der muß mindestens 100 Kilometer hinter sich bringen, dann trifft er im Norden auf das Priorat St. Ansgar in der Wasserburg Nütschau, nördlich von Hamburg, oder im Süden auf das Priorat St. Benedikt der Missionsbenediktiner von Münsterschwarzach in Damme, auf die Abtei St. Josef in Gerleve bei Münster und auf die Benediktinerinnenabtei St. Scholastika in der Wasserburg der Grafen von Galen bei Dinklage.

Das Dominikanerkloster St. Katharinen: Von »Donnerern« und Ketzern

Um gleich mit der Tür ins Haus zu fallen: Die Dominikaner haben im nachreformatorischen Bremen keine gute Presse. Das liegt u.a. daran, daß vor allem die beiden Bremen-Historiker des 19. Jahrhunderts, Wilhelm von Bippen und Johann Hermann Duntze, das vorreformatorische Geschehen durch ihre arg beschlagene, enge protestantische bzw. aufklärerische Brille betrachten. Sie nehmen das Wirken der Dominikaner daher nur schemenhaft bzw. sehr punktuell wahr.

– In Bremen nennt man die Mitglieder des Ordo praedicatorum übrigens »schwarze Mönche«, da sie wegen des Bremer Schmuddelwetters über ihrem weißen Habit meistens ihren schwarzen Mantel tragen. Das geht auf die Bezeichnung der Dominikaner in England zurück. Dort nennt man sie »Black Friars«, Schwarze Brüder, weil sie wegen des rauhen Inselklimas schwarze Kutten und Kapuzen über einer weißen, wollenen Tunika tragen. –

Fragen wir uns trotzdem: Wo liegen die Gründe für v. Bippens Kritik?

Da ist zum ersten davon zu reden, daß die »schwarzen Mönche« sich sozusagen mit allerhöchster Protektion in Bremen ansiedeln. Denn zwei Jahre, nachdem sie am 9. Oktober 1225, »uppe Dionisius dage«, ihre Füße in die Stadt setzen, hilft ihnen ein päpstliches Empfehlungsschreiben dort auch Fuß zu fassen.

Wilhelm von Bippen vermutet, Erzbischof Gerhard II. könne gute Gründe gehabt haben, sich über die Ankunft der »Predigermönche« zu freuen. Denn an sich kommen sie äußerst ungelegen: Es herrscht Hungersnot. Trotzdem werden sie freundlich aufgenommen und ein reicher Bremer namens Rembert spendiert gar ein Grundstück an der Sögestraße zum Bau des Klosters; mitten in der Stadt.

Der Papst schreibt selbstverständlich nicht ohne Hintergedanken, vermutet von Bippen. Gregor IX. bedient sich bekanntlich gleich zu Beginn seines Pontifikats der Predigermönche als »Domini canes«, als »Spürhunde des Herrn«. So nämlich werden die Söhne des heiligen Dominicus später spöttisch genannt. Heißt: Er benutzt sie zur Ketzerverfolgung.

Den direkten Draht des Papstes nach Bremen vermittelt ein Dominikaner, der gebürtig aus Wildeshausen stammt. Sein

Rekonstruktion einer Ansicht des Dominikanerklosters St. Katharinen von 1300, Zeichnung von J. D. Heinbach, 1734

Das St. Katharinenkloster außen im Jahre 1764, gezeichnet vom Feuerwerker Daniel Heinbach

Name: Johannes Teutonicus oder Johannes von Wildeshausen. Er macht Karriere bei den Predigerbrüdern, wird Beichtvater des Papstes und später vierter Ordensgeneral. Er schaut sich kurz nach der ersten Papstepistel in Begleitung des Kardinaldiakons Otto von San Nicola in Carcere Tulliano wohl aus obigen Gründen bei den Predigermönchen in Bremen um. Der Kardinal jedenfalls betraut die gerade angekommenen Mönche mit der Visitation der Diözesen Bremen und Verden. Und von der Visitation ist es damals nur ein kleiner Schritt zur Inquisition.

»Mit wahrer Hast« habe sich »der junge Orden des heiligen Dominicus über Deutschland ausgebreitet« und wohin er gekommen sei, das »Amt des Ketzergerichts an sich« gerissen, kommentiert Wilhelm von Bippen den Start der Predigermönche in Bremen in seiner Geschichte Anno 1892 mit kritischem Unterton. Die Predigten der Dominikaner hätten auf alle Fälle »eine neue Anregung in das ausschließlich von der Kirche beherrschte geistige Leben« gebracht. Kein Wunder, »daß sie damit rasch eine breite Popularität gewonnen und die Massen mit ihrem engen Geiste erfüllt« hätten.

Die spitze Bemerkung über den »engen Geist« zielt auf die Rolle, die die Predigermönche im Kampf gegen die Stedinger spielen. Und damit wären wir bei einem zweiten Grund für die schlechte Presse. Es geht dabei um das aus der Sicht eines Nachgeborenen recht unappetitliche Kapitel eines »Kreuzzugs« gegen freie Bauern.

1231 überträgt Papst Gregor IX. den Dominikanern allgemein die Inquisition. Sie war bisher Aufgabe der Ortsbischöfe. Für die Aufspürung der Ketzer ernennt der Papst nun päpstliche Inquisitoren. Die kommen aus den mobilen Bettelorden; vornehmlich aus dem Dominikanerorden. Unter sie kann man wohl auch die »zwei Predigerbrüder des Catharinenklosters« zählen, die »mit wilder Predigt gegen die Stedinger« anpredigen, wie Duntze sich ausdrückt.

Worum geht's?

Es ärgert den tatkräftigen Erzbischof Gerhard II. von der Lippe (1219–1258) ungemein, daß es in seinem Erzbistum am linken Weserufer ein freies Bauernvölkchen gibt, das sich konstant weigert, den Zehnten an ihn abzuliefern. Das will er nicht länger dulden, zumal er klamm ist. Er schickt daher mutige Dominikaner an die Bauernfront. Einer von ihnen nervt die Bauern besonders mit den erzbischöflichen Zehntforderungen. Daher machen die Stedinger kurzen Prozeß: sie enthaupten ihn. Damit haben die Dominikaner einen Märtyrer und der Erzbischof einen Vorwand, endlich loszuschlagen. Wegen Priestermords verhängt er augenblicklich das Interdikt.

Nun beginnen die »Domini canes«, unterstützt durch Bullen aus Rom mit Ablaßversprechungen, ihre »Kreuzpredigt«. Ein erster Versuch, die aufmüpfigen Bauern Mores zu lehren, endet in einer Tragödie: Der Bruder des Erzbischofs, Graf Hermann von der Lippe, verliert in der Schlacht sein Leben. Die Schmach, von »dummen« Bauern besiegt worden zu sein, wurmt den Erzbischof so, daß er voll Zorn über den Tod seines Bruders die Stedinger auf der Diözesansynode vom 17. März 1230 zu Ketzern erklärt.

Die Stedinger hängen in der Tat wohl noch altgermanischen Gebräuchen an. Ihr vom Erzbischof aufs Pergament gekritzelte Sündenregister ist lang: Von der Verachtung der Sakramente über Hostienfrevel, Priestermord, Zauberei und Wahrsagerei ist da die Rede. Und selbst Johann Hermann Duntze, als reformierter Pastor eher ein Freund der Stedinger, berichtet, sie hätten »in der Kirche zu Berne den Teufel in Gestalt einer Katze« angebetet. In Wirklichkeit hätten sie aber »um ihr Volksthum gegen Priester- und Adelsherrschaft« gekämpft.

Kurzum: Es geht um ihre Freiheit. Und die verlieren sie letztendlich unter tatkräftiger Mitwirkung der Dominikaner. Wohl über den direkten Draht zu Johannes von Wildeshausen, der gerade in Bremen weilt, wird der Papst bemüht. Er empfiehlt Johannes wie dem Bremer Dominikanerprior, mit allen Mitteln gegen die Ketzerei der Stedinger einzuschreiten und den Adel von umzu dabei um Hilfe zu bitten. Auch der Schutzbrief Kaiser Friedrichs II. mit den bekannten Ketzergesetzen kommt 1232 den Bremer Predigermönchen äußerst gelegen. In ihnen wird nämlich für Ketzerei der Tod auf dem Scheiterhaufen dekretiert. Der Kaiser schreibt: »Hierdurch machen wir allen bekannt, daß der Prior und die Brüder des Predigerordens in Bremen für den Dienst des Glaubens in den deutschen Landen gegen die Ketzer bestellt sind ... daß sie in unseren und des Reiches besonderen Schutz aufgenommen sind, und wir wollen, daß sie bei allen Gläubigen des Reiches Hilfe und Empfehlung finden.«

Im selben Jahr kommt mit Datum vom 29. Oktober eine weitere Bulle aus Rom, die nun ausdrücklich von »Kreuzpredigt« gegen das aufmüpfige Bauernvölkchen spricht. Und einen Ablaß gibt es auch, wenn auch noch keinen vollkommenen. Nun legen die Fratres vom Ordo praedicatorum richtig los. Sie predigen in ganz Norddeutschland den Kreuzzug gegen die Stedinger.

Doch 1233 sind der Kämpfer trotzdem nur wenige, so daß die Bauern erneut obsiegen. Ihr Vorteil ist: Die Kämpfer müssen durchs Moor, um den Bauern was aufs Haupt zu geben. Erzbischof Gerhard sieht sich nun nach neuen Bundesgenossen um. Die Predigermönche greifen ihm dabei tatkräftig unter die Arme: Sie vermitteln einen Vertrag zwischen dem Erzbischof und der Stadt. Doch der und eine erneute päpstliche Bulle an die umliegenden

Ein Dominikaner aus dem Kloster St. Katharinen

Bistümer bringen noch immer keinen Sieg. Es gibt eher Verluste. So Graf Burchard von Oldenburg. Er fällt im Moor.

In der Bulle »literre vestre nobis« vom 17. Juni 1233 rückt der Papst endlich den vollkommenen Ablaß heraus. Und nun überziehen »die Predigerbrüder wie Wolken das Rheingebiet, Westfalen, Holland, Flandern und Brabant und suchen Fürsten und Völker gegen die Stedinger aufzureizen«, wie Abt Emo vom Kloster Witt-Werum berichtet. Kein Wunder, daß sie jetzt ein großes Kreuzzugsheer zusammenbringen mit einigen Hochadeligen an der Spitze, wie den Sohn des Herzogs Heinrich von Brabant und die Grafen von Holland, Oldenburg, Geldern, Jülich, Berg und Cleve. Und da die Bremer auch noch einige Truppen per Schiff über die Ochtum zur Walstatt schippern - gegen Bezahlung natürlich - werden die Stedinger am 27. Mai 1234 in der Schlacht von Altenesch total besiegt. Während der ungleiche Kampf auf dem Schlachtfeld tobt, steht der Klerus in der Ferne und erfleht unter dem Gesang des alten Kirchenliedes »Media in vita« vom Himmel den Sieg des Kreuzes, der - diesmal - auch nicht ausbleibt. Ein wirklich passendes Lied: »Mitten im Leben sind wir vom Tod umfangen ...«

Nehmen wir den Historiker Wilhelm von Bippen ernst, so ist »ihr geräuschvoller Anfang«, wie er den Kreuzzug gegen die Stedinger nennt, »auch zugleich« ihr »Höhepunkt« gewesen. Denn in den folgenden Zeiten wären die Dominikaner »nur noch wenig hervorgetreten. Eine politische Rolle« hätten sie »nicht wieder gespielt«. Sie hätten es »vorgezogen, sich auf ihre kirchlichen Aufgaben zu beschränken, welche ihrem Kloster den Besitz eines nicht unbedeutenden Güterkomplexes, ihnen selbst, dem Armutsgelübde zum Trotz, eine behagliche Existenz sicherte. So haben sie drei Jahrhunderte hier gehaust, bis die reformatorische Bewegung ihrem anscheinend unbedeutenden Dasein ein klangloseres Ende bereitete«.

Und nun rückt von Bippen mit einem weiteren Grund für die schlechte Presse heraus: »Die Predigt Heinrichs von Zütphen«, des Reformators in Bremen, habe »in ihnen den alten Geist der Ketzerrichterei wieder geweckt und ihnen zu heftigen Auslassungen wider den Reformator und den Rath Anlaß gegeben.« Von Bippen süffisant: »Sie mochten wohl fühlen, daß es sich um ihre Existenz handele.« Fazit: »Der Rath verwies die lautesten Eiferer unter ihnen, den Prior und den Lesemeister, schon im Jahre 1524 der Stadt und schloss einige Jahre später, 1528, das Katharinenkloster gleichzeitig mit dem Franziskanerkloster völlig.«

Die Katharinenschule, nach einer Medaille von 1684, in Vergrößerung gezeichnet von Dr. J. G. Kohl

Doch der Rauswurf der »Ketzerrichter« ist von Bippen augenscheinlich peinlich. Er spricht daher von einem »exorbitanten Schritte«, zu dem sich der Rat »auf Drängen der Bürger ... gegen die Mönche von St. Katharinen entschlossen« habe. Er entschuldigt das Berufsverbot, indem er es, als »nur durch die Sorge für den Stadtfrieden begründet«, bemäntelt. Und wie um das zu unterstreichen, nennt er die der Stadt verwiesenen vier Mönche »Schreier«. Domprediger Heinrich Wilhelm Rothermund spricht davon, sie hätten von ihrer Kanzel herab gegen die neue Lehre »gedonnert«. Damit tun sie nur das, was laut Ordensgründer St. Dominikus (1170–1220) Ziel des Ordens ist, durch Studium und Lehre, durch Predigt und Frömmigkeit den rechten Glauben gegen Ketzer und Häretiker zu verteidigen. Und damals betrachten sich Katholiken und Protestanten ja in der Tat gegenseitig als Häretiker.

Das »Donnern« spricht mithin für die Courage und für die Bildung der vier aus dem Ordo Praedicatorum. Denn die Dominikaner haben als gebildete Theologen im Gegensatz zu den Meßpriestern, die der Predigt häufig gar nicht mächtig sind, die »Konkurrenz« der Prediger der neuen Lehre am wenigsten zu fürchten: Auf der Kanzel kennen sie sich aus, predigen sie doch nicht nur in ihrer Klosterkirche, sondern auch in St. Ansgarii. »Die Predigt des Wortes Gottes war ein Bedürfnis der Zeit voll innerer Zerrissenheit geworden«, erkennt sogar Duntze an. Nur denkt er dabei ausschließlich an die protestantische Predigt. Für die Bildung der Mönche spricht auch, daß sie um 1450 das Recht einer theologischen Fakultät erhalten und mit Vorlesungen und Disputationen beginnen.

Siegel des St. Katharinenklosters

Ja selbst die Wahl des Patronats der heiligen Katharina ist ein Hinweis auf die wissenschaftliche Ausrichtung der Bremer Dominikaner wie des Dominikanerordens im allgemeinen. Denn die heilige Katharina von Alexandrien bekehrt laut Legende schließlich die Creme der heidnischen Philosophen dank ihrer Weisheit zum Christentum, als dieselben zu ihr ins Gefängnis geschickt werden, um sie zum Heidentum zu bekehren. Hoch im Kurs bei Dominikanern steht auch die andere Katharina, die aus Siena. Denn sie verkörpert wie die von Alexandrien die Verbindung von Gelehrsamkeit und Brautschaft mit Christus.

Daß die 30 Predigermönche, die es am Ausgang des Mittelalters im Kloster gibt, auch Seelsorge betreiben, streifen beide Historiker nur am Rande: So überliefert uns Johann Hermann Duntze folgendes, nachreformatorisch eingefärbt: »Von milder Hand wußte sich ihr Convent, der aus dem Prior, ... Lesemeister, Custos und ihren übrigen Brüdern bestand, bald Güter zu erwerben, wozu Messelesen, Beichtehören, Verkauf päpstlicher Ablässe reichlich mithalf.« Ja, Duntze bezeichnet die Prediger als »Kleinhändler und Detaillisten« auf dem Gebiet der Stiftungen und Vermächtnisse.

Predigt und Seelsorge sind in der Tat die Ziele dieses Bettelordens. Deswegen wollen sie mit ihren Klöstern mitten in die Stadt unter die Menschen. Und das kommt an. Seelsorge betreiben sie auch im nahen Beginenhof wie dem Kanonissenstift in Bassum und der Zisterzienserinnenabtei in Lilienthal.

Sie sind den Menschen auch in seelischen Nöten nahe, etwa wenn die Stadt mit Interdikt belegt ist und dann auch Seelenmessen ausfallen müssen. Papst Gregor IX. befreit die Predigermönche nämlich aus der Jurisdiktion der Bischöfe. Er gestattet ihnen an gewissen Tagen Ablässe auszuteilen und sogar an Orten zu betteln, zu predigen und Beichte zu hören und Messen bei offenen Türen zu lesen, die mit dem Interdikt belegt sind. Und auf ihren Friedhöfen dürfen sie Fremde bestatten.

Da ihrer Fürbitte bei Gott nach landläufiger Meinung größerer Einfluß zugestanden wird als den Weltpriestern, sind sie beim Volk äußerst beliebt. Das macht sich an zahlreichen Schenkungen fest. Und sie werden häufig als Zeugen bei Beurkundungen oder als Vermittler geholt. Vermutlich bringt man ihnen wegen ihrer wissenschaftlichen Ausbildung mehr Vertrauen entgegen als anderen Klerikern.

Das bestätigt Herbert Schwarzwälder im 20. Jahrhundert sine ira et studio: »Die Dominikaner im Katharinenkloster empfingen zahlreiche Memorienstiftungen von Bürgern, übernahmen Begräbnisse und Beichten, schlossen auch Bruderschaften mit Kürschnern und Bäckern - sehr zum Ärger der Pfarrgeistlichkeit. 1506 kam es wegen der Seelsorge im St. Jürgen-Gasthaus zu einem heftigen Zwist zwischen Kaplänen von St. Ansgarii und

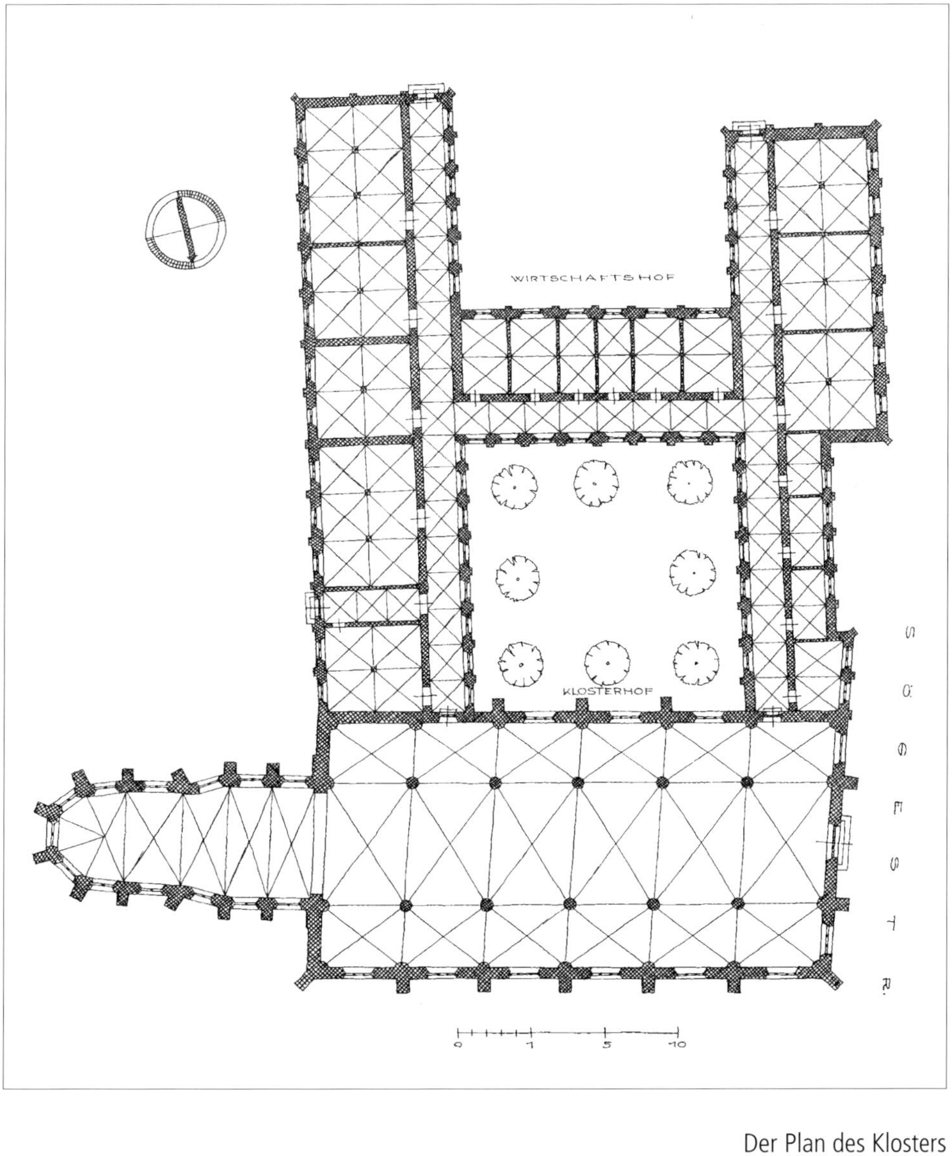

Der Plan des Klosters

den Dominikanermönchen. Die Sympathie der Bürger war in allen Fällen auf der Seite der Mönche.«

Duntze hingegen behauptet: »Die Gegenwart dieser bettelnden Mönche mochte jedoch der Bürgerschaft bald lästig werden, wie denn am Ende des Jahrhunderts bereits ein Statut erfolgte, daß keine anderen Mönche als die Prediger und die Barfüßerbrüder innerhalb der Stadt wohnen sollten; man habe deren wohl mehr als genug.« Man hatte nicht, wie Schwarzwälder bestätigt.

In den »Denkmalen der Hansestadt Bremen« beschreibt von Bippen süffisant und polemisch den Fortgang der Ereignisse. Er soll hier deshalb in voller Länge zu Wort kommen: »In den Räumen der ›schwarzen‹ Mönche, ›de unse gelt nehmen unde uns den düvel geven‹, wurde bald darnach die neue Lateinschule eingerichtet, welcher sich seit 1584 die Bremische Hochschule, das Gymnasium illustre, anschloß; und die Mönche zogen es vor, anstatt fruchtlosen Widerstandes im Jahre 1534 ihren Frieden mit der Stadt in einem Vertrage zu machen, welcher dem Prior Hermann Velthusen und sechs Brüdern, ›de dusset also gefordert‹, das Bräuhaus, den Keller, die Küche, die neue Gastkammer mit der Dornse – dem heizbaren Zimmer –, dazu jedem seine Zelle und noch eine Gastkammer hinter der Liberie und endlich den Gang zu der Sacristei und dem Chore zu lebenslänglichem Gebrauch überliess und jedem eine Rente von 25 Mark jährlich sicherte.

Wie lange die Brüder auf Grund dieses liberalen Abkommens hier noch gehaust haben, wissen wir nicht. Küche und Keller waren vielleicht nicht mehr so reichlich versehen, wie ehedem, aber beim kühlen Trunke ihres Bieres, das auch in der Stadt seine Liebhaber hatte, werden sie den Gram über die schlechteren Zeiten hinweggetäuscht haben. Als längst die letzten von ihnen ins Grab gestiegen waren und das Kloster nur noch in der historischen Erinnerung lebte, wurde zum Ende des sechzehnten Jahrhunderts die Kirche desselben zum städtischen Zeughause umgewandelt. Als solches hat sie bis zum Beginne unseres Jahrhunderts den Ruhm einer mit trefflichen Waffen gefüllten Rüstkammer bewahrt, bis die veränderten Zeiten diese nutzlos erscheinen ließen. Da ging die alte Kirche in die Hände von Privaten über, die würdigen Räume wurden mit Tabakfässern gefüllt, ihre Fenster vermauert, ihr Giebel durch moderne Vorbauten verdrängt. Tausende gehen heute an ihr vorüber, ohne von ihrer Existenz etwas zu ahnen.

Es war einer der glücklichsten Gedanken des Reformationszeitalters, aus den Stätten, auf welchen die Mönche ihr der Geisteskultur so schädliches Leben geführt hatten, Bildungsanstalten für die Jugend zu machen. Und wir dürfen uns heute gestehen, daß die Fülle geistigen Lebens, die Summe neuer Gedanken, welche in den drei Jahrhunderten nach der Reformation aus diesen Anstalten hervorgegangen ist, den Schaden ziemlich aufgewogen, die Wunden geheilt hat, welche die Zeit der Blüte des Mönchswesens unserer Nation zugefügt hatten. Dieser Gewinn an geistiger und sittlicher Bildung unseres Volkes sühnt reichlich auch die Vernichtung der architektonischen und bildnerischen Kunstwerke, welche die einzige Gegengabe der Mönche für die Duldung ihres Drohnenlebens waren.«

Zu dieser Polemik paßt Duntzes Ergänzung gut: »Von ihrem späteren erbettelten Reichtum giebt z.B. Zeugnis, daß sie mit Edelsteinen besizze Monstranzen hatten und im Jahre 1442 sich verpflichteten, die große, beste von ihnen nicht zu verkaufen noch sonst zu veräußern, sondern im Nothfall sie dem Rath zu überlassen.« – PS: Der hat die Monstranz dann ja wohl auch kassiert und wahrscheinlich 1546 barbarisch eingeschmolzen. –

Duntze und von Bippen malen sehr eindringlich das Bild, das sich in den Köpfen vieler Bremer festsetzt, wenn es nicht dank Protestantismus und Aufklärung schon drinnen war:

Die St. Katharinen-Kirche von innen, seit 1597 Zeughaus der Stadt.
Nach einem Aquarell von J. E. Polzin

Mönche sind Schmarotzer. Zu diesem Urteil kann man aber nur kommen, wenn einem jegliches Gespür dafür abhanden gekommen ist, was den vorreformatorischen, mittelalterlichen Menschen umtreibt. Er hat nämlich nur einen Wunsch, mit zu den Auserwählten zu zählen, die nach dem Tode der Gegenwart Gottes teilhaftig werden. Und da man zu wissen glaubt, daß die Zahl der Auserwählten gering sein werde, müht sich der mittelalterliche Mensch mit allen zur Verfügung stehenden Mitteln ab, nur ja nicht in die »ewige Verderbnis« geschickt zu werden. Dabei helfen ihm vor allem die dominikanischen wie franziskanischen Minderbrüder mit ihrem »Seelgerät«. Nun soll hier gar nicht in Abrede gestellt werden, daß Dominikaner aktiv an der Inquisition mitwirkten. Und ihr grausames Tun dabei soll schon gar nicht beschönigt werden. Nur scheinen die Brüder »Domini canes« - sieht man vom Kreuzzug gegen die Stedinger einmal ab - in Sachen Inquisition total versagt zu haben, wenn man das so zynisch ausdrücken darf. Den besten Beweis dafür liefern die Bremer Historiker. Denn weder der Pastor Duntze noch der Historiker von Bippen hätten es sich entgehen lassen, die Brüder vom St. Katharinenkloster wegen ihrer Mitwirkung an Hexenprozessen anzuklagen.

Es mag in Bremen Prozesse gegen Hexen oder Zauberer vor der Reformation gegeben haben, denn zumindest von einer Hexe wissen wir. Sie sitzt Anfang des 16. Jahrhunderts ein. Nur um deren Freilassung kümmert sich ausgerechnet ein Kardinal. Anno 1503 wünscht sich nämlich Raimund Kardinal Peraudi, als Kardinallegat auf Ablaßtour für den neuen rö-

Der Rest des Kreuzgangs des St. Katharinenklosters,
heute Restaurant »Der Andechser« unter der Katharinengarage

mischen Petersdom in Bremen, daß jene Hexe freikomme. Sie kommt frei, als Abschiedsgeschenk des Rats an seine Eminenz, den Kardinal.

Daß Hexenprozesse in Bremen auch ohne Mithilfe der »Domini canes« möglich sind, beweisen hingegen ein paar aktenkundige Zauberer- und Hexenprozesse in der Reformationszeit und danach. Die letzte Hexe wird in der noch nicht Freien Hansestadt übrigens 1603 verbrannt.

Mit den Resten des Klosters bzw. der Klosterkirche geht man in Bremen recht pfeffersäkkisch um, typisch bremisch sozusagen: Der Kirchhof des Katharinenklosters wird wie der des Franziskanerklosters mit Häusern bebaut. Die Kirche selbst mutiert 1597 zum Zeughaus. Es besteht bis zur Franzosenzeit. Der französische Präfekt Graf Philipp Karl von Arberg bietet die Kirche damals den Bremer Katholiken an, in der Hoffnung, so das Zeughaus, die bremische Waffenkammer, loszuwerden. 1820 werden die Reste der Kirche »den Kaufleuten übereignet«, wie Rudolf Stein formuliert. Weil Stapelraum damals in Bremen knapp ist, ziehen sie »Lagerböden« ein. Die kollabieren jedoch 1826. Wiederhergestellt, wird die Kirche bzw. das, was von ihr noch übrig ist, 1862 verändert und 1888 zum größten Teil abgebrochen. Es muß dem Bau eines Geschäftshauses weichen; wem sonst ... Der übriggebliebene Chor wird 1909 unter Denkmalsschutz gestellt, im 2. Weltkrieg durch alliierte Bomben freigelegt und 1960 abgebrochen, nachdem man den Denkmalsschutz im Jahr zuvor aufgehoben hat. Der Rest der Klosterkirche weicht der »wesentlichen Verbreiterung des Schüsselkorbs« ...

Blick in den Remter des St. Katharinenklosters, genutzt vom Restaurant »Der Andechser«

Im Klostergebäude wird 1528 die Lateinschule eingerichtet, die dem Rat untersteht. Sie ist damit Bremens erste Staatsschule. 1584 wird diese Schule unter Bürgermeister Daniel von Büren und Superintendent Dr. Christoph Pezelius erweitert, indem die Anfangsgründe von Theologie, Jurisprudenz und Medizin vermittelt werden. 1610 mutiert die Lateinschule zum Gymnasium illustre, einem »universitätsähnlichen Gymnasium«, so Schwarzwälder. Dort befindet sich auch eine öffentliche Bibliothek. Mithin beherbergt dieses Gebäude vor wie nach der Reformation eine Bildungsstätte: Denn bei aller konfessionellen Polemik sollte nicht vergessen werden, daß die Dominikaner theologisch-gebildete Prediger waren, die zeitweilig im Kloster Vorlesungen hielten.

Sieht man davon ab, daß hier 1817 auch das Leihhaus angesiedelt ist, bleibt das aufgegebene Kloster ein Hort der Bildung. 1853 beherbergt es die Bürgerschule, 1868 die Realschule und 1898 das Historische Museum, besser bekannt als Focke-Museum.

Die allerletzten Reste des Klosters sind heute von der »Katharinengarage« überbaut und werden gastronomisch genutzt. Am Haus der Bremer Landesbank in der Domshofpassage sind seit einigen Jahren in künstlerischer Form Reminiszenzen an das Kloster an der Wand angebracht. Und auf dem Gehweg kann man den Klosterplan studieren, bevor man im »Andechser« eine Maß Klosterbräu hebt. Denn seit 2003 wird in den heiligen Hallen des Dominikanerklosters das Bier der Benediktinermönche vom Kloster Andechs ausgeschenkt.

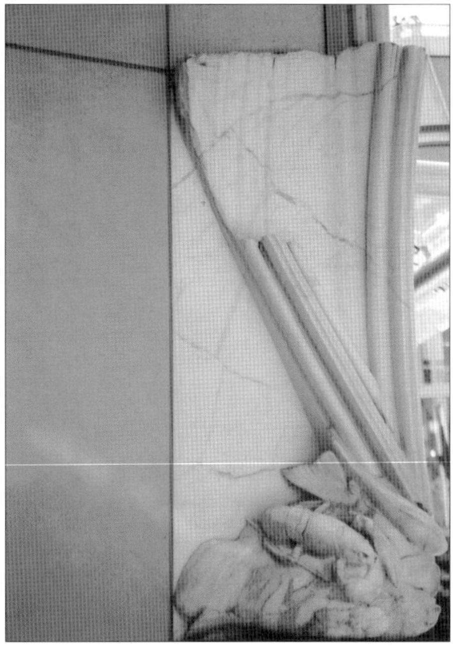

Reminiszenzen an das St. Katharinenkloster
am Haus der Bremer Landesbank in der Katharinenpassage

Wenn es nach Duntze oder von Bippen gegangen wäre, wären die »domini canes« natürlich im Orkus der Geschichte versenkt worden. - Beide sind von der Aufklärung angekränkelt und beurteilen die Klöster u.a. nach deren »Nützlichkeit«. - Nur die Mönche tun den beiden den Gefallen nicht. Denn sie sind nicht nur asketisch, sondern auch zäh.

Es gibt den Orden der Dominikaner nämlich immer noch. Wir werden im weiteren Verlauf unserer kleinen Bremer Ordensgeschichte noch von ihnen hören.

Gründer des Ordens ist der Spanier Dominikus Guzman aus Caleruga. In Südfrankreich predigt er gegen die Irrlehre der Katharer an. Er entdeckt dabei sein Talent zum Predigen. Um glaubwürdig zu sein, verpflichtet er sich zur radikalen Armut. Im Jahr 1214 gründet er in Toulouse eine Gemeinschaft mit 16 Schülern. Papst Honorius III. bestätigt 1216 den Orden. Ein Jahr danach sendet Dominikus seine Mitbrüder von Toulouse aus nach Frankreich und Spanien. Nach sechs Jahren bildet er die erste Gemeinschaft in Oxford in England. Ende des 13. Jahrhunderts gibt es in England bereits fünfzig Häuser.

Als eine ihrer zentralen Aufgaben sehen die Wanderprediger, laut Hanspeter Oschwald, den Kampf gegen die »Ketzer« an. Aus diesem Grund überträgt der Papst den Dominikanern 1231 die Inquisition, die sich während des ausgehenden Mittelalters zu einem weitreichenden politischen Machtinstrument der Kirche entwickelt. Das Amt des päpstlichen Theologen, das der Papst 1218 eigens für Dominikus geschaffen hat, bleibt auf Jahrhunderte in den Händen eines Ordensmitglieds. Noch heute wird dieses Amt von einem Dominikaner ausgeübt.

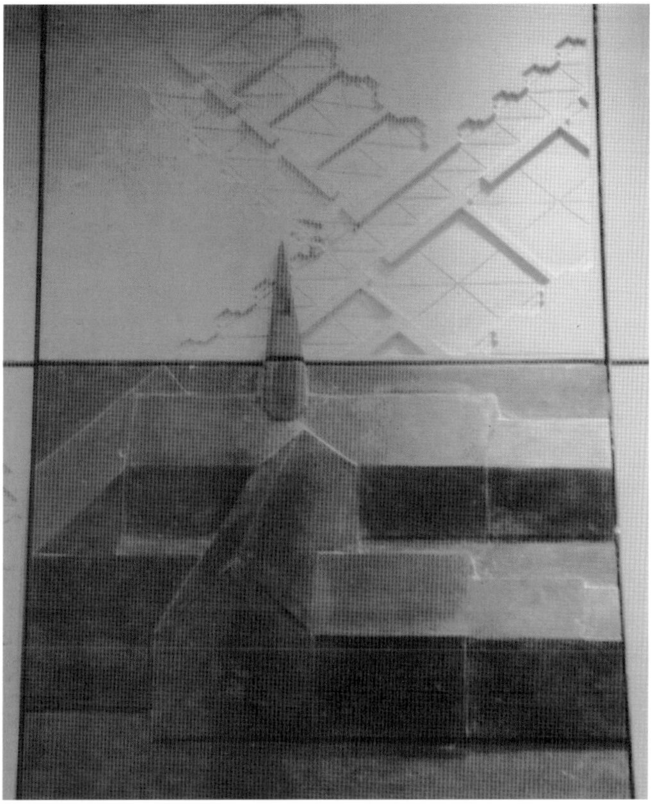

Grundriß und Abbildung des St. Katharinenklosters am Haus der Bremer Landesbank in der Katharinenpassage

Wie bedeutend der Orden im Mittelalter ist, mag man auch daran ablesen, daß er vier Päpste hervorbrachte, nämlich Innozenz V., Benedikt XI., Pius V. und Benedikt XII., sowie über sechzig Kardinäle. Darüber hinaus gehörten bedeutende Maler wie Fra Angelico sowie große Theologen und Philosophen, zu denen Thomas von Aquin und Albertus Magnus, die deutschen Mystiker Meister Eckhart, Johannes Tauler und Heinrich Seuse sowie der italienische Prediger und Reformer Savonarola zählen, dem Dominikanerorden an.

Im ausgehenden Mittelalter haben nur die Franziskaner einen ähnlich großen Einfluß.

Heute gibt es weltweit über 6500 Dominikaner in etwa 600 Klöstern und Niederlassungen. Der gesamte Orden wird geführt von einem auf zwölf Jahre gewählten Ordensgeneral. Er residiert im römischen Konvent Santa Sabina auf dem Aventin.

In Deutschland gibt es zwei Dominikanerprovinzen. Die Provinz Teutonia mit Sitz in Köln und die Süddeutsch-Österreichische Provinz mit Sitz in Augsburg. Zur Provinz Teutonia gehören Anno 2003: Elf Klöster mit 134 Patres und zehn Brüdern.

Um von Bremen aus ein Dominikanerkloster zu besuchen, muß man entweder die B 1 in Richtung Süden fahren. Dort findet man in Vechta den Dominikanerkonvent St. Maria de Victoria. In ihm lebt auch der letzte Bremer Dominikaner P. Willigis Kretschmer. Oder man fährt die B 1 in Richtung Nordosten, dann trifft man in der hanseatischen Schwesterstadt Hamburg auf den Dominikanerkonvent St. Johannis.

Das Franziskanerkloster St. Johannis: »Im Minoritenkloster St. Johannis war man etwas zahmer«

Als die Bevölkerung der Bremer Umgebung im 13. Jahrhundert wächst, reagiert die Kirche darauf. So werden bis 1250 um Bremen ein paar neue Dorfkirchen gebaut, und in der Altstadt kommen zwei Ordenskirchen hinzu. 1225 werden die ersten Dominikaner in Bremen gesichtet. Das Franziskanerkloster entsteht ungefähr zur selben Zeit. Urkundlich erwähnt werden die bremischen Barfüßer aber erst im Jahre 1241.

Nehmen wir als Gründungsdatum des Bremer Franziskanerklosters das Jahr 1225 an, so ist wohl das Erstaunlichste daran, daß die Söhne des Minderbruders aus dem fernen Assisi bereits zu seinen Lebzeiten, bzw. ein Jahr vor seinem Tod, Bremen erreichen. Und zwar ohne Auto, Eisenbahn oder Flugzeug ...

Die neuen Orden der Bettelmönche entstehen als Reaktion auf die sozialen Mißstände und die religiöse Verwahrlosung jener Zeit. Und die ist durch den geistigen Verfall des Klerus und die Unfähigkeit und Ohnmacht der kirchlichen Institutionen gegenüber den drängenden Problemen mit den ketzerischen Laienbewegungen gekennzeichnet. Aus dem Bewußtsein einer tiefen geistigen Krise erwächst auch die ganz andere Ausrichtung der beiden neuen Orden, der Dominikaner und Franziskaner. Ihnen geht es nicht mehr um Chordienst oder existenzsichernde Arbeit wie den alten monastischen Orden der Benediktiner und Zisterzienser, sondern ihre selbstgestellte Aufgabe lautet: Predigt und Seelsorge. Deswegen können sie ihre Klöster auch nicht fernab in den »Wüsten« Europas, den Wäldern, bauen. Sie müssen sich in der Stadt ansiedeln.

In Bremen erhalten die Minderbrüder von Erzbischof Gerhard II. ein minderwertiges Grundstück an der Balge, einem Nebenarm der Weser: Kloster und Kirche müssen daher auf Pfählen gegründet werden. Etwas mehr als hundert Jahre später machen sich die »grauen Mönche« bereits daran, eine größere Klosterkirche zu bauen, die heutige Propsteikirche St. Johann.

Rudolf Stein vermutet, daß der »Reichtum« den Brüdern »um 1350« gestattet, »ihre ältere, vielleicht zu kleine Kirche abzubrechen und dafür in einem Zuge eine neue zu bauen«.

Woher derlei »Reichtum« damals kommt? Vermutlich gibt die Pest in Bremen wie in Lübeck den Startschuß zum Bau. Denn diese Geißel der Menschheit wütet damals in Europa und hält 1350 ihren siegreichen Einzug in Bremen. Ergebnis: 7000 Tote. Die Todesangst aber »weckt« nicht nur »den religiösen Sinn«, nein, sie öffnet auch die Taschen: Die Hinterbliebenen klopfen an die Klosterpforten, um Seelenmessen für die ewige Ruhe der Verstorbenen zu ordern. Und so strömt »viel Geld« auch ins Bremer Franziskanerkloster, so daß man sich zu einem Neubau der Klosterkirche entschließen kann, obwohl man eigentlich über keinerlei regelmäßige Einkünfte verfügt.

Über das Leben der Minderbrüder an der Klosterbalge ist nicht allzuviel bekannt. Allgemein ist aber festzuhalten, durch die Franziskaner erhält die Kirche größeren Einfluß und das Christentum ein neues volkstümliches Gepräge. Der Gott, dem zu Ehren sie barhäuptig, mit ungewaschenen Füßen einherlaufen, ist der Gott der armen Leute. Ihr Christus hat nicht mehr die Hoheit jenes großen Gefolgsherrn aus der alten Zeit, er ist der arme gedrückte Kreuzträger, das demütige Vorbild der bedrängten Menschheit.

Ein Franziskaner des Johannisklosters

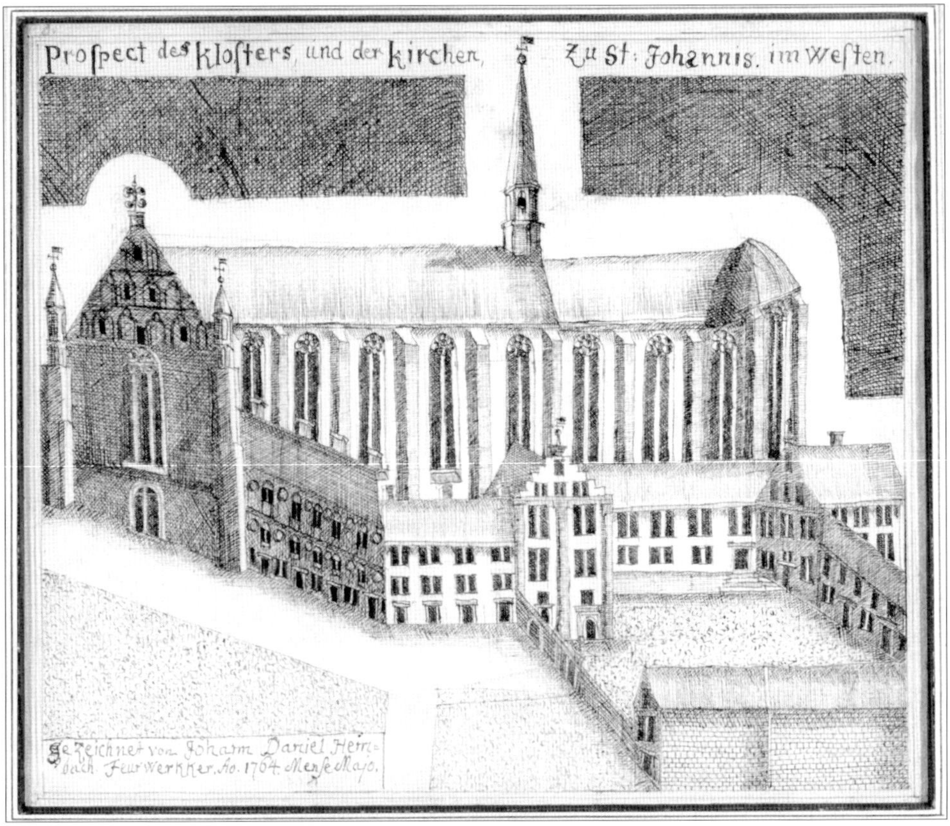

Federzeichnung des Klosters St. Johannis von Johann Daniel Heinbach, eines mit der Perspektive nicht vertrauten Bremer »Feuerwerkers« (Mai 1764)

So zwischen 20 und 30 Bremer Brüder legen Zeugnis ab von dem Gekreuzigten. Zwar will weder der »Poverello« selbst noch sein Orden »unmittelbar den karitativen Aufgaben in organisierter und systematischer Arbeit dienen«, wie der Bremer Pfarrer und spätere Osnabrücker Domkapitular Dr. Hermann Lange meint. »Die Bedeutung der franziskanischen Bewegung für die Werke der Caritas« liege »hauptsächlich« darin, »mit Macht die Augen« der damaligen Mitmenschen »auf die Bedürfnisse der kleinen Leute« hingewendet und so »zahllose mit tief christlicher Liebe zu den Armen erfüllt zu haben«. Lange vermutet, daß »manche Suppe und manches Stück Brot den anklopfenden Armen dargereicht« wurde. Und er erinnert daran, daß Franziskaner die Bremer Heringsfischer »wahrscheinlich regelmäßig« auf ihren Fahrten nach Schonen begleiten, »wofür sie allerdings den für die langen Fastenzeiten sehr benötigten Anteil am Fange erhielten«.

Dabei können sie aber nur das teilen bzw. weitergeben, was ihnen zuvor von mildtätigen Bürgern gegeben wird oder was die Brüder selbst eingesammelt haben. Nicht umsonst heißen die Jünger des zur Armut bekehrten reichen italienischen Kaufmannssohnes »Bettel-

St. Franziskus, Chorfenster der Propsteikirche St. Johann
nach einem Entwurf von Walter Klocke 1955–1956

mönche«. Sie sind, laut Johann Philipp Cassel, »folglich damit zufrieden, was die milde Hand ihnen täglich darreichte, und die vielen Seelenmessen ihnen einbrachten«. Und dafür hält man später nicht weniger als zehn Altäre vor. Mit zehn darf man daher wohl auch die Zahl der Priester unter den Mönchen ansetzen.

Man bezeichnet die Vereinigung dieser mittelalterlichen Aussteiger »Bettelorden«. Dabei ist das Betteln Ausdruck der persönlichen wie der gemeinschaftlichen Armut in der Nachfolge Christi. Für ihren Lebensunterhalt arbeiten können sie nicht. Denn das hätte sie mit den Zunftregeln in Konflikt gebracht. Das hätte außerdem die Existenzgrundlage gerade der kleinen Leute geschmälert, denen sie sich besonders verbunden fühlen. Also betteln die Brüder. Sie löcken damit gegen den Stachel einer Gesellschaft, die dabei ist, das Geld zu vergötzen. Die Franziskaner leben das Ideal der Armut übrigens am radikalsten. Denn sie leben ohne materielle Absicherung in direkter Nähe zu den wirklich Armen der Gesellschaft. Die setzen sie mit den »Armen im Geiste« aus der Bergpredigt gleich. Und sie sind sicher, »ihrer ist das Himmelreich ...«

Da die Almosen allein augenscheinlich nicht reichen, suchen und finden die Bremer Franziskaner »ihre Freunde und Wohltäter« auch »unter den begüterten Bürgern und Einwohnern und ihren Frauen«. Das belegt das Nekrologium von 1486, das heißt das Totenbuch des Klosters. So sind die Söhne des heiligen Franziskus mit vielen Bremer Familien eng verwachsen. Im Vergleich mit den übrigen Klöstern werden ihnen häufiger und fast immer größere Gaben zugedacht.

Das hängt damit zusammen, daß ihnen wie den Dominikanern ein päpstliches Privileg gestattet, Beichte zu hören, Absolution zu erteilen und Tote zu bestatten, Rechte, die gewöhnlich einer Pfarrei vorbehalten sind. Für die Bettelorden wird mithin der »Pfarrzwang« aufgehoben. Und so werden die Franziskaner wie die Dominikaner zu bevorzugten Sterbebegleitern und ihre Kirchen und Friedhöfe zu begehrten Begräbnisplätzen. Selbstverständlich werden an den Altären ihrer Klosterkirchen Seelenmessen gelesen, zumal die Brüder häufig die Notare stellen, die die Testamente anfertigen. Und in denen geht es oft genug um »Seelgeräte«, das heißt, um testamentarische Vermächtnisse an Kirchen zwecks Verkürzung der Qualen wie der Verweildauer im Fegefeuer.

Es spricht für die »Qualität« des franziskanischen »Seelgeräts« bzw. für das hohe Ansehen, das selbiges genießt, wenn, um es salopp auszudrücken, sogar die »Konkurrenz« vom nahen Dom selbiges ordert und selbst Bürgermeister und Ratsherren zu den Wohltätern des Klosters zählen.

Doch die freiwillig an der Klosterpforte abgelieferten Lebensmittel reichen anscheinend nicht für einen Klosterbetrieb mit 20 bis 30 Brüdern und die an der Klosterpforte anklop-

Zeichnung des »St. Johannisklosters« vom Architekten Johann Wetzel, 1834 vor dem Abriß gefertigt. Bereits 1833 war der Abriß von der »Deputation wegen der Cholera« empfohlen worden

fenden Gäste aus. Deshalb machen sich die Brüder alljährlich auf, um dieselben in Haussammlungen zu erbetteln. Auf franziskanisch heißt das »Terminieren«, weil die Betteltouren zu bestimmten Terminen durchgeführt werden.

Damit besagte Termine nicht verpaßt werden, notiert sie ein recht praktisch veranlagter Bremer Guardian im Totenbuch. Heißt, unter die Todesdaten der Mönche hat der Guardian klugerweise vermerkt, um was wann gebettelt werden muß.

Demnach findet Mitte Januar und Mitte April die Braugersten- und Brauweizen-Kollekte statt. 14 Tage vor Ostern und Ende April steht die Eierkollekte an. Hühner nimmt der Bruder Cellerarius den gesamten Sommer über gern in Empfang. Zwiebeln erbettelt man Ende Juli und Anfang August. Aale Ende August, Talg Mitte Oktober und Kerzen Mitte Dezember. Holz zum Bauen wie Verbrennen muß jedoch eingekauft werden. Beim »Terminieren« beschränken sich die Brüder jedoch nicht auf Bremen. Sie klopfen vielmehr auch umzu an die Türen der Bauernhöfe. So tauchen sie in und um Oldenburg und Jever auf, wie die »Termineien« des Bremer Klosters belegen. Das sind Häuser, in denen sich die Brüder zeitweilig aufhalten, um die Almosen einzusammeln.

Das ständige Betteln scheint der »Sympathie« den »Barvete broderen« gegenüber damals keinen Abbruch getan zu haben. Vermutlich trägt selbiges sogar zur Popularität der Brüder bei, denn man kennt sie persönlich, weil sie mehrmals im Jahr an die Haustür klopfen.

Refektorium des Klosters, Zeichnung von H. Rauschenberg, 1834

Wenn man will, kann man darin sogar so etwas wie geistliche Hausbesuche sehen. Denn beim Einsammeln der milden Gaben bleibt für die Brüder durchaus Zeit zu einem kleinen Schwätzchen über Gott und die Welt, geistlichen Zuspruch inklusive.

Genau über letzteren wissen wir aber nichts. Von der »eigentlichen Tätigkeit der bremischen Franziskaner«, der Seelsorge, »meldet uns keine Urkunde«, bedauert Pater Patricius Schlager. Keine Chronik berichte, »wie viele Seelen sie mit Gott ausgesöhnt, wie viele Betrübte sie getröstet, wie viel guten Samen sie durch ihre Predigt ausgestreut haben« ...

Das alles hat ein abruptes Ende, als die Bremer sich – vornehmlich um den Erzbischof als Landesherrn loszuwerden – begeistert in die Arme des Reformators Heinrich von Zütphen werfen. 1523 klopfen »Vertrauensmänner« in Sachen neuer Lehre bei den Klöstern an und bitten »die Mönche, die Lehre des göttlichen Worts nicht zu lästern«. Doch der Erfolg bleibt aus: »Vor allem in den Klöstern herrschte die feindlichste Stimmung vor.«

Im selben Jahr hilft man der »Wahrheit« von Rats wegen mit einem Predigtverbot nach. Denn »der Rath sah sich dazu genöthigt«, weil man »in den Klöstern begann, immer heftiger wider die Ketzer zu donnern«; und zwar »namentlich« im Katharinenkloster. »Im Minoritenkloster St. Johannis war man« hingegen »etwas zahmer«.

Die »etwas zahmeren« »Donnerer« holen aber bald auf, denn sie bekommen Verstärkung. Damals besteigen der Guardian des Franziskanerklosters in Celle und ein Mitbruder die Kan-

St. Johannis von der Langewieren aus, F. W. Kohl, 1849

St. Johann von J. Christian Grabau im Jahr 1873, das Kloster ist schon abgerissen

zel des Klosters an der Balge und beginnen ebenfalls zu »donnern«. Das ist ganz im Sinne der »grauen Mönche«, die neben der Befolgung der evangelischen Räte der Jungfräulichkeit, der Armut und des Gehorsams auch das Apostolat der Arbeit und der Predigt unter Gläubigen wie Ungläubigen auf ihre Fahnen geschrieben haben. Und für die »grauen Brüder« kann das nur mit Unglauben zu tun haben, was da neuerdings in anderen Bremer Kirchen gepredigt wird.

Anno 1528 ist Schluß mit dem »Hokuspokus«, wie man die »papistischen« Zeremonien wegen der nur unvollkommen vom Volk rezipierten halblaut gemurmelten Wandlungsworte: »hoc est enim corpus meum« nennt. Aber auch nach 1528 finden sich noch Katholiken im Kloster zur Feier der Messe und zum Empfang der Sakramente ein. Deshalb muß der Rat 1534 sein Verbot erneuern. Unter Umständen bleibt das Kloster auch noch ein wenig länger ein katholisches Widerstandsnest im protestantisch gewordenen Bremen.

Die Namen der beiden letzten Mönche, die 1548 noch im Kloster wohnen, kennen wir jedenfalls: Mit den Brüdern Gerhard Lanckhar, einst Guardian des Klosters, und Hermann Schnittecker geht die beinahe dreihundertjährige Geschichte des Bremer Franziskanerklosters zu Ende.

Das Klostergebäude wird 1531 als Irrenhaus und die Kirche für deren Insassen genutzt. Die »Irren« kommen aus dem St. Gertruden-Gasthaus. Zur Finanzierung werden daher auch die Güter des ehemaligen St. Gertruden-Gasthauses herangezogen. 1602 wird das »St. Johanniskloster«, wie man die Gebäude weiterhin nennt, als Krankenhaus eingerichtet. Denn die Insassen des soeben abgebrannten St. Jürgen-Gasthauses ziehen hier ein. Die Irren ver-

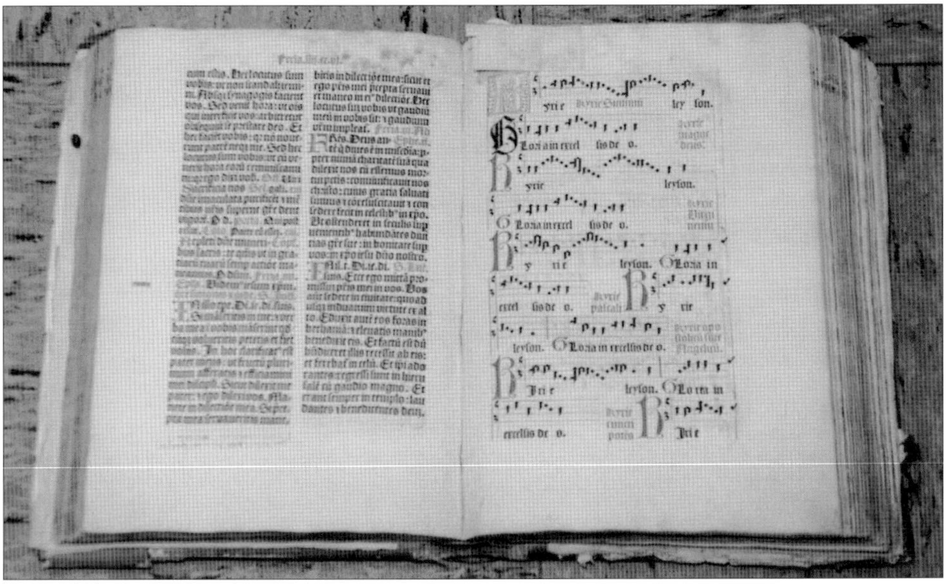

Das Missale secundum ritum ecclesiae Bremense im Besitz der Propsteikirche St. Johann. Die Choralnoten sind handschriftlich eingetragen

bleiben hingegen im Kloster, teilweise in Käfige gesperrt. Die Einkünfte des St. Jürgen-Gasthauses werden dem Kloster zugeschlagen. Außerdem wird hier Armen unter die Arme gegriffen, und zwar »armen Bürgern, Hausarmen, Handwerkern und Arbeitern, die nicht durch eigene Schuld, etwa durch Saufen, in Not geraten sind«. 1694 erhält Bremen in einem pleite gegangenen Ballhaus am Schweinemarkt in der Neustadt ein eigenes Krankenhaus. Später wohnen auch Prövener im Kloster. Im Siebenjährigen Krieg kommen 1761 Waise und Beginen hinzu. Sie werden von den Franzosen rüde aus dem Waisenhaus und dem Beginenhof am Schüsselkorb vertrieben. Das Klostergebäude selbst wird 1834 vom Bauunternehmer Rauschenberg abgerissen. Allerdings nicht ohne vorher noch gezeichnet worden zu sein.

Die St. Johannis-Kirche dient zunächst als Krankenhauskirche. Später kommen von 1623 bis 1802 die Gottesdienste der französischen Gemeinde hinzu. 1816 wird sie den Katholiken übergeben. Die sammeln für die Renovierung im Reich, um den Umbau zu bezahlen. 1823 übernimmt das kleine Häuflein von rund 2000 Katholiken das Gotteshaus als - bis 1899 einzige - Pfarrkirche. Der Paderborner Generalvikar und Apostolische Vikar Richard Cornelius Dammers weiht sie am 17. 10. 1823 feierlich ein.

Nach der Schließung ihres Klosters kehren die grauen Mönche nicht wieder nach Bremen zurück. Lediglich Franziskanerinnen finden im 19. Jahrhundert den Weg in die Stadt. Wir hören noch davon.

»Franziskaner« nennt man die Mitglieder sämtlicher Ordensgemeinschaften, die sich auf Franz von Assisi berufen. Franziskaner im eigentlichen Sinne sind jedoch die Mitglieder des Ordens der Minderen Brüder, lateinisch: Ordo Fratrum Minorum, abgekürzt: OFM. Er geht auf den heiligen Franziskus (1181–1226) zurück, mit bürgerlichem Namen Giovanni Bernardone. Jahr der Ordensgründung ist 1209.

Die Minderbrüder leben nach der Anno 1223 von Papst Honorius III. bestätigten Regel. Man zählt sie zur Gruppe der Bettelorden. Ihr Ordenskleid besteht aus einer braunen Kutte mit Kapuze, einem weißem Strick bzw. einer weißen Kordel als Gürtel und einem braunen Umhang. Die Kutte war keine heraushebende Standeskleidung, sondern der heilige Franz legte einfach die Kleidung der umbrischen Hirten an, als er nach seiner Bekehrung dem eigenen Vater die teuren französischen Kleider vor die Füße warf, die er in seinem bisherigen Playboyleben getragen hatte. Wie die Hirten verzichtete er auch auf Schuhe. Seine Brüder trugen später höchstens Sandalen.

Nach der Regel des Franz von Assisi sollte die Gemeinschaft der Minderbrüder ihr Leben nach dem Evangelium führen, auf jeglichen persönlichen und gemeinsamen Besitz verzichten, sich zum Dienst an den Menschen durch Arbeit jeder Art und Predigt verpflichten. Schon bald gab es im Orden jedoch Auseinandersetzungen über die Auslegung der Ordensregel. Die Anpassung an die sich wandelnden Erfordernisse führen dazu, daß bereits im 13. Jahrhundert zwei Richtungen entstehen: die Spiritualen und die Konventualen. Während die Spiritualen auf wörtliche Regelbeobachtung, vor allem der der strikten Armut, bestehen, streben die Konventualen eine Milderung der strikten Ordensregel an und leben fortan in Gemeinschaften, Fachausdruck: Konvent. Im 17. Jahrhundert spaltet sich die Reformgruppe der Kapuziner ab.

Weltweit zählen die Franziskaner heute laut Hanspeter Oschwald 18.000 Mitglieder. Sie sind in Deutschland in die bayrische, die kölnische, die sächsische und die thüringische Provinz mit rund 500 Patres und Brüdern zusammengefaßt.

Die franziskanischen Erstlings-Märtyrer, hingerichtet 1220 in Marokko: Zwischen der Madonna mit Kind links und dem Apostel Johannes, dem Evangelisten, rechts, von links die Franziskanerbrüder St. Berardus von Carbio, St. Petrus von San Geminiano, St. Akkursius, St. Adjutus und der Priestermönch Otto. Spätgotisches Relief, vermutlich aus dem St. Johanniskloster, 1908 beim Neubau des Ratscafés verwendet, zuvor beim Abbruch maroder Bauten in der Böttcherstraße angefallen

Blick auf die Propsteikirche St. Johann

Außerdem gibt es im Bistum Osnabrück eine Delegatur der Nordbrasilianischen Provinz. Deren Kloster in Bardel bei Bad Bentheim gehört zu den Bremen am nächsten liegenden Franziskanerklöstern. Zu ihnen zählen ferner das Franziskanerkloster Osnabrück, das im Jahre 2004 geschlossen wurde, das Kloster Ohrbeck bei Georgsmarienhütte und das St. Antonius-Kloster in Hannover.

Im Namen des heiligen Franziskus verbinden die Franziskanerinnen und Franziskaner von heute ihr Leben mit den Armen und Schwachen. »Im brüderlichen Zusammensein ihrer franziskanischen Lebensgemeinschaft suchen und finden sie die Freude an Gottes Schöpfung und die Nähe zu den Menschen. Sie treibt die Sorge um Gerechtigkeit und Frieden um. Sie leben in enger Verbundenheit mit Christus eine kritische Treue zur Kirche. Sie versuchen aus diesem franziskanischen Geist heraus zu leben und ihn in die heutige Zeit zu übersetzen. Vorrangig arbeiten sie heute als Seelsorger in Gemeinden, im Sozial- und Krankendienst, in der Ordensausbildung, der Jugendarbeit, dem Handwerk, der Erwachsenenbildung und der Schule sowie in der geistlichen Begleitung. Im Sinne ihres Ordensgründers kümmern sie sich um Obdachlose und sozial Benachteiligte«, so die Schrift: »Orden, Säkularinstitute und Geistliche Gemeinschaften im Bistum Münster«.

Die »Obdachlosen und sozial Benachteiligten« erhalten an der Klosterpforte der Franziskanerklöster auch heute noch die obligatorische kräftige Suppe aus der Klosterküche. Das Osnabrücker Kloster hielt eine Wärmestube für die Berber parat und bei den Franziskanerinnen an der Hohen Straße in Bremen gibt es ein deftiges Butterbrot.

Die Ritter des Deutschen Ordens

»Das Predigen mit eiserner Zunge«

In einer kleinen Geschichte der Orden in Bremen darf auch der Ritterorden nicht fehlen, der hier heimisch war. An ihn erinnert heute noch das Restaurant »Komturei« unter dem Gerichtsgebäude und eine Inschrift im Rathaus.

Um »die Ritter des Herrn« wie »das Predigen mit eiserner Zunge« zu verstehen, muß man einen Blick auf die ständische Gesellschaft des Mittelalters werfen. Denn die Ritterorden sind »hervorgegangen aus den Umwandlungen der abendländischen Gesellschaft nach dem Jahr 1000«, so Alain Demurger. Sie sind mithin Kinder der Kreuzzüge.

Die karolingische Klerisei unterteilt die christliche Gesellschaft, die nach ihrer Meinung dem Willen Gottes entspricht, in drei Gruppen: die Mönche, die Kleriker und die Laien. Doch schon gegen Ende des 9. Jahrhunderts ändert Heric von Auxerre diese Einteilung. Er faßt Mönche und Priester zu einer Kategorie zusammen, so daß die Gesellschaft nun aus denen besteht, die beten - den Mönchen und Klerikern - aus denen, die kämpfen - und die zugleich befehlen und führen - und aus denen, die arbeiten. Diese Einteilung wird von den zwei Bischöfen Gerhard von Cambrai und Adalbero von Laon um 1020 festgeschrieben: »Das Haus Gottes ist dreifach untergliedert und erscheint gleichwohl geeint: Hienieden beten die einen, andere kämpfen, und wieder andere arbeiten; diese drei sind zusammen und trennen sich nicht; deshalb ruht das Werk der beiden auf dem Amt eines einzigen; jeder trägt indes seinen Teil dazu bei, die Last aller zu tragen.«

Fazit: Die ideale christliche Gesellschaft ist hierarchisch aufgebaut bzw. ständisch gegliedert und ihre Mitglieder unterstützen einander solidarisch. Jeder hat mithin laut Standeszugehörigkeit seinen festen Platz in der göttlichen Ordnung. Ihm wird aber auch zart angedeutet, sich mit seinem angestammten Platz zufriedenzugeben ...

Die geistlichen Ritterorden bringen diese Dreiteilung durcheinander, verbinden sie doch die Aufgaben des Betens und Kämpfens miteinander. Zeitgenossen halten die neue Form des religiösen Lebens für ein »Ungeheuer«.

Das »Ungeheuer« muß daher gezähmt werden. Das geschieht durch zweierlei: Erstens durch den Gottesfrieden, der die »Armen« vor der Gewalt der Ritter schützen soll. Und zweitens werden die Ritter mittels der geistlichen

Siegel des Deutschen Ritterordens

Ritterorden sozusagen sakralisiert. Letzteres gilt aber nur für die Ritter, die sich bekehren und dem »weltlichen Rittertum« den Rücken kehren, um fortan als »Ritter Christi« zu agieren. Diese Ritter sind laut Bernhard von Clairvaux durch eine doppelte Rüstung geschützt, nämlich einer aus Eisen und einer aus dem Glauben. Sie unterscheiden sich mithin von ihren weltlichen Recken, die »leichtfertig, eitel und habgierig« seien. Für Bernhard gehören deshalb nur die »Ritter Christi« zur »militia« = Truppe, während er die weltlichen Haudegen als »malitia« = Übel abqualifiziert.

Um den Boden für das geistliche Rittertum zu ebnen, ändert die Kirche ihre Stellung zum Krieg. Mitte des 10. Jahrhunderts gilt selbst der gerechte Krieg noch als Übel. Der Soldat, der tötet, muß daher Buße tun. Durch den Kreuzzug und die Ritterorden mutieren Krieg und Gewalt zu - neuen - Formen der Buße; vorausgesetzt, sie wenden sich gegen die Feinde der Kirche. So kann Papst Urban II. im Aufruf zum ersten Kreuzzug Anno 1095 denn auch wünschen: »Mögen jene, die bislang private, nutzlose Fehden führten zum großen Schaden der Gläubigen, nunmehr in den Kampf gegen die Ungläubigen ziehen, den es nun zu führen gilt und der den Sieg verdient! Mögen jene, die bislang nichts als Räuber waren, nunmehr Ritter Christi sein!«

Zu den »Rittern Christi«, die Mönchtum und Rittertum miteinander verbinden und die erstlinig geistliche Orden sein wollen, gehört der Deutsche Orden, auch Deutschherrenorden oder der Deutsche Ritterorden genannt. Er entsteht nach Johannitern und Templern während des dritten Kreuzzugs (1189-1191). Angeblich geht er im Jahre 1190 aus einem Feldlazarett hervor, das Bürger aus Bremen und Lübeck zur Betreuung von Kranken in ihrem Lager vor Akkon errichten.

Das wird in großen Lettern neben dem Fresko von Kaiser Karl und Bischof Willehad in der Oberen Halle des Rathauses behauptet. Herbert Schwarzwälder glaubt es nicht: »Die enge Bindung an den Kaiser und auch ein gewisses Prestigebedürfnis zeigten die Bremer Bürger im 3. Kreuzzug: 1189 fuhren einige bremische Schiffe mit der Kreuzfahrerflotte ins Mittelmeer. Ihr Ziel war Akkon, das belagert wurde. Als unter den christlichen Belagerern Seuchen ausbrachen, stellten Bremer und Lübecker Seeleute Koggensegel zur Anfertigung von Lazarettzelten zur Verfügung. Da diese Zelte dann vom Ritterorden übernommen wurden, konnte sich später die Vorstellung entwickeln, die Bremer und Lübecker seien die Stifter des Ordens gewesen.«

Lassen wir die Frage offen, ob »sick de Adel dar ock mede angehenget heft«, als die wakkeren Bremer - laut Duntze sind es ganze fünf Bremer Bürger und drei Lübecker - ihr Lazarett aufbauen, wie im Rathaus behauptet wird oder ob es umgekehrt war und die Bremer den Rittern mittels ihres Lazarett lediglich helfen ... Jedenfalls bestätigt Papst Clemens III. 1191 die Hospitalgenossenschaft und Papst Innozenz III. stimmt 1199 der am 5. 3. 1198 erfolgten Umwandlung in einen geistlichen Ritterorden »Domus S. Mariae Theutonicorum« in Jerusalem zu.

Die Geburtsstätte aller drei Orden ist mithin Palästina. Ihr ursprüngliches Ziel ist es, die Pilger zu den heiligen Stätten zu begleiten, sie gegen Überfälle zu schützen und die Armen und Kranken unter den Pilgern zu pflegen. Später kommt die Verpflichtung zur Verteidigung der heiligen Stätten, der Kampf gegen die Moslems und Heiden und die Verteidigung der christlichen Staaten hinzu.

Eine neue Aufgabe bekommen die Orden noch etwas später im Ostseeraum: Denn während Bernhard von Clairvaux in Deutschland zum zweiten Kreuzzug predigt, bitten ihn deutsche Fürsten, einen Kreuzzug zur Eroberung des heidnischen Wendlands zu verkünden. Das

Teuetscher brüder orden:
Ritterbruder des Deutschen Ordens,
Holzschnitt aus dem 15. Jahrhundert

geschieht mit Billigung von Papst Eugen III. Doch der Kreuzzug ist wenig erfolgreich. Das Christentum setzt sich jenseits der Elbe erst nach der massiven Besiedlung durch deutsche Bauernsöhne und Adelige sowie nach der zivilisatorischen Vorarbeit zahlreicher Benediktiner, Zisterzienser und Prämonstratenser durch.

Jenseits der Oder ist jedoch noch viel in Sachen Missionierung zu tun, zumal die im Baltikum errichteten Bistümer vom Osten her überfallen und bedroht werden. Der Rigaer Bischof Albert von Buxhövden, vormals ein Bremer Domherr, ist daher nicht böse, als sich im Jahre 1202 in seiner Abwesenheit in Riga eine Bruderschaft von Rittern etabliert. Er benutzt die Ritter vielmehr umgehend, seine Bischofsburg in Riga zu verteidigen. Schon 1204 erkennt Papst Innozenz III. die »Brüder der Ritterschaft Christi von Livland« an. Und da sie auf ihrem weißen Ordenshabit ein Schwert und darüber ein Tatzenkreuz tragen, nennt man sie einfach »Schwertbrüder«. Nach der vernichtenden Niederlage am 22. September 1236 in der Schlacht von Saule in Litauen geht der Orden der Schwertbrüder von Livland im Deutschen Orden auf. Letzterer hat sich seit 1230 in Preußen niedergelassen, um mit Billigung des Papstes Gregor IX. die heidnischen Pruzzen zu missionieren.

Bis zum Ende des 13. Jahrhunderts entsteht aus jener Mission nicht ganz unbeabsichtigt ein blühender Ordensstaat. Die über das gesamte Abendland verteilten Balleien, d.h. Provinzen, bilden das wirtschaftliche und personelle Reservoir jenes Ordensstaates. Die Balleien sind wiederum unterteilt in Priorate und Kommenden bzw. Komtureien. Eine solche unterhält der Orden auch in Bremen.

Nach Bremen kommt der Deutsche Orden gerade im rechten Augenblick, nämlich als Erzbischof Gerhard II. von der Lippe sich im 13. Jahrhundert daran macht, die aufsässigen Stedinger Bauern mit einem vom Papst ausgerufenen Kreuzzug in die Knie zu zwingen. Ob die Deutschen Ritter mitgemischt haben, können wir wohl vermuten, obwohl sie zunächst sogar Grundbesitz in Stedingen haben und die Stedinger laut Urkunde sogar »fördern«. Doch »die Allianz zwischen Orden und Bauern« ist laut Holger Stefan Brünjes »von kurzer Dauer«. Spätestens als der Papst den großen Ablaß in Sachen Kreuzzug gegen die Stedinger Bauern verkündet, »wird sich der Orden von den Zielpersonen dieses Kreuzzuges distanziert haben«. Und für Kreuzzüge sind die Ritter ja Experten, auch wenn es hier nicht um die Eroberung des Heiligen Landes geht, sondern darum, die selbstbewußten Bauern an der Unterweser zur Zahlung des Zehnten zu bewegen und den Totschlag an einem Dominikaners zu rächen.

Hinzu kommt, daß die Bremer Ordensleute in den Dominikanern vom Katharinenkloster eine erste Stütze außerhalb der eigenen Reihen finden. Der Kampf gegen die Stedinger ist der gemeinsame Nenner. Außerdem ist die heilige Katharina nicht nur die Patronin des Bremer Dominikanerklosters, sondern auch des Deutschen Ordens. Zu den Bremer Franziskanern gibt es überhaupt keine Kontakte, obwohl die sozusagen gleich um die Ecke wohnen. Im Domkapitel hat der Orden jedoch Unterstützer, wie sich beim Streit um das Hospital zeigt. Insgesamt helfen wohl die Patrizier bzw. die Ministerialen der Bremer Komturei mehr auf die Beine als die städtischen Handwerker.

Jedenfalls stehen die Brüder des Deutschordenshauses 1233, kurz vor Beendigung der Stedingerkriege, bereits in so hohem Ansehen, daß sie zur Beglaubigung einer Urkunde herangezogen werden, die Erzbischof Gerhard II. von der Lippe der Stadt Bremen ausstellt, und in der er ihr viel verspricht für die Hilfe bei besagtem Kreuzzug.

Ob Erzbischof Gerhard II. das Kommen der Ritter gefördert hat, ist zu vermuten. Er läge damit auf einer Linie mit seinen bischöflichen Confratres aus Köln, Mainz, Trier und Würzburg, die bei der Ansiedlung des Deutschen Ordens ihre Macht zu erweitern trachten. Und um Festigung der erzbischöflichen Macht geht es ja schließlich auch beim »Kreuzzug« gegen die Stedinger. Außerdem sucht der Erzbischof schon seit langem nach Verbündeten für den finalen Feldzug gegen die aufmüpfigen Bauern an der Unterweser.

Kämpferisch treten auch die ersten Mitglieder des Deutschen Ordens in Bremen auf. Wie es sich für Ritter geziemt, gibt es gleich Ärger. Denn als sie in Bremen ein Spital vorfinden, erinnern sie sich daran, daß sie ja aus einer Hospitalgenossenschaft hervorgegangen sind. Sie fackeln deshalb nicht lange, sondern setzen sich »in der jungen aufblühenden Stiftung« frechweg fest. Die Rede ist vom Heiliggeist-Spital. Bremer Bürger haben es vermutlich »in den ersten Decennien des dreizehnten Jahrhunderts« gegründet, wie Hermann Albert Schumacher es ausdrückt. Wilhelm von Bippen vermutet gar, es gehe auf die wackeren Zeltbauer von Akkon zurück. Sie hätten »nach ihrer Rückkehr« vom dritten Kreuzzug »das im fernen Osten ruhmvoll begonnene Werk der Nächstenliebe in ihren heimischen Mauern fortgesetzt und hier das Heiliggeist-Spital an der Osterthorstaße begründet«, sozusagen als Spezialisten in Sachen Lazarettbau. Er setzt jedoch ein »vielleicht« hinzu.

Tatsache ist aber wohl: Das Spital existiert bereits – so um 1226 –, als die Ritter kommen. Bei dessen Besetzung gehen sie geschickt vor: »Dem Spitaldienste sich zu widmen, betraten sie das Haus, gerierten sich bald als Herren der Anstalt« und kommen deshalb »mit denen in Conflikt, die solche Eigenmacht nicht duldeten«. Wer dagegen rebelliert, geht aus einer Urkunde von 1236 hervor: Es ist das Domkapitel, das den Orden »aus dem Besitz des Spitals« zu vertreiben sucht. Sein Vorwurf: Die Ritter hätten »heimlicher und gewaltsamer Weise« ihren Sitz im Spital aufgeschlagen, »obwohl es unter der Immunität belegen sei, die der Bremischen Kirche zustehe«.

Die Okkupation des Spitals findet Schumacher zwar »etwas befremdend«, er verschweigt aber nicht, daß die Ritter in Lübeck es mit dem gleichen Trick versuchen, in den Besitz des Heiliggeist-Spitals zu kommen. Allerdings vergebens.

In Bremen klappt es: Die Ritter sitzen schon lange im Spital und kümmern sich um die dortigen Kranken, als ihnen »Rath und Bürgerschaft im Jahre 1244 das Eigenthum an dem ehemaligen Heiliggheisthaus« zuerkennen, wie Wilhelm von Bippen berichtet. Der bremische Volksmund ist jedoch schon weiter: Er nennt das Spital längst analog zum Deutschen Orden »Deutsches Haus«.

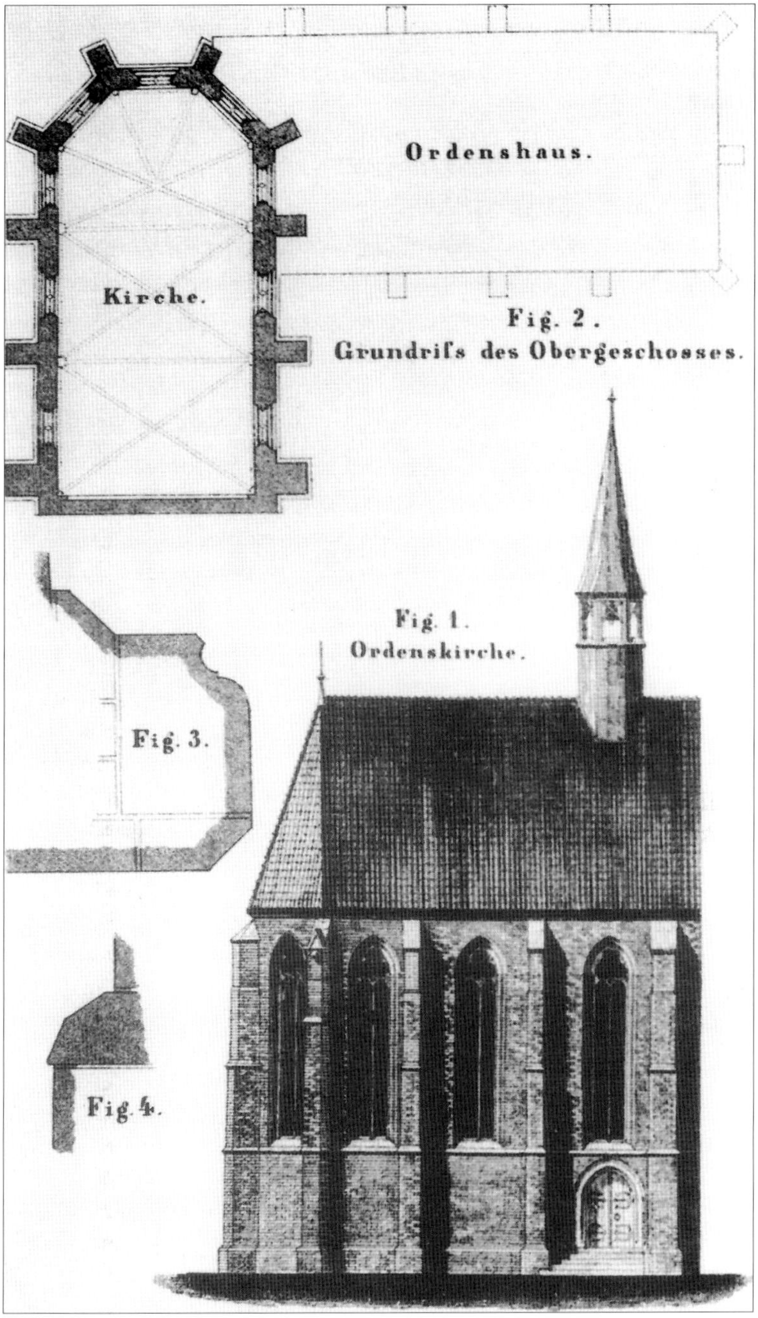

Rekonstruktionsversuch der Ordenskirche des Deutschen Ordens
von Hermann Albert Schumacher

1519 wird es so zum letzten Mal erwähnt, im Originalton: »Teutzsches hauß gen Bhremen.« Das Pendant dazu: »hausz zum heiligen Geist« hält gar bis 1531 durch. 1517 taucht dann erstmals der Begriff »by der cumpthurien« auf. Er setzt sich nach der Reformation durch und wird sogar unter der städtischen Verwaltung beibehalten.

Die Komturei bildet sich um das Hospital herum, nachdem der Orden 1238 das dazugehörende Grundstück bekommt. Es reicht bis zur Klosterbalge. Auf ihm wird das Hospital um 1285 zu einem Stadthof erweitert. So besteht die Komturei aus dem Herrenhaus, in dem die Ritter wohnen, dem Spital und der Kirche. Das Herrenhaus liegt rechtwinklig zur Kapelle. Es besitzt ein Refektorium und zahlreiche Kammern. Wir wissen das, weil der Rat nach dem Mord an Komtur von Bardewisch 43 zerstörte Fenster ersetzen muß. Hinter dem Ordenshaus gibt es einen Ziehbrunnen. Die Kirche ist von einem Friedhof umgeben. An den Grenzen der Ordensbesitzung sind Buden angebaut. Und im Garten stehen Stallungen. Der Komtur ist nämlich verpflichtet, der Stadt mit »perden, harnische unnd knechten« beizustehen. Gegen Ende der Ordenszeit ist er durch Zukäufe in der Gegend des Ostertors »der maßgebliche Haus- und Grundeigentümer« (Brünjes).

Um 1285 wird wohl auch die neue Kapelle eingeweiht. Für sie erstellt Bischof Edmund von Kurland 1283 einen Ablaßbrief. Die Kapelle trägt allerdings nicht das Patronat des Heiligen Geistes, sondern das der heiligen Elisabeth. Außerdem wird die Ordenspatronin St. Katharina darin verehrt. Die Kapelle ist eine einschiffige gotische Kirche mit zwei übereinanderliegenden Räumen, einer Ober- und Unterkirche. Das Gotteshaus wird jedoch nicht vollendet, wie Schumacher meint. Im Westen wird der Torso einfach durch eine simple Mauer geschlossen. Die Kirche hat einen Turm, wie auf alten Stadtansichten von Bremen ersichtlich ist. Der 1865 bei einem Konstruktionsversuch angedachte Dachreiter ist somit wohl Legende.

Für wie viele Ritter in der Komturei und wie viele Kranke im Spital Platz ist, erfahren wir nicht. Allerdings können wir die ersten vier Ritter dingfest machen. Sie unterschreiben 1233 die Urkunde des Erzbischofs. Als Vertreter des Konvents beurkunden der Priester Diedrich, der Komtur Gebhard und die Ritter Boidekin und Volbert.

Aus der Aufzählung geht hervor, daß es drei unterschiedliche Ämter im Orden gibt: adelige Ritter für den Pilgerschutz und Waffendienst, Ordenskapläne für die Gottesdienste und die Sakramentenspendung und dienende Brüder für Waffendienst und handwerkliche Arbeiten. Die Ordensregeln lehnen sich an zeitgenössische an, wie die der Zisterzienser oder der regulierten Chorherren. Heißt: die Ritter gelobten Armut, Keuschheit und Gehorsam.

Der Gehorsam gilt dem Hochmeister, als Spitze der Ordensleitung bzw. dem Komtur, der der Kommende vorsteht. Der Name Komtur kommt vom Lateinischen »comendator«, gleich Befehlshaber. Er ist laut Schumacher »der verantwortliche Bezirksverwalter des Ordens, den der Hochmeister ernennt. Er ist Vorstand der Verwaltung, Leiter der Bewirtschaftung, Herr und Gebieter über die Dienerschaft und die Knechte des Ordens«, »Organ der Ordensregierung gegenüber den gewöhnlichen Mitgliedern der Genossenschaft« und »Träger des Amtssiegels«.

– Im Siegel des Bremer Komturs, das erhalten blieb, ist Christus abgebildet. Es erinnert daran, daß die Brüder sich auch »fratres milicie Christi de domo Theutonico« nennen. Zu Deutsch: Christusritterbrüder vom Deutschen Haus. –

Dem »frater commendator« steht der Konvent der Ritterbrüder zur Seite. Sie sind von Adel. Einen Konvent gibt es in Bremen allerdings nur bis zur zweiten Hälfte des 14. Jahrhunderts. Danach wird er zunächst verringert. Später ist er gar nicht mehr vorhanden.

Grundriß des Untergeschosses der Ordenskirche

Ob es im Orden tatsächlich den im Reim an der Rathauswand erwähnten genealogischen Rabatt für Bremer und Lübecker Bürger je gegeben hat, ist zu bezweifeln. Behauptet wird dort, Bremer und Lübecker Bürger könnten als einzige Nichtadelige Ritter werden, quasi als Nachfolger der zeltbauenden Ordensgründer. Fazit: Die gesellschaftlichen Schranken gelten auch oder gerade im Ritterorden. Selbstverständlich ist der Komtur von Adel. Er ist jedoch in allen wichtigen Angelegenheiten, auch bei Rechtsgeschäften, an die Zustimmung seiner - auch adeligen - Ritter gebunden.

Die Ordenstracht besteht aus einem weißen Oberkleid bzw. einer Rüstung und einem Mantel von gleicher Farbe. Auf dessen linker Seite sieht man ein breites, schwarzes, mit Silber eingefaßtes Kreuz.

Zwar steht in Bremen kein Ordensschloß. Trotzdem gehört die Bremer Kommende »nicht zu den geringen Ordenshöfen«, meint Schumacher. Das jedoch nicht wegen ihrer überragenden Caritas, sondern wegen des großen Besitzes. Nach anfänglichem Ärger sind die Bremer Ritter in der Stadt bald »hoch angesehen und sehr geachtet«. Selbst das Domkapitel hat mit den Brüdern im weißen Mantel inzwischen seinen Frieden geschlossen. So dürfen die Ordensritter bei feierlichen Gottesdiensten im Chorgestühl des Bremer Doms Platz nehmen. Doch mit dem heimischen Nachwuchs hapert es. In Bremen ist keine einzige Einkleidung überliefert.

Wie viele Ordensbrüder die Bremer Komturei bevölkern, ist nicht ganz klar. Die Ordensregel sieht zwölf Ritterbrüder vor, die ein Priesterbruder geistlich betreut. Die Zahl 12 nimmt Maß an den Jüngern Jesu. Sie ist nicht mehr als eine Idealzahl, die selten erreicht wird. In Bremen schon gar nicht. Hier dürfe man lediglich »an einen kleinen Kreis denken«, rät Schumacher. Um 1500 seien es »einige Deutschordensritter mit ihrer Dienerschaft« gewesen, weiß Schwarzwälder. Brünjes ist hingegen weit skeptischer: Er meint, nach 1363 sei »kein einziger Ordensbruder mehr nachzuweisen«.

Im Gegensatz zu den Domherren führen die Ritter im dreizehnten Jahrhundert noch das einfache mönchische Leben. Das gestattet laut Duntze nur »Brod, Wasser und Kleidung« und bestimmt, »daß die Genossen auf Strohsäcken« schlafen. Daß die Ritter sozusagen Maß an den Minderbrüdern nehmen, hat wohl auch damit zu tun, daß der Priesterbruder laut Vorschrift des Papstes Innozenz IV. den Gottesdienst und die Tagesgebete nach dem Ritus der Predigerbrüder, d.h. der Dominikaner zu verrichten hat.

Im Grunde genommen gilt für die Deutschordensherren das benediktinische ora et labora. Das »ora« besteht - zumindest zu Anfang des Ordens in Bremen - aus der »Abhaltung der sieben geistlichen Ge(bets)zeiten«, wie Schumacher formuliert, »der im Ordensgesetz festgestellten gottesdienstlichen Stunden«. Er fügt hinzu, »sowohl Morgenmette wie Nachtamt« seien »Pflicht jedes Conventbruders« gewesen.

Gelten diese Gebete weitgehend dem eigenen Seelenheil, und sind sie sozusagen gebührenfrei, so kann man die Seelenmessen und Beerdigungen, die in der Komturei geordert werden, sowohl zu »ora« wie zu »labora« zählen. Sie verhelfen nämlich nicht nur den Verstorbenen zu einem Platz im Himmel, sondern sie helfen auch den Lebenden, nämlich den Ordensgenossen, zu ihrem Unterhalt.

Die Bremer Komturei verfügt die meiste Zeit nur über einen Priesterbruder. Einmal werden in einer Urkunde jedoch zwei Priester erwähnt. In anderen Komtureien sind gar drei Priester Standard. Sie besitzen neben der Priesterweihe auch die Ritterweihe, die benedictio ensis. Und da bei Stiftungen gelegentlich verfügt wird, daß der Priester dieselbe verwalten soll, gibt es neben dem Gut der Kommende auch ein eigenes Vermögen der Ordenskirche.

Alles in allem macht die Kapelle den beiden Bettelordenskirchen keine allzu große Konkurrenz in der Seelsorge.

Sie hat selbstverständlich keinerlei Pfarrrechte. Trotzdem ist sie mit einigen Privilegien ausgestattet. So darf in ihr während eines über die Stadt verhängten Interdikts weiter Gottesdienst gehalten werden. Allerdings darf der Priesterbruder nicht wie in den Kirchen der Minderbrüder bei geöffneten Türen Messe halten, sondern bei den Rittern müssen die Glokken schweigen, und sie dürfen hinter verschlossenen Türen nur leise singen und beten, so daß kein Laut davon nach außen dringt.

Hilfreich sind auch die Ablässe, die mit dem Besuch eines Gottesdienstes verbunden sind, die der Priesterbruder hält. Selbstverständlich nennt auch die Bremer Komturei einen derartigen Ablaßbrief ihr eigen. Er stammt vom 13. Juli 1283, unterschrieben von Edmund von Wird, Bischof von Kurland und Ritterbruder. Er gewährt all jenen Nachlaß der Sündenstrafen, die in die neue Kapelle zum Gottesdienst gehen und zum Bau dieser Kapelle wie anderer den Gottesdienst fördernden Dingen beitragen. Ertrag bringen den Brüdern auch die Beerdigungen auf dem Spitalfriedhof.

Der Orden besitzt außerdem das Privileg, an Palmsonntag die Palmen zu weihen. Das ist ihm so wichtig, daß er 1420 dem Domkapitel acht Gulden zahlt, um das Privileg wiederzuerlangen. Die Domherren behaupteten nämlich, die Ordensprivilegien des Komturs seien »verwest«. Doch der Hochmeister rüffelt den Komtur wegen der Zahlung des Geldes. Er befiehlt ihm, dem Kapitel gegenüber notariell zu erklären, daß die Zahlung unter Zwang erfolgt sei und er das Privileg des Ordens nicht gekannt habe.

Ab 1450 scheint es keinen Priesterbruder mehr in der Komturei gegeben zu haben. Denn in jenem Jahr werden letztmals Gottesdienste und Seelenmessen erwähnt. Danach muß der Komtur sich einen Priester holen, wenn er gebraucht wird.

Das »labora« der Ordensbrüder besteht natürlich aus dem ritterlichen Kampf; wenn es denn sein muß. In Bremen muß es, Gott sei Dank, nach dem Kreuzzug gegen die Stedinger kaum noch sein. Bremen liegt somit im Trend. »In manchen Landen war es seine ritterliche Kraft, die dem Orden Einfluß gab und freundliche Aufnahme gewährte; in Deutschland überwog der Hinblick auf seinen Spitaldienst«, so Schumacher.

Daher ist zu Beginn des Ordens neben dem Priesterbruder vor allem der Spitalmeister hervorzuheben. Durch seinen Dienst öffnet sich der Orden der Stadt. Deshalb wohl auch schärft das Ordensstatut den Rittern ein, »daz an allen Steten, da man Spitale heldet, swelchem Bruder bevolen wirt, die Sorge der Siechen, beide an den Selen und auch an den Leiben, daz er sich vlize zu dienen in Demutcliche und Andechtecliche«.

Selbstverständlich ist der Spitaldienst auch eine Einnahmequelle. Da verwundert es nicht, daß die erste Schenkung für das Bremer Ordenshaus dem Spital gilt: Alard von Walle übergibt der Kommende seinen Besitz »lediglich zum Werke christlicher Liebe«. Er verfügt die Speisung der Armen mit dem Gewinn aus seinem Besitz durch die Ordensbrüder.

Ordensschwestern gehen dem Spitalmeister als Pflegerinnen zur Hand, nimmt Schumacher an. Er weiß jedoch nicht, wo sie wohnen. Ein eigener Konvent sei mit dem Spital jedenfalls nicht verbunden gewesen, und in der Komturei bei den Brüdern durften sie wohl auch nicht wohnen. Günter Peters ist da weit vorsichtiger. Er erwähnt, im Heiligen-Geist-Hospital sei »eine Frau tätig« gewesen, die die Kranken pflegt. Was dies für eine ›domina‹ ist oder ob es sich sogar um mehrere handelt, bleibe »unklar«. Es könne sich auch um eine nicht in Gemeinschaft lebende Begine gehandelt haben.

Grabplatte des Ministerialen Johann von Holtsviler in Ritterrüstung, gestorben 1575, nördliches Querschiff des St. Petri-Doms, Bremen

Der Hospitalbetrieb wird übrigens vor 1426 eingestellt. Brünjes vermutet gar, daß das Hospital zwar unter dem Dach der Komturei betrieben wird, aber getrennt von der Kommende mit Komtur und Konvent. Denn über die Caritas der Ordensbrüder sei kaum etwas bekannt.

Weitere Einnahmen kommen von der Fangemeinde des Ordens, der »Confraternität«. Durch Schenkungen und Wohltaten kann man in ihr Mitglied werden. Um das Seelenheil jener »Confratres« kümmert sich der Ordenskaplan mittels Seelenmessen. Halbschwester und Halbbrüder gehören dem Orden schon zu Lebzeiten an, als Pfründner beispielsweise. Sie kaufen sich in die »Confraternität« ein und wohnen in den Gottesbuden und Häuschen, »die nicht fern vom Haupthause« der Ordensniederlassung am Ostertor stehen, eine damals nicht besonders dicht besiedelte Ecke der Altstadt. Unter den Pfründnern sind vor allem die

Corduanschuhmacher zu finden. Denn deren Bruderschaft ist an der Komturei angesiedelt. – Die Corduanschuhmacher verarbeiteten das feine Leder aus Cordoba. –

Unter dem Komtur Konrad von Lünen kommt es Mitte des 15. Jahrhunderts zur Gründung dieser Bruderschaft. Sie liegt im Trend, denn in Bremer Kirchen sind um 1500 insgesamt 29 Bruderschaften nachweisbar. Sie erfüllen Funktionen religiös-geselliger, aber auch karitativer Art, weil die Kirche letztere selbst nicht mehr wahrnimmt. Die Bruderschaft bindet die Corduanschuhmacher an die Kapelle des Deutschen Ordens und bietet den Schuhmacherbrüdern über die Armen- und Altersfürsorge hinaus auch die Sorge für das Jenseits in Form von Sterbe- und Gebetshilfe durch Seelenmessen, Jahresgedächtnissen und dergleichen mehr.

Zählt man zusammen, so versammeln sich Personen unterschiedlichsten Standes und Berufes in der Komturei: Da sind die vollberechtigten adeligen Ritterbrüder, da ist der Ordenspriester, der Spitalmeister, die dienenden Brüder, die Ordensschwester (?), die Halbbrüder und Halbschwestern. »Zur Kommende gehören selbstverständlich auch die Knechte und besoldeten Diener, die im Ordenshofe gehalten werden, die Lehnsleute und Meier auf den Gütern und endlich die Leibeigenen, denen einzelne Grundstücke zugewiesen« werden, so Schumacher. Letztere stehen im Gegensatz zu den Halbbrüdern in keinem Verhältnis zum Orden selbst.

Kurzum: Der geistliche Ritterorden hat sich im Laufe der Zeit zu einem richtigen Wirtschaftsunternehmen entwickelt. »Wasser und Brod« sind längst passé, zumal die Komturei durch Stiftungen und Zukauf bald zu beträchtlichem Vermögen kommt.

Letzteres korrumpiert den Orden denn auch, denn im 16. Jahrhundert ist mit einiger Sicherheit in der Bremer Komturei weder ein Konvent aus Brüdern noch ein Priester vorhanden. Aus dem einstigen klosterähnlichen Gebilde ist nun das Haus eines Großgrundbesitzers geworden.

Ja, was wäre der Orden ohne Grundbesitz! Der ist im Mittelalter die Basis der meisten Institutionen. Und es leppert sich zusammen. So hat die Bremer Kommende im Laufe der Jahre in der Stadt, vor allem aber im Umland »ein nicht unbeträchtliches Vermögen in liegendem Gut«, wie Schumacher sich ausdrückt: »Rings um die Stadt herum lagen die Besitzthümer der Ritter, bisweilen nur kleine Höfe, oft aber auch verhältnismäßig große Güter.« Und die liegen in Arbergen, Hemelingen, Ellen, Osterholz oder im Vahrer Feld, in »Rhiensberg«, im Hollerland, im »Vielande« oder im »erst vor wenigen Jahrzehnten planmäßig zur Cultur gebrachten Neuenlande«, in Arsten, Kattenesch oder »Rabbelinghausen«, »zu Harderstrom«, in Malswarden, Süderbrok, Lankenau, Hasenbüren, Lewenbüren, Walle, Uthbremen oder im Blockland. »Mehr als drei Jahrhunderte« seien »die ritterlichen Herren im Besitze der Anstalt geblieben«, faßt von Bippen zusammen. Und er hat sogar ein Lob parat: Die Brüder hätten auf der einen Seite zwar »zahlreiche Güter in der Stadt und der Umgebung erworben«, was zum Lebensunterhalt erheblich beiträgt. Andererseits hätten sie aber auch »lange segensreich gewirkt«.

Da das Ende auch dieses Mal wieder – wie beim Paulskloster – gewalttätig ist, bereitet von Bippen eine Entschuldigung für dieses unbremische Verhalten vor: »Die Verknöcherung des Ordens« habe »auf die Bremische Komthurei« zurückgewirkt, erläutert er. Die Ritter hätten »im üppigen Wohlleben« ihre eigentlichen Aufgaben vergessen und »wie schon Rudolph von Habsburg gesagt« habe, »in dem Besitze der Pfründe den Inhalt ihrer Lebensaufgabe gesehen«. Kurzum, »der bremische Bürgerstolz« habe sich »gegen diese fremde Rittergesellschaft aufbäumen« müssen.

Dabei vergißt von Bippen wohl, dass die »fremde Rittergesellschaft«, wie bereits oben erwähnt, »mehr als drei Jahrhunderte« zur städtischen Gesellschaft gehört. Daß die »Rittergesellschaft« so »fremd« gar nicht sein kann, verrät von Bippen im nächsten Satz. Da behauptet er nämlich, »die Einsetzung bremischer Bürgersöhne auf die Comthurstelle« hätte »den allmählichen Verfall im Deutschen Haus nur wenig verzögern« können. Im 15. Jahrhundert versuchen das Komture aus den vornehmen bremischen Familien, den Doneldeis, Duckels, von Nienburg, von Linen sowie Brand und Meneke. Doch der Verfall läßt sich nicht bremsen. Um 1450 entzieht der Rat dem Komtur das Amtssiegel. Die Kommende ist kreditlos geworden und überall verpfändet.

Zuvor, präzise zu Beginn des 15. Jahrhunderts, hat der Rat gar den Komtur Eberhard Ovelacker beschuldigt, er habe aus Habgier jemanden angestiftet, einen Mann namens Engelbert Haver zu töten. Der Komtur sucht in Schweden und Dortmund das Weite und sich zu rehabilitieren. Das Ganze geht aus wie das Hornberger Schießen: Der Rat nimmt die Beschuldigung unter der Bedingung zurück, daß Overacker im Gegenzug beurkunde, der Rat habe »nichts Ehrenrühriges gegen ihn geäußert« ...

Nach dem Motto: Wie der Herr, so's Gescherr fällt »Ende September 1527 der ehemalige Diener des bremischen Deutschordenskomturs« »ins Obervieland« ein, um dort »mit einigen Komplizen« zu rauben und zu brennen.

Doch es kommt noch besser: Denn unter Komtur Jasper von Münchhausen ist »am Beginne des sechzehnten Jahrhunderts« von »den ärgerlichsten Skandalgeschichten« zu reden. Dieser Jasper von Münchhausen scheint in der Tat eine richtige Skandal-Nudel gewesen zu sein. Gegen ihn gibt es seit 1505 manche Klagen. Daniel von Büren notiert allein 20 auf einem Notizzettel. Da ist von Körperverletzung, Viehdiebstahl, Zahlungsverweigerung, Freiheitsberaubung, Brandstiftung sowie Begünstigung von See- und Strandraub die Rede.

Schlußendlich schrammt Münchhausen gar deshalb nur an der Todesstrafe vorbei, weil er der weltlichen Gerichtsbarkeit nicht unterliegt. Er ist exempt. Des Komturs Knecht Bartholomäus wird hingegen »wegen Falschmünzerei beim Markte in einer Pfanne lebendig zu Tode gesotten«. – Denn Münzfälschung wird als Verbrechen gegen die Obrigkeit angesehen. Es ist genauso verwerflich wie Kirchenraub und Mord.

Das Pikante an der Sache: Bartholomäus behauptet, zur Fälschung sei er vom Herrn Komtur höchstpersönlich angestiftet worden. Und die Münzen habe er »uff des compters kammer« gefälscht. Der habe sich nämlich mit den schlecht geprägten Münzen dafür rächen wollen, daß die Bremer sich gefreut hätten, als das Ordensgut »im Stakkampe« abgebrannt sei. Münchhausen sucht hingegen noch posthum die Glaubwürdigkeit seines Knechts zu erschüttern. Er behauptet, es habe sich bei ihm um einen falschen Priester gehandelt.

1515 abgesetzt, zieht er sich nach Münchhausens Art selbst am Schopfe aus dem Dreck und ist 1517 wieder in der Komturei in Amt und Würden. Er stirbt 1519, 49jährig, bezeichnenderweise an Syphilis. Die hat er sich zuvor gar notariell und vor Zeugen beglaubigen lassen, um der Reise zum Rapport nach Livland zum Ordensmeister zu entgehen. Brünjes schließt daraus mit Recht: Diesem Komtur sei »geschlechtliche Enthaltsamkeit nicht zu attestieren«. Zu ihr hat er sich aber beim Eintritt in den Orden feierlich verpflichtet.

Da kann es wenige Jahre später, laut von Bippen, gar nicht ausbleiben, daß sich unter Komtur Rolf von Bardewisch »der lange angesammelte Zorn der Bürgerschaft« »in blutiger Gewaltthat« ein Ventil sucht. Und das, obwohl dieser Komtur von anderem Kaliber ist als von Münchhausen. Er läßt die Komturei reparieren und gibt der Stadt erhebliche Kredite. Trotzdem wird er am 10. Mai 1531 »schmählich ermordet«, wie von Bippen zugibt; und zwar »unter dem falschen Verdachte, im Besitze des Bürgerweidebriefs zu sein.« Allerdings sind nicht die Ratsherren verantwortlich, sondern, wie von Bippen betont, »die revolutionäre Bewegung der 104 Männer«, die in Bremen zu kurz gekommenen Handwerker.

Richtig, denn bei besagter Demo vor der Komturei entgleitet dem Rat völlig die Kontrolle. Handwerker rufen zu Gewalt auf. Bürger bewaffnen sich und ziehen vor die Komturei. Zwei Kämmerer und der Syndicus Dr. Johann von der Wyck wollen die Menge beruhigen. Umsonst. Schüsse fallen. Der Komtur und seine Knechte lassen Steine von der Kirche herab auf die Menge plumpsen. Es gibt Tote. Und nun gibt der städtische Büchsenmeister mit seiner Kanone in des Wortes wahrster Bedeutung den Startschuß dazu ab, daß der Komtur samt vier seiner Knechte ermordet wird, Kirche und Ordenshaus geschändet und ihre Schätze vernichtet werden. Fazit: Der Aufstand der 104 bricht los und »das Verhängnis war nicht mehr aufzuhalten«.

Der Rat einigt sich später gütlich mit den Hinterbliebenen des Komturs wie mit dem Orden. Doch das Kapitel Deutscher Orden ist in Bremen damit noch nicht ganz beendet. Es gibt noch ein Nachspiel.

Denn während das Jahr 1528 sozusagen die Deadline des Katholizismus in Bremen ist – in diesem Jahr werden die Ordenskirchen der Dominikaner und Franziskaner geschlossen bzw. der Gottesdienst im alten Ritus verboten –, bleibt die Kapelle der Komturei unbehelligt. Das hängt zum einen damit zusammen, daß sich schon seit längerem kein Ordenspriester mehr in der Komturei hat blicken lassen und der Komtur selbst vor seinem jähen Tod seinen Platz beim Gottesdienst nicht mehr im Chorgestühl des Doms einnimmt, sondern in Liebfrauen betet. Dort wird aber bereits lutherisch gepredigt. Wir vermuten daher nicht zu Unrecht, daß der Komtur von Bardewisch ein Anhänger der neuen Lehre ist. Dies mag erklären, weshalb der Deutsche Orden in Bremen zunächst von reformatorischen Umtrieben unbehelligt bleibt. »Die gemeinsame Religiosität, einst Garant des Zusammenhalts unter den Ordensbrüdern«, ist »längst einem ständischen Gemeinschaftsgefühl gewichen, so daß die Frage nach der Herkunft weit wichtiger« ist »als die nach dem persönlichen Bekenntnis«, erläutert Brünjes.

Fazit: Der Deutsche Orden ist die einzige ordensgeistliche Körperschaft, die in Bremen die Veränderungen der Reformationszeit übersteht. Das hängt auch damit zusammen, daß die Komturei »eine beachtliche materielle Substanz« hat. Klartext: viel Grund und Boden. Der Rat kann sie daher nicht so einfach auflösen wie die anderen Ordenshäuser, »deren Wirken zudem im höheren Maße geistlicher Natur« gewesen ist »als das des Deutschordenskomturs« (Brünjes). Unter Umständen denkt der Rat aber auch schon daran, sich den Besitz bald selbst unter den Nagel zu reißen.

1564 erwirbt die Stadt die Komturei zwar, aber sie muß lange warten, bis sie dieselbe in Besitz nehmen kann. Denn der letzte Komtur, Franz von Dumstorp, hat dort Wohnrecht und er verwaltet die Komturei. Da der Komtur schon alt ist, hofft der Rat wohl, daß er bald das Zeitliche segnet. Doch der Komtur denkt gar nicht daran. Er hat – angeblich – seine Köchin geehelicht, eine Tochter und genießt das Leben eines wohlhabenden Stadtbürgers und Großgrundbesitzers. Und da er auch noch lutherisch ist, hat der Rat keine Handhabe, ihn auszuhebeln. Dem Rat bleibt nichts anderes übrig als abzuwarten, und zwar bis 1583, um den gesamten Besitz zu übernehmen. Von Dumstorp, seit 1532 Komtur, stirbt am 11. Juni 1583 höchstwahrscheinlich an Altersschwäche. Er wird zwei Tage später im Dom begraben. Ob der Rat ein Tedeum anstimmen läßt, ist nicht bekannt.

Insgesamt 30 Komture lassen sich in der Zeit von 1249 bis 1583 nachweisen. Es gibt jedoch Lücken zwischen ihnen, die urkundlich nicht zu füllen sind. Zehn Komture kommen aus Westfalen, sechs aus Norddeutschland und fünf aus dem Bremer Stadtpatriziat. Bremer tauchen als Komture nur dann auf, wenn es darum geht, gut Wetter beim Rat zu machen.

Nach Dumstorps Tod wird das Gebäude des Spitals in den städtischen Marstall und der Ordenshof in die Bremer Münze umgewandelt. Die Kapelle wird selbstverständlich geschlossen. Die Güter werden zum Gemeinen Gut geschlagen. Und die Bruderschaft der Schumacher wird künftig am früheren Franziskanerkloster St. Johann versorgt. Sie kann mit dieser Regelung zufrieden sein.

Auch der Rat ist zufrieden, denn alles in allem übernimmt er mit der Komturei einen Besitz von 31 Bauernhöfen im Umkreis von zwölf Kilometern. Dazu kommen nach vorsichtiger Schätzung 1500 Hektar Felder und Wiesen. Dafür blättert er 21.859 Bremer Mark hin. Vermutlich ein Schnäppchen.

1674 werden einige Baulichkeiten der ehemaligen Komturei verpachtet, so auch die Kirche. Sie dient fortan als Lagerhaus. Zwischenböden werden zuvor eingezogen. Schließlich verschwindet die Kapelle zwischen den Neubauten des 19. Jahrhunderts aus dem Weichbild des Ostertors. Im 2. Weltkrieg dient die Unterkirche als Luftschutzkeller und die Oberkirche als Packhaus.

Alliierte Bomben legen die Reste der Kapelle im 2. Weltkrieg frei, bevor sie 1957 abgerissen wird. Dafür verantwortlich ist die sozialdemokratische Mehrheit der Baudeputation. Sie empfiehlt nach einer Ortsbesichtigung im Januar 1956, keinen Pfennig in den Erhalt eines »reiz- und wertlosen Gemäuers« zu investieren. Der Weser Kurier antwortet am 25. 2. 1956 mit einer Sonderseite über die »Deutschordensritter in Bremen«, und auch der Direktor des Staatsarchivs, Dr. Friedrich Prüser, kämpft mit einem Aufsatz für eine Restaurierung. Er schlägt vor, in den Gebäuden eine Begegnungsstätte für Ostflüchtlinge einzurichten. Doch die Sozialdemokraten putzen diese wie die Bedenken des Oberbaudirektors Dr.-Ing. Franz Rosenberg vom Tisch. Letzterer hat Bauchschmerzen, den Denkmalschutz aufzuheben. Seinem Kompromiß kann man jedoch etwas abgewinnen. Die Unterkirche bleibt. Brünjes Fazit: »Der Abriß der ehemaligen Komtureikirche war keine bauliche, sondern eine politische Entscheidung.« Vermutlich auch eine ideologische! An kirchlichen Resten hat man kein Interesse. Denn zur selben Zeit werden auch die Ruinen der Ansgarii-Kirche wie Teile des St. Katharinen-Klosters plattgemacht.

Die Unterkirche wird unter Denkmalschutz gestellt und bleibt unter dem Gerichtsgebäude als Restaurant erhalten. Der Name Komturei und das Kreuz des Deutschen Ordens am Eingang zum 1976 eröffneten Restaurant erinnern an die nicht immer ganz rühmliche Vergangenheit der Ordensritter in Bremen.

Ja, so sans eben, die alten Rittersleut'...

Und nun wollen Sie natürlich wissen: Gibt's die noch, die alten Rittersleut'? Die Antwort lautet: Jein.

Komtur Rolf von Bardewisch, Ritter des Deutschen Ordens

Bereits 1525, mithin zu Beginn der Reformation, tritt der letzte Hochmeister des Deutschen Ordens, Albrecht von Brandenburg-Ansbach, als erster geistlicher Fürst auf die Seite Martin Luthers und wandelt den preußischen Ordensstaat eigenmächtig in ein weltliches Herzogtum unter polnischer Lehenshoheit um. 1561 folgt ihm der livländische Landmeister Gotthard Kettler. Damit ist der alte Deutschordensstaat Preußen säkularisiert. Er kommt als evangelisch-lutherisches Herzogtum Preußen dann 1618 an die kurfürstlich-brandenburgische Linie der Hohenzollern. Mit der Selbstkrönung des Kurfürsten Friedrich III. 1701 zum »König in Preußen« wird das ehemalige Ordensland endgültig mit dem Gesamtstaat Preußen verbunden.

Anders verläuft die Entwicklung des Deutschen Ordens im restlichen Heiligen Römischen Reich. Der Orden besitzt hier seit dem 13. Jahrhundert zwölf Balleien unter dem Deutschmeister. Der Deutschmeister, schon im ausgehenden Mittelalter ein Rivale des Hochmeisters, wird für die Besitzungen innerhalb des Reiches 1494 vom Kaiser als Reichsfürst belehnt. Nach der Säkularisation des Ordensstaates Preußen geht die Hochmeisterwürde 1530 auf den katholisch gebliebenen Deutschmeister über. Als »Hoch- und Deutschmeister« residiert er von 1525 bis 1809 als geistlicher Reichsfürst auf der Ordensburg in Mergentheim.

Das gemeinsame Leben im Orden schwindet in der Neuzeit jedoch immer mehr. Er bewährt sich aber mehrfach im Kampf gegen die Türken. Und von der wirtschaftlichen und kulturellen Kraft des Ordens künden noch heute die barocken Schlösser in Mergentheim, Ellingen, Altshausen, auf der Mainau und an vielen anderen Orten.

Weil der letzte Hoch- und Deutschmeister ein österreichischer Erzherzog ist, fällt der Deutsche Orden erst mit einiger Verzögerung Anno 1809 der Säkularisation zum Opfer. Zuvor hat Napoleon den Deutschen Orden 1805 in den Rheinbundstaaten aufgelöst. Daraufhin übernimmt der österreichische Kaiser Franz I. die Schutzherrschaft über den Orden und gibt ihm in seinen Erblanden alle Besitzungen zurück. Er »erntet« dabei für seine Titelsammlung den des »Königs von Jerusalem«.

Der Deutsche Orden besteht in den österreichischen Erblanden zwar weiter, doch finden kaum Neuaufnahmen statt. Es fehlt an einer ausreichenden Existenzgrundlage. 1835 gibt es neben dem Hochmeister Erzherzog Anton Victor nur noch vier Ritter und ein knappes Dutzend anderer Mitglieder. Staatskanzler Fürst Metternich sorgt 1839 durch neue Statuten für eine sichere Rechtsgrundlage, so daß der »Deutsche Ritterorden«, wie er jetzt genannt wird, sich erneuern kann. Letzteres gilt auch für den im Mittelalter erloschenen weiblichen Zweig, der 1854 neu gegründet wird. 1865 kommen zwei Priesterkonvente hinzu. Doch bis zum Ende der Monarchie in Österreich-Ungarn ist der Deutsche Ritterorden vorwiegend ein habsburgisch-katholisches Adelsinstitut.

Auf Druck der kalvinistischen Generalstaaten der Niederlande scheidet 1837 die Ballei Utrecht aus dem Gesamtorden aus. Dieser protestantische Zweig des Deutschen Ordens besteht mit verheirateten Komturen bis heute fort.

Um den Orden vor einer Spaltung zu bewahren, resigniert der letzte habsburgische Hoch- und Deutschmeister, Erzherzog Eugen (1894–1923), im Jahr 1923 zugunsten eines

priesterlichen Ordensmitgliedes. 1929 wird der Deutsche Orden dann durch Papst Pius XI. als geistlicher Orden neu konstituiert.

Alain Demurger bringt die restliche Geschichte auf die Formel: »Der Deutsche Orden hat in Deutschland, dann in Österreich überdauert; er hat den Nationalsozialismus überlebt, der ihn aufgelöst und zugleich seine Geschichte für sich in Beschlag genommen hat; nach dem 2. Weltkrieg wieder aufgebaut, hat er seinen Sitz in Wien.«

Präzise: 1945 wird der Deutsche Orden in Österreich wiederhergestellt. Er engagiert sich in der Seelsorge und den karitativen Diensten. Nach 1945 etabliert sich der Deutsche Orden auch wieder in Deutschland, und zwar in Passau, Darmstadt und in Sachsenhausen bei Frankfurt.

Nach dem Willen des II. Vatikanischen Konzils (1962–1965) beginnt seit 1966 unter Leitung der priesterlichen Hochmeister eine zeitgerechte Erneuerung der Regeln und Statuten. Unter Vorsitz des Hochmeisters P. Ildefons Pauler (1970–1988) wird die Neufassung der Konstitutionen der »Brüder und Schwestern vom Deutschen Haus St. Mariens in Jerusalem« ausgearbeitet und am 18. Juni 1977 in Rom approbiert. Der auf sechs Jahre gewählte priesterliche Hochmeister im Range eines Abts mit Mitra und Stab residiert in Wien im Schatten des Stephansdoms. Die lateinische Abkürzung des Ordens lautet OT und steht für Ordo Fratrum Domus Hospitalis S. Mariae Teutonicorum in Jerusalem.

Die Deutschordenspriester und Laienbrüder sind heute in mehreren Ländern hauptsächlich in der Pfarrseelsorge und Armenfürsorge tätig, die Deutschordensschwestern im Schul-, Kranken- und Altendienst.

Der Deutsche Orden zählt 2003 in Deutschland fünf Konvente mit 22 Priestern und sieben Brüdern. Dem Orden waren 1990 außerdem – ähnlich den anderen Ritterorden – Ehrenritter und etwa 300 Marianer, auch Familiaren genannt, nach Art eines Dritten Ordens zugeordnet. Sie tragen bei feierlichen Anlässen den Ordensmantel. Die Deutschordensschwestern, die dem Hochmeister unterstehen, zählen 318 Schwestern in 35 Häusern, laut »Mönchtum, Orden, Klöster von den Anfängen bis zur Gegenwart«. Das Provinzialat der Deutschordenspriester befindet sich in Weyarn.

Gegen Ende des zweiten Jahrtausends kehrt der Deutsche Orden zu seinen Anfängen zurück und kümmert sich um Kranke. Doch dabei erleidet er gegen Ende des Jahrtausends erneut eine schwere Niederlage: Der »Feind« sitzt diesmal im Orden selbst. Denn einige in der Ordensspitze drehen ein viel zu großes Rad, als sie unzählige Krankenhäuser zwecks Sanierung übernehmen, die von anderen Ordensgemeinschaften aufgrund von Nachwuchsmangel aufgegeben werden müssen. Durch Mißmanagement und auch Korruption kommt es zu einer Riesenpleite. Der Vatikan reagiert darauf, indem er die deutsche Ordensleitung absetzt, den Hochmeister in Wien inklusive. Und die Diözesen zahlen einen Teil der Zeche.

Die Beginen

Weder »Habenichtse« noch »Schwärmerinnen« oder gar »Häretikerinnen«

Nonnen scheint es im mittelalterlichen Bremen nicht gegeben zu haben, sehen wir mal von den Schwestern des Deutschen Ordens ab, die nach der Vermutung von Hermann Albert Schumacher dem Spitalmeister im Heiliggeist-Spital am Ostertor bei der Pflege der Kranken zur Hand gehen. Wo die Schwestern gewohnt haben, weiß er nicht. Er meint aber: in der Komturei jedenfalls nicht. Da das Spital kaum sehr groß war, kann es sich nur um wenige Schwestern gehandelt haben, wenn nicht gar um eine einzige.

Nonnen gibt es jedoch im Erzbistum Bremen. Das sind in Bremens Umgebung die Benediktinerinnen der Abteien zu Osterholz, Heiligenrode und Zeven sowie die Zisterzienserinnen der Abtei Lilienthal.

Zu letzteren hat eine Bremer Beginengemeinschaft eine besondere Nähe. Und damit wären wir bei den im 13. Jahrhundert erwähnten zwei Beginenhöfen.

Da die mittelalterlichen Frauen um die Gründung ihrer Höfe jedoch nicht so einen Bohei machen, wie er um den Pseudo-Beginenhof Anno 2000 gemacht wird, tappen wir bei den echten Bremer Beginen in puncto Gründungsdatum im dunkeln. Die einschlägigen Bremen-Historiker sind relativ einsilbig und selbst Günter Peters bringt in seiner profunden Arbeit von 1979 über »Norddeutsches Beginen- und Begardenwesen im Mittelalter« über die Bremer Beginen nur ein paar Zeilen zu Papier; Tenor: »Über die Bremer (Beginen-)Häuser ist uns wenig bekannt.« Da ihn sein Unwissen vermutlich nicht in Ruhe läßt, schiebt er 1992 einen detailreichen Aufsatz über die »Bremer Beginen im Mittelalter« nach.

Demnach sind die Beginen bei St. Katharinen vor 1258 nachweisbar. Das ergibt sich aus einer undatierten Urkunde des Bremer Erzbischofs Hildebold von Wunstorf (1258–1273), der ein älteres Privileg seines Vorgängers Gerhard II. von der Lippe (1219–1258) bestätigt. Da Gerhard aber 1258 stirbt, müssen die Beginen zuvor bereits in einer Gemeinschaft gelebt haben.

Eine derartige Gründung paßt auch gut zu Gerhard II., siedelt er doch bekanntlich in seiner Amtszeit die Dominikaner und Franziskaner in Bremen an. »Auch das Aufblühen der Benediktinerinnenkonvente Osterholz und Heiligenrode ist mit auf seine Unterstützung zurückzuführen«, so Peters. Hinzu kommt die Ansiedlung des Deutschen Ordens. Mit diesen Initiativen ist der Erzbischof up to date, da Frauenklöster damals »gleichsam en masse« entstehen.

Die Beginen habe der Erzbischof »gleich bei Eingang« an die Dominikaner verwiesen, weiß Johann Hermann Duntze zu berichten. Heißt, Gerhard gestattet den Beginen, bei den Dominikanern zur Kirche zu gehen und dort die Sakramente zu empfangen. Diese Anbindung ist nur logisch. Aus einer Urkunde wissen wir nämlich, daß der Bremer Rat ein Haus des Klosters Lilienthal »juxta sanctam Katherinam«, also »direkt neben St. Katharinen«, dem Dominikanerkloster, von der Steuer und den Wachpflichten befreit. Bedingung: solange »Arme oder Beginen« dieses »Kloster« bewohnen. Das ist clever. Nimmt der Erzbischof die sich etablierende Gemeinschaft der Beginen doch nicht nur unter seine Fittiche, sondern er bindet sie auch geistlich an die Dominikaner und läßt sie durch seine Gründung in Lilienthal unterstützen. Zudem sind die Dominikaner ja schon Seelsorger in der Abtei Lilienthal und im übrigen als bevorzugte Mitarbeiter der Inquisition ein Hort an Rechtgläubigkeit. Die Anbindung der Beginen an die Dominikaner ist also ein kluger Schachzug, wie sich noch erweisen wird. Und die Verbindung zur Abtei ist zumindest so intensiv, daß wir dort sogar von einem »Beginenaltar« hören.

Doch wenden wir uns zunächst einmal den Fragen zu: Was sind Beginen? Warum und wann entstehen sie?

Beginen sind Religiosen, die wie Laien leben und keine regulierte vita communis führen. Sie legen weder ein monastisches Gelübde ab, noch bekennen sie sich zu einer offiziell von der Kirche gebilligten Ordensregel.

Sie entstehen während der religiösen Frauenbewegung des 13. Jahrhunderts. Die Frauenklöster der Dominikaner- und Franziskanerinnen sind randvoll. Und die neuen Orden der Prämonstratenser, Zisterzienser, Franziskaner und Dominikaner stehen dem Anschluß immer neuer Frauenklöster skeptisch bis ablehnend gegenüber. Außerdem verbietet das Laterankonzil von 1215 die Gründung neuer Orden. – Damit bekommt auch die heilige Birgitta ihre Probleme. Wir werden noch davon hören. – Um neue Klöster zu gründen, braucht man aber einflußreiche Gönner und eine gesunde materielle Basis. Beide sind damals rar – es ist Kreuzzugszeit – und für Frauen kaum zu erreichen. Es gibt allerdings einen Ausweg: Es ist laut Laterankonzil nämlich nicht verboten, sich zu frommen Gemeinschaften zusammenzuschließen und ohne genehmigte Ordensregel zusammenzuleben.

Dieses Hintertürchen nutzt der Lütticher Kanoniker, Kreuzzugsprediger und spätere Bischof von Akkon, Jakob von Vitry. Er erbittet und erhält von Papst Honorius III. die Erlaubnis, daß fromme Frauen »im Bistum Lüttich und in ganz Frankreich und Deutschland« zusammenwohnen dürfen, um sich durch gegenseitige Ermahnungen im rechten Tun zu bestärken.

Das ist der Startschuß für die Entstehung des Beginenwesens. Und die Beginen nehmen, laut Peters, eine »semireligiöse Zwitterstellung zwischen Geistlichkeit und laikaler Welt« ein.

Hat das Wort Begine um 1215 noch einen unangenehmen, präziser häretischen Beigeschmack, so wird es in den zwanziger Jahren ganz unbefangen gebraucht. Denn die Beginen breiten sich rasend schnell im belgisch-niederländischen Raum wie in Deutschland aus.

Die erste deutsche Niederlassung entsteht 1223 in Köln. Norddeutschland folgt mit rund dreißigjähriger Verspätung. Und damit liegt die Gründung des Bremer Beginenhauses exakt im Trend. Die Idee zur Gründung derartiger Häuser wird vermutlich unter anderem via Hansekogge nach Bremen transportiert. Bremen verfügt nämlich wie die anderen Hansestädte über exzellente Handelsbeziehungen zum Ursprungsland der Beginen: zu Flandern.

Außerdem kennt sich schon einer in Norddeutschland mit den Beginen aus: Der Lübekker Bischof Johann von Diest hat zuvor als Hofkaplan des Grafen Wilhelm von Flandern die Entwicklung des Beginentums aus nächster Nähe mitbekommen.

Kein Wunder, daß nun in schneller Folge in Norddeutschland Beginenhäuser entstehen: in Hamburg 1255, in Bremen vor 1258, in Lübeck 1270, in Wismar 1272, in Goslar 1274, in Rostock 1279, in Salzwedel 1280, in Hildesheim 1281, in Stralsund 1282, in Lüneburg 1289/90, in Parchim 1293, in Berlin 1295, in Prenzlau 1304, in Alsfeld 1317, in Braunschweig und Greifswald 1318.

Das Reservoir der Frauen kommt in Bremen zum größten Teil aus den Familien von Ministerialen und der bürgerlichen Oberschicht, wie Peters nachweist. Das Beginenwesen hat somit auch einen Versorgungscharakter. Das ist nicht verwunderlich, sind die Familien doch groß und nicht jede Frau bekommt dazumal einen Mann ab. Wir sollten jedoch nicht völlig ausschließen, daß sich, wie in Hamburg, auch ausgesprochen religiöse Familien für die Beginengemeinschaften interessieren.

Noch etwas anderes kommt hinzu und fördert den Drang, jungfräulich zu leben. Über der christlichen Ehe liegt im Mittelalter der Fluch der Erbsünde. Nach dem heiligen Augustinus ist die Geschlechtslust seit dem Sündenfall im Paradies verflucht. Und die Mutter vererbt diesen Fluch ihren Kindern. Erst als Witwen haben Ehefrauen eine Chance, ein heiligmäßiges Leben zu führen. »Aus diesem Grunde galt die Ehelosigkeit um Christi willen als die Gott wohlgefälligere Lebensform«, wie Günther Schiwy nachweist. Und die Heiligenviten lassen spätere Heilige bereits in früher Kindheit den Wunsch äußern, jungfräulich leben zu wollen. Kurzum: Fleischeslust und Gottesliebe schließen sich nach mittelalterlicher Ansicht aus, und die Wollust ist eine Folge der Sünde, die Adam und Eva im Paradies begehen. Dies führt zu einer »kirchlichen Zweiklassengesellschaft« (Schiwy). Und die wird jedem Christen tagtäglich vorgeführt, wie Angenendt belegt: »Nach ehelichem Verkehr durfte nicht sofort kommuniziert werden, Mütter mußten sich nach der Geburt ›aussegnen‹ lassen, und den Verheirateten blieb der Zugang zum kirchlich-liturgischen Amt grundsätzlich verwehrt. Weil Eheleute notwendig unreine Hände hatten, war ihnen sogar jede direkte Berührung von Christi Fleisch und Blut untersagt, und sie mußten sich die Kommunion, statt sie eigenhändig entgegenzunehmen, auf die Zunge legen lassen. Gegenüber den Enthaltsamen sanken die Verheirateten, die doch gemäß altkirchlichem Eucharistie-Verständnis immer vollberechtigte Mitopfernde gewesen waren, zur ›zweiten Klasse‹ herab.«

Fazit: Den nach Vollkommenheit strebenden Männern bleibt mithin nur als Priester der Zölibat bzw. wie den Frauen der Eintritt ins Kloster.

Der steht ihnen auch in Bremen bzw. im Erzbistum offen. Ja, hier können die – überzähligen – Frauen quasi wählen: Wollen sie sich aus religiöser Überzeugung auf ewig binden, das heißt sich einem regulierten Orden anschließen, stehen ihnen die Abteien Lilienthal und Zeven sowie die reaktivierten Klöster Osterholz und Heiligenrode offen. Wollen sie sich nicht so fest binden, können sie in den beiden Beginenhäusern direkt in der Stadt unterkommen. Diese Auswahl ist wohl auch der Grund, weshalb die Zahl der Beginen in Bremen klein bleibt. Im Katharinenkonvent wohnen 1426 nur 17 und im Nikolaikonvent 16 Schwestern.

Pastor Duntze vermutet, das Beginentum sei »aus dem Bedürfnis frommer Seelen, sich dem beschaulichen Leben zu widmen, hervorgegangen«. Denn manche »Matronen und Jungfrauen« wären »des weltlichen Thuns und Treibens satt und müde« gewesen. Dazu paßt, was Christian Nikolaus Roller und Adam Storck zu berichten wissen. Nach Roller handelt es sich bei den Beginen um »gewisse geistliche Jungfrauen«, und Storck erwähnt, die Beginen würden »anderswo« »Seelenweiber« genannt, »in Bremen aber hießen sie schwarze Nonnen« oder »Katharinenjungfern«. Beides bezieht sich auf ihre enge Anbindung an das Kloster der »schwarzen Mönche«, d.h. der Dominikaner.

Das beweist, daß man in Bremen noch im 18. und 19. Jahrhundert eine Ahnung von der religiösen Motivation der Beginen hat, auch wenn Peters sie für eher vorgeschoben hält; präziser das, was 1426 darüber in der Katharinenordnung steht. Da ist die Rede davon, man wolle einträglicher zusammenleben, fleißiger Gott ehren, größere (himmlische) Verdienste erwerben, den guten Ruf und das Ansehen vermehren, Christi Werken folgen und sich ein Beispiel nehmen an allen Orden der heiligen Kirche.

Eine eindeutig religiöse Sprache sprechen auch die Legate und Seelengerätstiftungen der beiden Beginenhäuser. Denn an zu versorgende Frauen hätten sich die Bremer vermutlich nicht zwecks Heilsvermittlung gewandt.

Trotzdem habe das spirituelle Moment nicht im Zentrum des Bremer Beginenlebens gestanden, behauptet Peters, vor allem »nicht Armut und eigene Handarbeit, wie sie die frühe religiöse Frauenbewegung prägten«. Er attestiert den Bremer Beginen vielmehr, sie gäben eher das Bild des »ganz prosaischen Lebens einer religiösen Frauengemeinschaft« ab, von denen es viele im Spätmittelalter gab. Er schließt das aus den Quellen, die auf uns gekommen sind. Und die handeln in der Tat vorwiegend vom Besitzerwerb.

Da das Kalendarium der St. Nikolai-Beginen gar ganz auf derlei religiöse Begründungen verzichtet, steht für Peters fest: »Begine wird man offenbar auch, um in einer an stadtbürgerlichen Werten orientierten Gruppe, der man gegenüber materielle Verpflichtungen hat, sein Dasein einigermaßen sicher zu gestalten, ohne verheiratet zu sein.« Auf die Frage, ob die Bremer Beginenhöfe zu einem Versorgungsinstitut mutiert sind, zögert Peters mit einer klaren Antwort. Er formuliert sie so: »Mir scheint, das Leben der Bremer Beginen mit seiner festen Einbettung in die bürgerliche Umwelt, seiner bescheidenen geistlichen Ausprägung, aber auch der relativ hohen Unabhängigkeit bot den Frauen eine echte Alternative zu den geschlosseneren Formen einer klösterlichen Vita, aber eben auch zur Ehe.«

Kleiner Einwand eines Hobby-Historikers: Wird unter Umständen über das religiöse Leben der Beginen deshalb nichts aufs Pergament gekritzelt, weil derlei zumindest in den ersten Jahrhunderten selbstverständlich ist?

Machen wir uns auf die Suche, so gibt es einiges, was für eine religiöse Dimension spricht. Da ist die schon erwähnte enge Anbindung zumindest des Katharinenkonvents an die beiden Klöster, das Dominikanerkloster in Bremen und die Zisterzienserinnen-Abtei Lilienthal.

Die kirchliche Bindung des Beginenhauses bei St. Nikolai bleibt im dunkeln. Es sei in der Liebfrauenkirche eingepfarrt, berichten Duntze wie Schwarzwälder. Vermutlich gilt das aber nur für die Zeit nach der Reformation. Folgt man Peters, für den ein Anschluß an die Bettelorden beim Beginentum »charakteristisch« ist, so müßten wir annehmen, die Beginen von St. Nikolai würden zu den Franziskanern tendieren. Davon ist jedoch nichts bekannt. Also vermuten wir, die zweite Beginengemeinschaft heißt nicht ohne Grund »bei St. Nikolai«. Vermutlich gehen diese Beginen in die Gottesdienste der St. Nikolai-Kapelle und empfangen auch dort die Sakramente. Die Kapelle gehört zum Sprengel des Willhadikapitels und liegt an der Hutfilterstraße. Dort steht auch der Beginenhof.

Dem Kloster angeglichen wird auch die Bezeichnung der Leiterin des Konvents. An ihrer Spitze steht eine »magistra« oder »domina«. Sie taucht 1266 in St. Katharinen und 1285 in St. Nikolai urkundlich auf. Später wird sie gar - analog zum Kloster - »ebdische«, also Äbtissin genannt. Ein Zeichen dafür, daß die Beginen sich selbst »nicht unähnlich den Klosterfrauen« sehen. Die »ebdische« vertritt den Konvent nach außen und sie leitet ihn innen. Sie ist allerdings keine Alleinherrscherin, rechtsgültige Entscheidungen werden gemeinsam von allen Beginen getroffen und durch einen Ältestenrat aus magistra und zwei Schwestern abgesichert.

Wie Ordensfrauen sind auch die Beginen besonders gekleidet. Wer den Konvent verläßt, darf die Kleidung nicht mehr tragen. Die Farbe der Kleidung ist in Norddeutschland Blau oder Grau. Letzteres bestätigt das Lied »Beginchen zu Paris«. In ihm wird gefragt: »Wyl gy een arm baghyneken syn, unde grawe cledere draghen?« In Bremen tragen, laut Storck zu-

St. Nikolaikirche, Zeichnung von 1758 von Johann Daniel Heinbach.
Bei St. Nikolai befand sich ein Beginenkonvent

mindest die »Katharinenjungfern« wegen ihrer Anbindung ans Dominikanerkloster Schwarz. Verboten ist besonderer Aufwand bei der Kleidung. In Lübeck sind beispielsweise »mit Schnüren verzierte Röcke« und »Mäntel mit Kragen«, weiße oder graue Schuhe, Korallenrosenkränze verboten. »In« sind hingegen »schlichte Kleider, grobes Schuhwerk und eine geziemende Kopfbedeckung«.

Ordensregel hin, Ordensregel her: Die Konvente sind auch äußerlich klosterähnlich. So besteht der Nikolaikonvent aus einem großen Hof, den eine Mauer umgibt. Im großen Haus befindet sich die Küche, »in der wohl auch Mägde und anderes Dienstpersonal hantieren«, wie Peters glaubt. Außerdem gibt es eine Art Refektorium außerhalb des Hauses, das geheizt werden kann. Die Schwestern haben einzelne Kammern. Das läßt sich aus dem Gebot schließen, daß die jüngeren Beginen nur Besuch »in Gegenwart von zwei Jungfrauen unseres Hauses« empfangen dürfen.

Was Peters vor allem gegen eine religiöse Motivation der Bremer Beginen anführt, ist deren Besitz. Und deren Urkunden sind eine seiner Hauptquellen. Doch schauen wir ein wenig genauer hin, entdecken wir auch dort einen religiös geprägten Hintergrund. Der wird gleich bei einem der ersten Sponsoren deutlich. Der Bürger Alexander von Stade vermacht den Beginen »letztwillig gewisse Güter, vorbehaltlich der Nutznießung durch seine Mutter und Ehefrau auf Lebenszeit«. Hintergrund seiner milden Gabe ist ein ganz egoistischer: Er hat Angst vor der ewigen Verdammnis. Er erwartet daher von den Beginen, daß sie zu seinem Jahresgedächtnis einen Psalter extra während der Vigilien beten. Und die erste Sponsorin des Beginenhofes Hildburg Dux verlangt, daß mehrere Messen für sie und ihre nahen Verwandten gelesen werden. Durch derlei Schenkungen erwerben sich beide Beginengemeinschaften »einen anerkannten Platz in der religiösen Topographie Bremens« (Peters). Und die »Seelgerätstiftungen« tragen zur weiteren Ausstattung der beiden Beginenhäuser bei. Wie gern man bei den Beginen fürs Seelenheil beten läßt, erfahren wir aus dem »Calendarium« des Beginenhauses bei St. Nikolai. Hier sind Jahresgedächtnisse für 60 ehemalige Wohltäter verzeichnet.

Kein Wunder also, daß das Französische »beguin« in seiner femininen Form das Synonym für »Betschwester« ist. Und im Lübecker Totentanz wird klargestellt, daß das Ideal der Beginen darin besteht, »nicht der Welt, sondern Gott zu gefallen«. Um dies zu bewerkstelligen, führt man in einigen Häusern auch ohne Ordensregeln ein klosterähnliches Leben. Nicht umsonst heißen die »Beginen« im Lateinischen »mulieres religiosae«, zu Deutsch »fromme Frauen«. Kurzum: Auch die drei geistlichen Räte werden in manchem Beginenkonvent weitgehend befolgt: Duntze konstatiert als »Hauptstatuten«: »Demut und Keuschheit« sowie den Gehorsam »gegen die Vorsteherin oder Meisterin«.

Und Jakob von Vitry postuliert in seiner »Beginenpredigt«, die christliche Lebensgestaltung der Beginen sei durch »Keuschheit, freiwillige Armut und eigener Hände Arbeit« gekennzeichnet.

Da wir vom religiösen Leben der Bremer Konvente wenig wissen, sei ein Blick nach Hannover erlaubt. Dort stehen die Beginen um vier auf, »beten die Psalmen und Vigilien, wie sie gefordert werden und arbeiten und unterstützen die Armen, soweit sie können. An Feiertagen besuchen sie die Kirche, beichten bei ihren Pfarrern und achten deren Rechte. In Hamburg müssen sie mindestens viermal im Jahr zur Kommunion gehen und jeden Freitag sowie in der Adventszeit fasten ohne Milchspeise. Morgens und abends sollen sie zwanzig Vater unser und Ave Marie beten und jeden Tag eine Messe hören«, so Peters.

So stellt man sich Beginen in mittelalterlicher Tracht vor

Aber nicht nur das aus den Orden bekannte Kapitel »ora« gibt es bei den Beginen, sie halten es auch mit »labora«. Doch dazu gibt die Quellenlage in Bremen nicht viel her. In anderen Konventen wird getreu der Aufforderung des heiligen Paulus zur »Handarbeit« in dem einen Konvent Garn gesponnen, gestrickt und gewebt, im anderen sind Beginen als Wäscherinnen tätig, sie weben Tücher, stellen Lichter für Hochzeiten her und produzieren weiße Seife. Bisweilen verdingen sie sich als Dienerinnen und Haushälterinnen, erziehen Kinder, betreiben Armen- und Krankenpflege und kleiden Tote ein. Ja, einige Konvente mutieren gar zu Hospitälern. Und im Heiliggeisthospital zu Bremen taucht ja auch eine »domina« auf, die Peters für eine Begine hält. Storck berichtet, »Sie warteten den Kranken auf«, und »redeten Sterbenden Trost ein, wenn kein Priester da war«. Leider hinterläßt Storck uns nicht, ob dies speziell auf die Bremer Beginen zutrifft.

Es tut der Sache sicher keinen Abbruch, wenn man festhält, daß der Impetus zur »Handarbeit« kein ausschließlich religiöser ist, sondern auch ganz irdische Gründe hat: den Konvent wirtschaftlich auf gesunde Beine zu stellen. Für die wirtschaftliche Basis sorgen aber auch die Vermögen, die die Beginen bei ihrer Aufnahme mit in den Konvent bringen.

Zwar ist das frühe Beginenwesen der religiösen Armutsbewegung des 11. bis 13. Jahrhunderts zuzurechnen, das bedeutet aber nicht, daß alle Beginen auch wirklich arm sind. Die Bremer Beginen sind laut Peters weder »Habenichtse« noch »Schwärmerinnen« oder gar »Häretikerinnen«. Sie sind vielmehr »Frauen aus dem eher gehobenen Bürgertum, die sich wie ihre wohlhabenderen Mitbürger zu verhalten suchen«. Kurzum: Sie denken gar nicht daran, sich mit Handarbeit die Hände schmutzig zu machen. In ihren Konventen wird die Arbeit wohl eher von den Mägden erledigt. Die Beginen selbst streben vielmehr »ganz zielgerichtet mit Hilfe von Landbesitz eine gesicherte Eigenversorgung« an. Das heißt: Ihre Kapitalinvestitionen in Grund und Boden sollen Zinsen bringen.

Und ihr Landbesitz ist beträchtlich: So haben sie im Lehnstätter Feld, beim St. Paulskloster, im Neuenland, im Wallerbrok, in Grolland, bei der St. Michaelskapelle, vor dem Herdentor, in Utbremen, vor dem Abbentor, beim Barkhof, an der Bornstraße, in der Feldmark Arsten, beim Leprosenhaus vor der Stadt, zwischen Herden- und Ostertor, beim Tegelcamp, bei Heiligengrave, in Grambke, Arbergen und Kirchhuchting, zu Oslebshausen, bei St. Jürgen, im Wahrfeld, in Seehausen, in der Vahr, in Lesumbrok und in Mittelshuchting sowie Uphausen Besitz und Rechte. Das Land kommt durch Schenkung, Kauf oder Mitgift an die Beginenhöfe. Fazit: Der Besitz ist »nicht unbeträchtlich«.

Die norddeutschen Konvente sind im Mittelalter unterschiedlich groß. Es gibt Häuser mit nur drei Beginen, während in manchen Konventen bis zu 26 Beginen wohnen. Das Eintrittsalter wird in Hannover mit »mindestens zwölf« und in Stralsund mit »nicht unter vierzig« genannt. Der Stralsunder Konvent ist allerdings damals bereits eine Versorgungsanstalt für ältere Frauen. In Bremen ist von 17 und 16 Frauen in den beiden Konventen die Rede. In Lübeck und Stralsund ist außerdem von »vrouwen unde iunchvrouwen« die Rede. Das heißt, Aufnahmebedingung ist: Eine im Konvent lebende Begine darf nicht verheiratet sein.

Vorteil der Beginenhäuser: Wer in einen Konvent eintritt, braucht nicht sein ganzes Leben darin zu verbringen wie im Kloster. Raus kommt man auf zwei Wegen, durch Austritt oder Rauswurf. Mit dem unfreiwilligen Ausschluß ist gewöhnlich aber der Vermögensverlust verbunden; heißt, das, was man beim Eintritt in den Konvent als Vermögen einbringt, bekommt man in den meisten Fällen nicht zurück, es sei denn, man wird wegen Aussatz ausgeschlossen. Der Austritt ist möglich, weil die Begine bei ihrer Aufnahme in den Konvent kein ewiges oder sonstiges Gelübde ablegt. Das heißt, sie hat nicht versprochen, zeitweise oder immer im Konvent zu bleiben. Weil einem freiwilligen Austritt eventuell die Ehe folgt, wird das Beginentum später häufig als »Versorgungsstätte unverheirateter Frauen und als Zwischenstufe zur Ehe« angesehen. In Bremen ist jedoch kein Austritt wegen späterer Heirat aktenkundig.

Neben den in Häusern wohnenden Beginen gibt es frei lebende Beginen. Auch in Bremen. Würde man sonst in den frühesten Urkunden erwähnen, daß die Beginen »zusammenleben«? In Norddeutschland nennt man sie »willige Arme«. Sie sind die »potentiellen Opfer der zukünftigen Inquisitionswellen«.

Die in Konventen lebenden Beginen erkennen diese Gefahr. Sie versuchen ihr zu entgehen, indem sie sich enger an kirchliche Einrichtungen wie Klöster anschließen. Das geschieht in Bremen sehr früh, wie wir sahen.

Da die erwähnte Stiftung des Bremer Bürgers Alexander von Stade von den Bremer Erzbischöfen Hildebold von Wunstorf (1258–1273) und Giselbert von Brunkhorst (1274–1306) kirchlicherseits bestätigt wird, spricht das dafür, daß es damals noch keinen Konflikt mit der kirchlichen Obrigkeit gibt. Der Zusatz von Erzbischof Hildebold »zu mehr Schutz und Obhut ihrer Keuschheit« deutet jedoch schon an, daß dem Erzbischof am untadeligen Ruf der Beginen gelegen ist.

Konflikte mit der geistlichen Obrigkeit gibt es hauptsächlich wegen vagabundierender Beginen. Sie stehen in schlechtem Ruf und bringen die ansässigen Schwestern durch ihr Treiben in Verruf.

Über erstere spottet der Erfurter Nikolaus von Bibra gegen Ende des 13. Jahrhunderts, sie würden sich mit Mönchen, Klerikern und Studenten herumtreiben. Und im Lübecker Totentanz von 1483 wird behauptet, daß sich die Beginen nicht immer so betrügen, wie es ihnen eigentlich gebühre. Ja, im Französischen kündet das Wort »la béguin« noch heute vom schlechten Ruf einiger Beginen, bedeutet es doch nichts anderes als »amouröse Leidenschaft« oder »Liebschaft«.

Um den guten Ruf zu wahren, wird in den Hausordnungen geregelt, wann eine Begine den Konvent verlassen darf, etwa um Besorgungen zu machen: Im Katharinenkonvent ist das Verlassen des Hauses nur mit Zustimmung der Domina erlaubt. Später Ausgang ist kategorisch verboten. Nur Schwestern, die mindestens zwölf Jahre »löblich« im Konvent gelebt haben, dürfen allein in die Stadt. Jüngere können zwar nachmittags ausgehen, aber nur in Begleitung einer Magd. Besuchen sie Freunde, kommt eine ältere Begine mit, oder eine ehrbare Verwandte hat sie zu begleiten. Besuch im Beginenhof dürfen Jüngere nur dann empfangen, wenn wenigsten zwei ältere Jungfrauen anwesend sind. Das gilt nicht nur bei weltlichem, sondern auch bei geistlichem Besuch.

Regeln gibt es auch, um Tratsch und Klatsch zu vermeiden. Deren Nichtbeachtung wird bestraft. Die Strafen bestehen in Hausarrest oder zusätzlichem Gebet, in Vorenthaltung von Geldzahlungen, dem Entzug sämtlicher Rechte bis hin zur Isolierung der Klatschbase.

In einer Zeit, in der das religiöse Leben festen Regeln folgt, sind die verdächtig, die diesen Regeln nicht unterworfen sind, aber dennoch ein quasi klösterliches Leben führen. Die kirchliche Obrigkeit schaut daher mit Argwohn auf die Konvente, die nicht den Ordensregeln unterworfen sind. Und in damaliger Zeit ist es da nicht weit, bis man als Ketzer verdächtigt wird.

Das geschieht auf dem Konzil von Vienne. Dort verbietet Johannes XXII. 1311/12 die Beginen wegen Häresieverdachts. Andererseits läßt er ein Hintertürchen offen: Es bleibt ehrbaren und bußfertigen Frauen weiter gestattet, in ihren Häusern gemeinsam zu leben. »Keine klare Richtungsvorgabe« (Peters) mithin. Das läßt aber eine Lösung des Problems vor Ort zu. Und da in Bremen politisch häufig nicht so heiß gegessen wie gekocht wird, denken die Bremer gar nicht daran, das Vienner Gericht so heiß zu essen, wie es der Heilige Vater in Vienne »gekocht« hat. Denn 1319 hören wir noch von »Elisabeth und anderen Frauen«, die in einem Haus beim Kloster St. Katharinen leben. Daraus geht hervor: Man kennt die päpstlichen Erlasse und umgeht sie: Denn »Elisabeth und die anderen Frauen« leben wie vorher in ihrem Haus zusammen. Sie verzichten lediglich auf ihre bisherige Beginenkleidung und den inzwischen anrüchig gewordenen Beginennamen. Außerdem wechseln 1319 ein paar Grundstücke den Besitzer. Sie kommen an die Vikare vom Dom, von St. Willehadi und St. Ansgarii. Es handelt sich dabei, wie Peters meint, keineswegs um »Notverkäufe«, sondern es geht um »Klimapflege«. Heißt, man will sich dem Unwillen der Kirche entziehen. Und das gelingt.

Deshalb hakt das Bremer Provinzialkonzil 1328 nach. Kleidung und Zusammenleben der Beginen sei vom päpstlichen Stuhl unter Strafe gestellt worden. Niemand dürfe sie daher begünstigen, es sei denn, der Papst entscheide anders, wird dekretiert. Doch der Bremer Provinzbeschluß bleibt Makulatur. Unter Umständen faßt man ihn auch nur für die

Ablage bzw. zum Nachweis, daß man tätig wurde. Ändern tut sich nämlich nichts. Dafür stehen die rechtgläubigen und nicht vagabundierenden Beginen bei weltlichen und geistlichen Herren einfach in zu hohem Ansehen. Das belegt die Tatsache, daß die Bremer Beginen etwa 1450 im Bremer Stadtrecht erwähnt werden.

Auch die Verfolgung der Beginen durch die zweite Inquisitionswelle 1369/72 hat in Bremen keinerlei Auswirkungen. Zwar ist Walter Kerlinger als »Hauptinquisitor« fürs Erzbistum Bremen zuständig, und er weilt 1367 auch dort. Ja, der Erzbischof trägt vermutlich sogar zur Finanzierung der Inquisition mit jährlich 290 Gulden bei. Doch hinter der Nachricht, die der Inquisitor Kaiser Karl IV. stolz überbringt, in den Kirchenprovinzen Magdeburg und Bremen seien die Beginen schon völlig ausgerottet, sind zumindest für die Stadt Bremen Fragezeichen angebracht. Hier scheint selbst das verlockende Angebot des Inquisitors, die Stadt am Erlös des Verkaufs der aufgelösten Beginenhäuser zu beteiligen, keine Wirkung gehabt zu haben. Walter Kerlinger schlägt nämlich vor, die Beginenhäuser nach Auflösung zu verkaufen, damit die Beginen hinterher nicht zu zweit oder dritt wiederkämen. Ein Drittel des Erlöses solle an die Armen gehen, präziser: an arme, reuige Ketzer, oder es solle zum Unterhalt der Inhaftierten verwendet werden. Ein weiteres Drittel solle der Inquisitor für seine Arbeit bekommen. Das letzte Drittel will er den Städten und Dörfern überlassen, in denen die Häuser geschlossen werden.

Gerettet hat die Beginen in Städten wie Bremen zweierlei: Erstens hat der Herr Erzbischof in der Stadt damals nicht mehr allzuviel zu sagen. Er muß die Macht mit dem Rat teilen. Nominell ist er zwar noch »Herr von Bremen«, in praxi ist er es aber nur noch sehr eingeschränkt. Der Rat hat bereits mehr als ein Wörtchen mitzureden, und er tut es auch. Sei es auch nur, wie in Sachen Beginen, aus purem Eigeninteresse.

Denn die Ratsherren haben ihre eigenen Töchter in den Konventen, wie Peters eindrucksvoll belegt. Und sie wissen daher nur zu gut, was von den päpstlichen Anwürfen zu halten ist, die Beginen seien allesamt Häretiker und Ketzer. Deshalb wohl auch ist der Inquisitor Anno 1367 beim Aufstöbern von ketzerischen Beginen und Begarden in Bremen nicht erfolgreich. Wie sollte er auch, wachten doch von Anfang an die »Domini canes« aus dem nahen Kloster über die Rechtgläubigkeit, zumindest der »Katharinenjungfern«.

Oder gab es unter den Bremer Klerikern auch so einen weisen Mann wie den Augustinerpropst Johannes Busch. Der kanzelt Mitte des 15. Jahrhunderts den Franziskanerguardian von Hannover rüde ab: »Wenn ihr alle Beginen und Schwestern in Deutschland verurteilen wollt, dann müßt ihr den größten Teil der Christen in die Hölle schicken.« Begründung: In mehr als 40 Städten und Gauen Deutschlands lebten Beginen. Der Guardian hatte zuvor von der Kanzel herab behauptet, alle Beginen, die nicht nach der dritten Regel des heiligen Franziskus lebten, seien verdammt. Es zeigt, daß nicht alle Priester damals hinter der inquisitorischen Verfolgung der Beginen stehen

Hinzu kommt, selbst bei den Päpsten gibt es keine einheitliche Linie. Wollen die einen die Beginen sozusagen mit Stumpf und Stiel ausrotten, so hat der päpstliche Stuhl auch dreimal, und zwar in den Jahren 1374, 1377 und 1394, darauf hingewiesen, daß es arme Personen beiderlei Geschlechts gibt, die in Keuschheit zusammenleben, keinen Irrtümern anhängen und der römischen Kurie gehorchen. Diese sollen nunmehr von den wirklichen Ketzern geschieden werden. Laut Peters ist »damit die Lebensweise der rechtgläubigen Beginen und Begarden nach einer über hundertjährigen Auseinandersetzung auch von der Kurie im Prinzip gebilligt«. Die Inquisition richtet sich fortan nur gegen die echten Ketzer.

Fazit à la Peters: Die Beginen leben nicht abgeschlossen von der Welt, sondern in ihr; und zwar in den Städten. Sie sind Mönchen oder Pfarrern gehorsam oder nicht, den Statuten der Städte untertan oder in der Versuchung, diese zu umgehen. Sie werden Beginen, um in christlicher Lebensgestaltung ein evangeliumsgemäßes Leben zu führen oder um versorgt zu sein, womöglich bis zu einer späteren Heirat. Sie sind ihrer Herkunft nach entsprechend wohlhabend, z.T. sogar reich, in den meisten Fällen jedoch sicher arm.

Die Bremer Beginen jedenfalls überstehen auch die letzte inquisitorische Verfolgungswelle von 1396. Denn wegen dieser beiden Beginenkonvente »hätten sich die Päpste und Bischöfe keinesfalls jahrhundertelang immer neue Ketzerbullen abringen müssen«. Kein Wunder, daß beide Häuser selbst die Reformation ungeschoren überstehen. Denn: »Wie die Bremer Beginen der alten Kirche gehorsam waren, so folgen sie offenbar widerspruchslos der neuen reformierten Obrigkeit, die sie unter gleichem Namen weiterbestehen läßt.« Der Konvent in der Hutfilterstraße gegenüber der Nikolaikirche wird 1599 zum Waisenhaus umfunktioniert. Die Beginen von St. Nikolai kommen daher 1602 bei denen »bei St. Katharinen« unter.

Ende des 18. Jahrhunderts zählt man dort immerhin noch zwölf Beginen. Ihr Haus ist nun lediglich eine Versorgungsanstalt für unverheiratete Frauen. Sie steht unter der Aufsicht des Rates. An der Spitze des Hauses steht weiterhin eine Domina. Storck berichtet, »die früheren Verhältnisse« seien »auf eine zweckmäßige Weise« geändert worden, »indem sich jetzt Frauenzimmer in die Wohnung und gewisse damit verbundene Einkünfte einkaufen, und so ohne Sorge, wenn sie freundlos sind, dem höheren Alter entgegen sehen können«. Roller unterstreicht, daß jede »ihre eigene Stube« habe.

Im Siebenjährigen Krieg werden die beiden Beginenhäuser von den Franzosen zwangsweise für Lazarette requiriert. Und die Beginen und Waisen kommen in Privathäusern und im St. Johanniskloster unter.

Im Jahr 1823 wird ein neues Haus mit 23 Einkaufsstellen »für diese wahrscheinlich fast 500jährige Stiftung erbauet«, so Duntze. Der Grund ist laut Storck, das alte Haus ist »ungemüthlich«. Es wird deshalb durch ein neues an derselben Stelle ersetzt, das »geschmackvoll und ansehnlich ist«. Es knüpft mit seinem neuen Namen sogar an die alte Verbindung der Beginen zum Dominikanerkloster an. Denn es heißt fortan »Katharinenstift«. Es ist eine frühe Form von Seniorenheim. Denn in ihm wohnen »wohl von Alters her besonders Matronen«, wie sich Duntze ausdrückt. Daher rühre wohl auch der Bremer Spitzname »olle Begine«.

1912 wird das Stift an die Parkallee verlegt. Dort prangt der Name »Katharinenstift« noch heute an dem Haus. Inzwischen hat es jedoch erneut den Besitzer gewechselt.

Blicken wir auf das mittelalterliche Ordensleben einen kurzen Augenblick zurück, so kann eines festgehalten werden: Die Mönche wie die Beginen beginnen mit einem hohen Anspruch. Der wird aber leider nicht immer durchgehalten, so daß es überall zum Niedergang kommt. Das göttliche Bodenpersonal besteht eben aus schwachen, sündigen Menschen. Menschen, die lieben und helfen, die aber auch stolpern, hassen und bequem werden können und durch Wohlstand, Besitz und Geld korrumpierbar sind.

Der weitere Verlauf unserer kleinen Klostergeschichte zeigt uns aber auch, daß die Menschen nach dem Stolpern wieder aufstehen und mit neuen Vorsätzen und neuem Mut weitermachen können, ja, aus der Geschichte und den Verfehlungen der Altvorderen lernen können.

Deshalb ist unsere kleine Klostergeschichte hier auch nicht zu Ende. Sie fängt vielmehr noch einmal richtig wieder an.

Ach, ja, noch etwas: Einige Beginenhäuser haben bis heute in Belgien überlebt. 1960 gab es noch elf Beginengemeinschaften mit sage und schreibe 600 Beginen. Im Jahre 2003 waren davon aber laut »Persdienst Belgische Bisschoppenconferentie« »nur noch drei Beginen« übriggeblieben. Zwei wohnen im Beginenstift »Unsere Liebe Frau ter Hooien«, dem »Kleinen Beginenhof« in Gent, und die andere Begine, Fräulein Marcella, wohnt im Beginenstift »St. Elisabeth« in Kortrijk. Das Kapitel der Beginen scheint damit nach beinahe achthundertjährigem Bestehen unwiderruflich seinem Ende entgegenzugehen. Die Beginen scheinen sich überlebt zu haben.

Ob die Bremer Pseudo-Beginen ihnen dank UNO-Beachtung noch einmal auf die Beine helfen können, darf bezweifelt werden. Das Bremer Beginenhaus von Anno 2000 hat nämlich rein gar nichts mit den Original-Beginen zu tun. Es ist, genau genommen, ein Etikettenschwindel. Initiatorin Erika Riemer-Noltenius erklärte selbstbewußt, aber wohl ein wenig neben der Realität die Beginen zu mittelalterlichen Vorbildern selbstbestimmter Frauen. Die religiöse Komponente der Beginenbewegung ließ sie nicht nur außer acht, sondern sie behauptete darüber hinaus, die Religion spiele heute keine Rolle mehr, sie sei durch die Demokratie ersetzt worden. Darauf bleibt nur zu fragen, weshalb wurde das in den Sand gesetzte Frauenhaus in der Neustadt dann nicht ehrlicherweise »Demokratinenhof« genannt? Die Aufmerksamkeit wäre vermutlich genauso groß gewesen.

Die Patres und Schwestern kehren zurück

Die Männerorden

Die Jesuiten kommen

»Hofkapläne« im Strumpfwirker-Amtshaus

Etwas mehr als ein halbes Jahrhundert bleibt Bremen nach dem Tode der letzten Franziskaner, Dominikaner und Benediktiner sozusagen »mönchsfrei«. Doch Katholiken sind zäh und Mönche sowieso: Sie kommen wieder!

Die ersten Mönche tauchen bereits 1600 und vereinzelt auch in den 30er Jahren des 17. Jahrhunderts auf. Sie entstammen einem neuen Orden. Er ist in Bremen vor der Reformation noch nicht vertreten. Kann er auch nicht, wird er doch erst in der Reformationszeit gegründet. Die Rede ist vom Orden der Jesuiten. Ignatius von Loyola gründet ihn 1534 in Paris, vier Jahre bevor man in Bremen die letzten zwei Klöster dichtmacht. Der neue Orden der Societas Jesu wird zu einem machtvollen Instrument der Gegenreformation. Kein Wunder, daß die Patres im lutherischen Bremen mit Argwohn aufgenommen werden.

Geben die ersten Jesuiten quasi nur Stippvisiten, so werden sie Anno 1648 mit dem Jesuitenpater Johannes Zweenbruggen in Bremen heimisch. Wenige Wochen vor Abschluß des Westfälischen Friedens bestellt der kaiserliche Kommissar in Bremen den ersten katholischen Geistlichen in die etwa 10.000 bis 20.000 Einwohner zählende Stadt. Nicht ohne Grund kommen Priester der Gesellschaft Jesu. Begründet durch seine Verfassung ist der Jesuitenorden besonders geeignet, in den Missionsgebieten der katholischen Kirche seelsorgerisch zu wirken. Und die vom Protestantismus nach damaliger katholischer Auffassung sozusagen okkupierten Gebiete im Norden Deutschlands zählt man selbstverständlich dazu. Von den Niederlassungen der Jesuiten in Hildesheim, Osnabrück und Münster werden nach dem Westfälischen Frieden Jesuiten in den Norden Deutschlands entsandt, um unter dem Schutz der Gesandten katholischer Mächte Missionsstationen zu gründen.

Bei den protestantischen Domherren des Bremer Domkapitels stößt die Anwesenheit des Jesuiten Zweenbruggen auf Widerstand, ja, sie versuchen ihn gar daran zu hindern, Gottesdienst zu feiern. Freundlichere Aufnahme findet er jedoch beim protestantischen Rat: Als beispielsweise die Schweden 1651 den Jesuitenpater aus der Altstadt ausweisen, bietet ihm der Rat ein Haus in der Neustadt an. Hier können die inzwischen zwei Jesuiten zunächst ungehindert Katechesen abhalten, predigen und den wenigen Katholiken

Siegel der Bremer Jesuiten

Der Gründer des Jesuitenordens, St. Ignatius von Loyola, Chorfenster der Propsteikirche St. Johann, nach einem Entwurf von Walter Klocke 1956

in Bremen die Sakramente spenden. Freilich gibt es Streitigkeiten mit den kalvinistischen Predigern. Gerade Pater Zweenbruggen und sein Nachfolger Pater Heinrich Kircher setzten sich mit ihnen in theologischen Fragen in öffentlichen Disputationen in den Jahren 1649, 1654 und 1656 auseinander. Die Gespräche enden jedoch wie das Hornberger Schießen: Es kommt nicht zu nennenswerten Konversionen. Über die wenigen, die dennoch zur »alten« Kirche zurückkehren, herrscht in den Jahresberichten der Jesuiten ein kaum unterdrückter Jubel.

Nominell sind die Jesuiten lediglich »Hofkapläne« des kaiserlichen Residenten. Mit ihm ziehen sie - Nomaden gleich - durch die evangelische Reichsstadt, um in einem Zimmer der Residentenwohnung, das zur Kapelle umfunktioniert wird, Gottesdienste zu feiern. Eines der Häuser ist das Strumpfwirker-Amtshaus, das zu Füßen des Bildes des hl. Ignatius von Loyola im Chorfenster der Propsteikirche St. Johann abgebildet ist.

Inoffiziell kümmern sie sich selbstverständlich auch um die katholischen Gastarbeiter in Bremen. Das ist an sich illegal, aber der Rat drückt für gewöhnlich mindestens ein Auge zu. Denn an sich hätte die Seelsorge der Jesuiten nur der Familie des kaiserlichen Residenten und Freiherrn Vrintz von Treuenfeld gelten dürfen. Die Patres nutzen aber jede Lücke im Gesetz und machen damit der populären Deutung ihres Ordenskürzels SJ als »schlaue Jungs« alle Ehre: So dürfen sie an sich nicht taufen, denn sie besitzen keine Pfarrrechte. Doch um kein katholisches Schäflein zu verlieren, weichen die Patres vom Pfad der Tugend ab und verpassen den kleinen katholischen Butschern eben am laufenden Band Nottaufen. Die sind nämlich gestattet. Sie haben außerdem den nicht zu unterschätzenden Vorteil, daß man das Kind nicht vor, sondern erst nach der Taufe beim evangelischen Pfarrer von St. Ansgarii anmeldet. Hätten die Eltern sich vor der Taufe beim Pastor in St. Ansgarii gemeldet, hätte der - so argwöhnen die Jesuiten - bestimmt die Chance genutzt und die katholischen Eltern zu überreden versucht, das Kind doch bei ihm taufen zu lassen - evangelisch natürlich.

Bei den »Kopulationen«, wie man die Trauungen damals nennt, verstoßen die Patres sogar gegen die Bestimmungen des Konzils von Trient. Denn die gestatten nur Pfarrern, Paare zu trauen. Und Pfarrer sind die beiden Jesuiten nun mal nicht. Doch die Jesuiten kennen auch hier einen Ausweg. Die Konzilsbestimmungen gelten nur dort, wo sie verkündet wurden. Und weil sie wegen der unklaren kirchlichen Verhältnisse in Bremen bestimmt nicht verkündet wurden, trauen die Jesuiten eben lustig drauflos. Und zwar so lange, bis ihr Orden am 21. Juli 1773 von Papst Klemens XIV. auf Drängen des französischen Königshofes aufgehoben wird.

In Bremen bleibt trotzdem alles beim alten. Die bisherigen Jesuitenmissionare bleiben einfach da und tun unbehindert ihren Dienst, nun eben als Weltgeistliche. Als Weltgeistlicher umsorgt so bis 1785 der letzte Ex-Jesuit Theodor Limberg seine wachsende katholische Herde in Bremen.

Über das Wirken der Jesuiten urteilt Michael Feldkamp: »Im 17. und 18. Jahrhundert war das kirchliche Leben in Bremen ausschließlich von den Jesuiten geprägt.« Die ersten 125 Jahre der Geschichte der Gesellschaft Jesu in Bremen seien »zu 125 Jahren Geschichte der katholischen Kirche in Bremen« geworden. »Das hohe Ansehen der Jesuiten bei Kaiser und Stadtbevölkerung« habe es ermöglicht, »daß - im Gegensatz zur katholischen Bevölkerung - der Orden ohne größere Auseinandersetzungen und Anfeindungen der seelsorgerischen Betreuung der Katholiken nachkommen konnte«. Das hing damit zusammen, daß das »tatsächliche staatspolitische Erfordernis« des kaiserlichen Residenten »in keinem Verhältnis zu seiner kirchenpolitischen Bedeutung« gestanden habe: »Er war Garant für kirchliches Leben in Bremen und Fürsprecher für die Jesuiten und die Katholiken bei Stadt, Kaiser und Reich. Aus reichsrechtlichen Gründen vermochte der Kaiser im Einzelfall nicht mehr zu tun, als den Rat aufzufordern, weitere Beschwerden der Katholiken durch eine katholikenfreundlichere Politik in Zukunft zu verhindern.« Geholfen hat es nicht immer.

Von »starker Jesuiten-Riecherei und Jesuiten-Furcht« – Eine »Mission« und ihre Folgen

Daß Papst Pius VII. den Jesuitenorden am 7. August 1814 wieder ins Leben ruft, hat keine unmittelbaren Folgen in Bremen. Es dauert vielmehr beinahe 50 Jahre, bis die ersten Jesuiten wieder die Hansestadt betreten. Das hat gute Gründe. Denn die Jesuiten werden vom hochweisen und hochedlen Rat mit äußerstem Mißtrauen betrachtet, wie der Missionar Franz Probst dem »Central-Vorstand des Ludwigs-Missions-Vereins« Anno 1844 in einem Situationsbericht ganz ungeschminkt verklart: »Die Regierung ist uns, wie ich glaube, im Grunde nicht übelwollend, ja regelrecht wohlwollend, scheint aber eine starke Jesuiten-Riecherei und Jesuiten-Furcht zu haben, und dadurch sich zu manchen Härten, Ungebührlichkeiten und Bedrückungen verleiten zu lassen.«

Ziborium aus der Zeit der Jesuiten als Hofkapläne des kaiserlichen Residenten, Bremer Silber, J. Fayen, um 1680–1700, Propsteikirche St. Johann, ausgeliehen ins Dom-Museum

Da kann es nicht ausbleiben, daß es zum öffentlichen Schlagabtausch kommt, als die Jesuiten im Jahre 1863 in Bremen als Volksmissionare auftauchen; und zwar gleich zu dritt. Kein Wunder, daß die drei gebildeten Prediger anecken, als sie wortmächtig predigen und »missionieren«. Denn beim Wort »Mission« ist man in protestantischen Kreisen äußerst mißtrauisch: »Meinen die uns?«, fragen sie sich. Katholischerseits muß man daher mit einer Erklärung vom 26. Mai 1863 in der Weser-Zeitung »gegen die maßlosen und gehässigen Angriffe protestieren«, denen »die Missionare von Seiten eines Theils der hiesigen Presse ausgesetzt« worden seien.

Schauen wir uns daher ein wenig näher an, wie die »maßlosen und gehässigen Angriffe« aussehen. Da sie vermutlich die Vorurteile transportieren, die damals allgemein in der Bremer Bevölkerung über Jesuiten verbreitet sind, soll das ausführlich geschehen. Denn aus dem Artikel ist auch sonst eine Menge über die konfessionelle Situation in der Freien Hansestadt zu erfahren.

Immerhin handelt es sich bei den »maßlosen und gehässigen Angriffen« um den Leitartikel der Weser-Zeitung vom 22. Mai 1863. Der ist insofern ungewöhnlich, als Bremisches nicht immer Thema der ersten Seite ist. Die Überschrift in der »Inhalts-Anzeige« läßt nicht auf Anhieb Böses ahnen: »Die Jesuiten-Prediger in Bremen«. Wir lesen: »Das Auftreten der ehrwürdigen Väter von der Gesellschaft Jesu in Bremen ist ein zu merkwürdiges Ereigniß, als daß die Weser-Zeitung es mit völligem Stillschweigen übergehen sollte.« – Augenscheinlich ist dem Leitartikler entgangen, daß Jesuiten bis 1785 die einzigen katholischen Seelsorger in Bremen waren. – Doch weiter im Weser-Zeitungs-Text: »Freilich ist es nicht ein politisches Ereigniß im gewöhnlichen Sinne, aber seinen anscheinen(d) rein kirchlichen Charakter verliert es eben dadurch, daß es einen jesuitischen annimmt.«

Was man unter »jesuitischem« Charakter verstehen muß, erläutert uns der Leitartikler gern: »Im Jesuitenthum«, so behauptet er, »conzentrirt sich gerade die Tendenz der römischen Kirche, welche dieser Welt zugekehrt ist, ihr Bestreben, den Erdball zu beherrschen durch ein Monopol an Segenskraft, – Urbem et Orbem!« Kurzum: Die Jesuiten wollen die Weltherrschaft.

– Ein Vorurteil, das selbst den schwedischen Ministerpräsidenten Olaf Palme noch plagt, als die Frage der EU-Mitgliedschaft Schwedens in der zweiten Hälfte des 20. Jahrhunderts diskutiert wird. Das könne man nicht mitmachen, da sonst »der Papst« und die Kardinäle in Europa das Sagen hätten« ... –

Da die Weltherrschaft natürlich ohne Kampf und Krieg nicht zu haben ist, bemüht der Leitartikler militärische Bilder: So ist u.a. von Soldaten und Waffen, Armee und Feinden die Rede. Originalton: »Die Jesuiten sind die Pioniere der Ecclesia militans, d. h. in diesem Falle: der erobernden Kirche; daß die ehrwürdigen Soldaten nur mit geistlichen Waffen angethan in unserer Mitte erscheinen, versteht sich von selbst, ebenso wie es natürlich ist, daß sie nicht das Wort Eroberung auf ihrer Fahne zur Schau tragen. Ein offenes Aussprechen der Absicht würde muthmaßlich diejenigen ›verstimmen‹, auf deren Gewinnung es abgesehen ist. Wahrscheinlich wird sogar jede Absicht, in Bremen ein Werbebureau für die Glaubensarmee Roms zu eröffnen, mit Entschiedenheit und Eifer in Abrede gestellt. Indessen wird es uns schwer fallen, auf solche Betheuerungen viel Werth zu legen. Denn vergebens fragen wir, was denn die Jesuiten bei uns wollen, wenn sie nicht bekehren wollen?«

Hier nun wird das Mißverständnis deutlich, an dem sich die ganze Polemik entzündet. Der Leitartikler versteht nicht, was die katholischen Vokabeln »Volksmission« und »Volksmissionar« bedeuten. Er fragt sich daher: »Ihre eigenen Glaubensgenossen bedürfen der fremden Pfleger anscheinend nicht, da sie bisher wenigstens in der Obhut ihrer eigenen Schäfer sich ganz wohl befunden, auch, so viel wir wissen, wenig Anlaß zu Besorgnissen gegeben haben. Übertritte von der römischen zur evangelischen Kirche gehören bei uns zu den Ausnahmen.« Unser Leitartikler vermutet: »Eine treue Schar in der Treue zu befestigen«, könne »wohl kaum der Zweck der außerordentlichen Mission sein, deren Zeuge wir sind«.

Doch exakt hier liegt der Leitartikler falsch. Zwar ist die Volksmission ein Produkt des Konzils von Trient und damit der Gegenreformation, aber sie zielt eher auf das salopp ausgedrückt »Bei-der-Stange-Bleiben« von Katholiken. Es sind die Jesuiten, die 1544 erstmals das Wort »missio« für ihre Volksmissionen und Standespredigten verwenden. In ihnen versuchen sie mittels Predigt, Katechese und Sakramentenempfang die katholischen Gläubigen neu zu motivieren. Vinzenz von Paul bringt die Volksmission dann um 1650 in ihre klassische Form mit ihren aufrüttelnden Predigten. Und nach der Stagnation der Aufklärungszeit erlebt die Volksmission zwischen 1843 und 1873 eine Blütezeit als wesentlicher Faktor der katholischen Restauration.

Das wiederum ist exakt die Zeit, in der die jesuitischen Volksmissionare in St. Johann vorbeischauen. Im Kirchenrecht wird die Mission alle zehn Jahre für die gesamte Kirche sozusagen als Seelen-TÜV vorgeschrieben. »Rette deine Seele!« heißt das Motto. Zielgruppe des Seelen-TÜV ist aber niemand anders als die Katholiken selbst.

Aber genau das glaubt der Leitartikler nicht. Er vermutet vielmehr: »Es liegt sehr nahe, anzunehmen, daß der Besuch weit mehr den protestantischen als den römisch-katholischen Einwohnern dieser guten Stadt gilt. Diese Vermuthung wird durch die Haltung und den Inhalt der Predigten dieser wandernden Glaubensstreiter nur bekräftigt. Oder wäre es bloßer Zufall, daß die bisher vernommenen Vorträge so auffallend frei von aller spezifisch-katholischen Würze sind, so consequent alles vermeiden, was protestantischen Zuhörern von vorneherein den Gegensatz zwischen der gepredigten Lehre und der ihrigen klar machen könnte?«

Ein wenig unwohl ist dem Leitartikler der Weser-Zeitung bei seiner Polemik augenscheinlich doch. Schließlich ist Toleranz spätestens seit Beginn des Jahrhunderts angesagt. Er konstatiert daher, er wolle »übrigens sogleich bemerken, daß wir unseren originellen Gästen aus ihren Bekehrungswünschen einen Vorwurf nicht machen. C'leur métier, und unser, d. h. der Protestanten Handwerk ist es, Alles zu prüfen und das Beste zu behalten. Wer Alles prüfen soll, nach den Worten des Apostels, der muß auch den Jesuiten das Wort gönnen. So lange sie nur dieses begehren, sind sie willkommen. Wir sind in den letzten Zeiten erstaunlich tolerant und liberal geworden.«

So liberal ist unser Leitartikler aber nun doch nicht, daß er nicht tief in die Schublade der Vorurteile greifen würde. – Zuvor hat er schon eines bemüht: Nicht umsonst hat er von »Rom« und den »römischen« Katholiken gesprochen. Er schmäht sie damit sozusagen als ultramontan und mithin vaterlandslose Gesellen, Deutsche, die nach den Strippen des römischen Papstes tanzen ... – Zwar blickt unser Leitartikler »mit gerechtem Stolze ... auf die vorhergehende Generation herab, welche wahrscheinlich bei der Nachricht von der Ankunft mehrerer lebendiger Jesuiten« in eine große »Aufregung gerathen wäre«. »Denn für jene, von uns glücklich überflügelte Generation bildeten die Begriffe Jesuit, Aqua Toffana (ein Gift), Stilet, erschlichenes Testament, eine unfehlbare Ideenassoziation.« Davon ist unser Leitartikler, wie er glaubt, meilenweit entfernt. Er konstatiert lediglich nüchtern: »Das jetzt lebende Publikum« gehe »in die Jesuitenpredigt mit dem Gefühle heiterer Neugier«, um dann hinzuzusetzen, »höchstens mit dem Gefühle behaglichen Grausens ..., aber immer mit der Zuversicht, mit welcher man die wilden Thiere hinter den Eisenstäben« betrachte. »Diese nämlich sind uns hauptsächlich darum so interessant, weil wir überzeugt sind, daß sie uns gern auffressen möchten, während wir wissen, daß sie es nicht können.«

Nach diesem Prolog voller Vorurteile rückt unser Leitartikler endlich damit heraus, weshalb er überhaupt zur Feder greift: Er hat Angst! Originalton Weser-Zeitung: »Die Jesuiten haben, wohin sie, im protestantischen Deutschland, gekommen sind, einen unleugbaren Erfolg gehabt. Der Zulauf zu ihren Predigten ist überall außerordentlich groß, und an vielen Orten – wir glauben auch in Bremen – bilden die Protestanten die überwiegende Mehrzahl der Zuhörerschaft.«

Als Erklärung für besagten »Erfolg« reicht ihm »die Neugier« natürlich nicht aus. Er wiederholt sich und kommt auf »das angenehme Grausen« zurück, »mit welchem man aus sicherer Entfernung ein berühmtes Ungeheuer ansieht«. »Neugier« und »Grausen« sind mithin »die vornehmsten Ursachen dieses Successes«. Doch es gibt noch etwas anderes, was den – protestantischen – Run auf die Jesuiten begründet: Sie sind gute Prediger: »Um gerecht zu sein, muß man sagen, daß die fremden Redner sich sehr gut darauf verstehen, das ihnen entgegengebrachte Interesse festzuhalten.« Er schränkt jedoch gleich ein, »wobei freilich dahingestellt sein muß, ob ihnen dies auf die Dauer möglich sein würde. Der Reiz der Neuheit ist ein mächtiger Bundesgenosse«. Vermutlich ist hier der Wunsch der Vater des Gedankens.

Denn noch etwas ist »neu, jedenfalls für protestantische Kirchengänger«; nämlich die »Art und Weise, wie die Reiseprediger die dogmatischen Mysterien und die moralischen Lehrsätze erörtern. Für ein Publikum, welches gewohnt ist, in seinen Gotteshäusern das zu finden, was man ›Kanzelton‹ nennt, hat diese Manier etwas Bestechendes. Einen kirchlichen Vortrag zu hören, welcher nicht einschläfert, ist für Manche ein unbekannter Genuß«. Auch nach diesem Lob hat unser Leitartikler gleich wieder eine Einschränkung parat: »Man mag aber wohl fragen, ob der kirchliche Sinn viel dabei gewinnt, wenn an die Stelle der Langeweile ein Eindruck tritt, wie derjenige, welcher sich in der hundertfach wiederholten Äußerung kund tut: ›Waren Sie bei den Jesuiten?‹ Es ist ungeheuer amüsant.«

Wenn unser Leitartikler sich nach vorsichtig eingeräumtem Lob aber nun daranmacht, den »Reisepredigern« sozusagen den Todesstoß zu versetzen, um im militärischen Jargon zu bleiben, so klingt aus dem, was er schreibt, heraus, daß er den »Gegner« nicht unterschätzt. Motto: Es sind zwar Könner, nur hier bei uns versagen sie auf der ganzen Linie. Man sei zwar »darauf vorbereitet, Lehren zu vernehmen, denen man nicht beipflichten könne; aber man glaubte wenigstens, daß diese Lehren mit ungewöhnlichem Geschicke, mit glänzenden Argumenten vorgetragen werden würden«. Schließlich seien die Jesuiten »die Creme der römischen Propaganda, die Garde der päpstlichen Glaubensarmee, auserlesene Truppen und mit besten Waffen versehen, unter denen auch die neuesten und sinnreichsten Apparate der weltlichen Bildung nicht fehlten«. »Von dieser schmeichelhaften Voraussetzung« müsse man »bei näherer Bekanntschaft völlig abstrahiren«.

Kurzum, unser Leitartikler wirft den Jesuiten »die verfehlte Wahl des Terrains, auf welchem sie ihren Feldzug eröffnen«, vor. Er meint, sie hätten sich »dem Feinde an seiner schwächsten Seite« nähern müssen. Statt also »seinen Hang zu Gefühlserregung und mystischer Versenkung zu engagieren, seine Phantasie zu blenden, seine Ruhe zu erschüttern« – Eigenschaften, die bei den auf das Wort fixierten Protestanten unterentwickelt seien

Heutiges Signet des Jesuitenordens

– hätten sie »ihren ersten Angriff gerade gegen die festesten Positionen, gegen den Zweifel der Vernunft an der Glaubwürdigkeit der Dogmen« gerichtet. Sie verrieten so »eine auffallende Unkenntnis des Feindes«. Die Argumente, die sie gebrauchten, seien von einer Art, »daß sie der bornierteste protestantische Pfarrer nicht gebrauchen würde, aus Furcht, verspottet zu werden«. Kurzum: Sie würden »gegen Schanzen« anrennen, »welche vielleicht vor fünfzig Jahren besetzt« gewesen, »die aber im protestantischen Deutschland längst ihrem Schicksal überlassen« worden seien.« Hier trete vielmehr »der ungeheure Unterschied zwischen protestantischer und römischer Geistesbildung« mit aller Deutlichkeit zu Tage, »wenn man diese naiven Versuche« beobachte, »Glaubenssätze nach logischer Methode zu begründen«. Einem münsterländischen oder altbayrischen Publikum könne man vielleicht so kommen ..., wollen aber »die Jesuiten bei uns Seelen erobern, so thun sie wohl, von dem gefährlichen Boden der Logik ganz wegzubleiben«.

Nach dieser Polemik fragt man sich jedoch: Wieso kommt unser Leitartikler eigentlich nicht auf die Idee, daß Protestanten gar nicht die Zielgruppe dieser »Volksmission« sind, sondern die heimischen Katholiken? Vermutlich deshalb, weil ihm der – protestantische – Zulauf, den die Prediger augenscheinlich hatten, maßlos ärgert.

Nach obiger Suada fühlt sich die katholische Gemeinde jedoch zu folgender Erklärung verpflichtet, die die Weser-Zeitung am 29. Mai 1863 als »Inserat« veröffentlicht: »Die Wirksamkeit der hochwürdigen Patres, welche auf unseren Wunsch die Mission hier abhielten, galt ausschließlich der katholischen Gemeinde, und gestützt auf unser Recht, und um des confessionellen Friedens willen, protestieren wir gegen jede unbefugte Einmischung in unsere inneren Angelegenheiten. Wir protestieren dagegen, daß man katholische Priester, welche in der katholischen Kirche das Wort Gottes predigen, auf solche durch Nichts gerechtfertigte Weise schmäht und verleumdet und ihrem segensreichen Wirken ungerechter Weise Motive unterschieben will, die ihnen und ihrer Lehre fremd sind.«

Unbändiger Haß auf die Jesuiten führt zum Attentat auf Katholiken

Obwohl das Ereignis aus dem 20. Jahrhundert, das hier nicht verschwiegen werden soll, nicht direkt mit dem oben Geschilderten zu tun hat, sei es hier trotzdem erwähnt. Es zeigt nämlich, wozu tiefsitzende Vorurteile führen können.

Am 20. Juni 1913 stürmt nämlich der verirrte mecklenburgische Pastorensohn Heinz Schmidt, ein Lehrer – augenblicklich außer Dienst, weil in psychischer Behandlung – bewaffnet mit zehn Pistolen und rund tausend Patronen in die St. Marien-Schule in Walle. Er schießt dort wahllos auf Schülerinnen, die sich zum Gang in die Pause aufgestellt haben. Ergebnis: Vier siebenjährige Schülerinnen sterben, ein Lehrer, der sich ihm entgegenstellt, überlebt angeschossen. Als Pastor Friedrich Hardinghaus die Kinder am 24. Juni 1913 beerdigt, ist der Weg des Trauerzugs durch die Waller Straßen schwarz von Menschen, von Menschen beider Konfessionen, die mit den Angehörigen in ihrer Trauer vereint sind.

In seiner Predigt erwähnt Dechant Friedrich Hardinghaus: »Krieg und Mordlust machen in der Regel halt vor unschuldigen Kindern.« Hier seien aber gerade sie der Mordlust zum Opfer gefallen. Was Hardinghaus nicht erwähnt, was man aber in Walle und Bremen weiß, ist der eigentliche Grund für dieses Attentat. Es ist der »unbändige Haß auf die Jesuiten«, der den verirrten Pastorensohn zu seiner grausigen Tat motiviert. Er nimmt vermeintlich Rache für den Tod seines Vaters am Tag zuvor, wahllose Rache an ihm gänzlich unbekannten katholischen Kindern, nur weil er »die Jesuiten« - ohne konkreten Grund - für den Tod seines Vater verantwortlich macht ...

Die Jesuiten kommen wieder: »Das ist ein freudiges Ereignis«

Nach der Volksmission von 1863 vergehen noch einmal beinahe hundert Jahre, bis die Jesuiten 1962 wieder in der Freien Hansestadt heimisch werden. Inzwischen gibt es in Bremen etwa 50.000 Katholiken unter rund 600.000 Bremern. Und Bremen ist katholischerseits auch nicht mehr »Missionsgebiet« als Teil des Apostolischen Vikariats des Nordens. Es ist vielmehr 1929/30 seit dem Preußenkonkordat Teil des Bistums Osnabrück. Und die Zahl der Pfarreien ist nach dem Zweiten Weltkrieg erheblich gestiegen.

Der Osnabrücker Bischof Helmut Hermann Wittler (1957-1987) wünscht daher gleich zu Beginn seiner Amtszeit, Jesuiten nach Bremen zu holen. Er hätte ihnen gern eine der neuen Pfarrgemeinden anvertraut. Er kann sich jedoch auch vorstellen, die Jesuiten in der überpfarrlichen Seelsorge einzusetzen. Der Jesuitenprovinzial blockt den bischöflichen Wunsch jedoch zunächst ab. Die personelle Situation des Ordens lasse es augenblicklich nicht zu, mehrere Jesuiten für eine Niederlassung nach Bremen zu schicken.

Das hält den jungen, dynamischen Propst August Sandtel aber nicht davon ab, es einige Jahre später erneut zu versuchen. Er ist sich sicher, nun bessere Karten zu haben, denn engagierte katholische Laien haben inzwischen 86.000 DM zusammengebracht als finanziellen Grundstock für eine Jesuitenniederlassung.

Wenige Tage vor dem Weihnachtsfest des Jahres 1961 versucht der Propst August Sandtel sein Glück beim Jesuitenprovinzial sozusagen mit einem Weihnachtsgeschenk in Form eines Hauses. Er versichert, es sei wegen seiner zentralen Lage durchaus als Jesuitenresidenz geeignet. Der Provinzial läßt das angebotene Weihnachtsgeschenk in Augenschein nehmen, will es aber dennoch nicht haben. Es sei zwar Platz für fünf bis sechs Patres, doch es sei nicht möglich, Kapelle, Konferenzräume, Sprechzimmer sowie Jugendräume darin einzurichten. Vor allem aber ist der Provinzial nicht gewillt, das Haus zu kaufen.

Auch das schreckt Sandtel nicht ab. Er versucht es wieder. Diesmal bietet er den Jesuiten die Villa in Schwachhausen zur Miete an. Das Haus selbst hat der Propst von den »Erben von Dr. Leist gekauft«, wie die Chronik von St. Johann im Dezember 1961 vermerkt. Und nun klappt es: Der Provinzial beißt an und verspricht - endlich - bis zum Herbst des Jahres 1962 vier bis fünf Patres nach Bremen in Marsch zu setzen. Die Chronik von St. Johann vermerkt dazu unter dem 1. 4. 1963: »Bischof Dr. Helmut Hermann Wittler weiht das Haus und die Kapelle der Jesuiten am Schwachhauser Ring 151 ein. Vorerst sind dort fünf Patres. Wir sind verpflichtet, diese auch finanziell zu fördern.« Anno 1961 hat man noch gehofft, daß »die Zahl der Jesuiten auf sechs erhöht« werden könne.

»Die Jesuiten, die nach der Reformation in Bremen 1648 durch die erste. Station mit dem Pater Johannes Zweenbruggen das Glaubenslicht wieder entzündeten und bis 1785 die Seelsorge in der Stadt übernommen hatten, sind zum zweiten Mal in die Stadt zurückgekehrt. - Das ist ein freudiger Anlaß.« - Diese Bemerkung von Michael Feldkamp zeugt nicht gerade von ökumenischem Feingefühl, sie macht aber deutlich, daß die konfessionellen Gräben noch nicht zugeschüttet sind.

»Rechtliche Voraussetzung für die Arbeit der Jesuiten in Bremen« im 20. Jahrhundert »ist«, laut Feldkamp eine andere. Wirken die Jesuiten des 17. und 18. Jahrhunderts unter den Bestimmungen des Westfälischen Friedens mit der Devise »cujus regio, ejus religio«, die es dem kaiserlichen Residenten gestatten, zwei Hofkapläne zu halten, so bildet »die im Grundgesetz der Bundesrepublik Deutschland verankerte positive Religionsfreiheit« die Basis der jesuitischen Arbeit im 20. Jahrhundert. In ihm sind Krankenhausseelsorge, Studentenseelsorge und auch die Militärseelsorge nicht nur sichergestellt, sondern das Grundgesetz verpflichtet den Staat auch, diese Kategorialseelsorge finanziell zu unterstützen.

Von Übernahme einer Pfarrei ist nach Ankunft der Jesuiten allerdings nicht mehr die Rede. Sie werden vielmehr in Absprache mit Bischof Wittler und Propst Sandtel für überpfarrliche Aufgaben in Bremen und im norddeutschen Raum eingesetzt; und zwar in der Jugendseelsorge, im außerschulischen Religionsunterricht an den Höheren Schulen, in der persönlichen Beratung der Gläubigen und in der Studentenseelsorge an den vier Fachhochschulen sowie an der geplanten Universität.

Da im selben Jahr die Jesuitenresidenz in Oldenburg, Diözese Münster, geschlossen wird, kommen das gesamte Inventar sowie die Hausbibliothek des Oldenburger Hauses nach Bremen. Der Oldenburger Superior Pater Vleugels übergibt den Bremer Konfratres zur Einweihung ihrer Residenz als sichtbares Bindeglied zwischen der alten Jesuitenmission und der neuen Jesuitenresidenz einen Kelch mit der Inschrift »SOC.IESU BREMAE 1729«. Er wurde seinerzeit von Pater Vleugels angekauft und zuvor von den Bremer Jesuiten benutzt, die von 1648 bis 1785 das versprengte Häuflein der Bremer Katholiken seelsorglich im Schutze des kaiserlichen Residenten versorgten.

Zu den Aufgaben der Studenten- und Jugendseelsorge, der Religionslehre an den Gymnasien und der Mitarbeit im Bildungswerk der Katholiken im Lande Bremen kommen noch die Krankenhausseelsorge, die Priesterseelsorge, die katholische Verbandsarbeit - z.B. Neudeutschland, Katholischer Frauenbund, Aktion 365, Studentenverbindung - und die Gehörlosenseelsorge hinzu. Kurzum: Die Jesuiten wirken in ihrer Zeit segensreich, wie man von älteren Katholiken noch heute erfahren kann.

Die Jesuitenresidenz in Bremen wird in den achtziger Jahren jedoch ein Opfer des Priestermangels wie der Wiedervereinigung. Denn nach dem Fall der Mauer konzentriert sich der Orden auf die Arbeit in den neuen Bundesländern. Deshalb entschwindet auch der letzte Bremer Jesuit, Pater Eckhard Krüger, Ende 1990 nach dort. Der Orden hat zuvor zum 31. 12. 1990 »den Ordensgestellungsvertrag für die Patres Eckhard Krüger, Bernhard Pfirschke und Heinrich Thurn« gekündigt. Das Bischöfliche Generalvikariat dankt den Jesuiten »aufrichtig für alle pastoralen Dienste in unserem Bistum« und bedauert, daß die Bremer Niederlassung aufgelöst wird«. Pater Krüger wirkte bis

1996 im Priesterseminar zu Erfurt und seit 1996 als Beichtvater und Pfarrseelsorger in Saarlouis.

Die Gesellschaft Jesu, lateinisch: Societas Jesu, abgekürzt SJ, wird von dem Spanier Ignatius von Loyola und einigen seiner Studiengefährten 1534 in Paris gegründet, um arm und keusch zu leben. Von Anbeginn streben sie danach, dem Papst direkt untertan zu sein. Ihr Plan, nach Ende ihrer Studien in Palästina mit der Mission zu beginnen, scheitert an den venezianisch-türkischen Kriegen.

Ziel des Jesuitenordens ist es, den Glauben zu verteidigen und zu verbreiten und die Menschen durch Predigt, Vorträge, geistliche Übungen und Exerzitien zu einem christlichen Leben zu bringen. Um dem das richtige Fundament zu geben, beginnen sie mit der christlichen Unterweisung bei den Schülern. Um in Predigt und Unterweisung möglichst mobil zu sein, leben die Jesuiten nicht wie die monastischen Orden in Klöstern mit Klausur, sondern in offenen Häusern bzw. Kollegien. Auch sind sie nicht zum gemeinsamen Chorgebet verpflichtet und ihre Ordenskleidung unterscheidet sich nur unwesentlich von der »normaler« Weltpriester.

Die Jesuiten von heute schöpfen ihre Identität aus den »Exerzitien« des heiligen Ignatius. Ziel des Ordens ist es, in der jeweiligen Zeit und gesellschaftlichen Situation das zu tun, was der »größeren Ehre Gottes« entspricht. Das Grundverständnis des Ordens ist somit dynamisch nach vorn weisend. Es gilt, »Gott in allen Dingen zu suchen und zu finden« und so für Glaube und Gerechtigkeit einzutreten. Daher arbeiten Jesuiten nach einer gründlichen Ausbildung prinzipiell in allen Bereichen der Gesellschaft; in Deutschland etwa im Bereich der Spiritualität und der Jugend- und Studentenpastoral, auf sozialem Gebiet sowie in den Bereichen Medien, Bildung und Wissenschaft. Die Jesuiten leben heute in einfachen »Kommunitäten« d.h. Wohngemeinschaften, meist im Zentrum größerer Städte. – In Bremen wohnten sie zwar nicht im Zentrum, aber durchaus zentral. –

Der Orden mit heute über 22.000 Mitgliedern gliedert sich in Provinzen und wird zentralistisch von einem auf Lebenszeit gewählten Generaloberen mit Sitz in Rom geführt. Ihn nennt man wegen seines Einflusses und der Farbe seiner Soutane den »schwarzen Papst«.

In Deutschland gibt es seit 2004 nur noch eine deutsche Provinz der Jesuiten mit Sitz in 80802 München, Seestraße 14.

Um von Bremen aus eine Jesuitenkommunität zu besuchen, muß man etwas über 100 Kilometer zurücklegen. Im Nordosten trifft man sie im Haus am Schlump in Hamburg an und in Hannover im Friedrich-Spee-Haus.

Die Dominikaner geben erneut ein Gastspiel: »Alle Voraussetzungen für eine eventuelle Klostergründung gegeben«

Das Preußenkonkordat hat 1930 die ländliche Diözese Osnabrück um große Diasporagebiete in den beiden Großstädten Bremen und Hamburg sowie um Schleswig-Holstein und Mecklenburg vergrößert. Nach dem 2. Weltkrieg kommen viele katholische Flüchtlinge und Heimatvertriebene hinzu. Für sie müssen Pfarreien aus dem Boden gestampft werden. Sie alle mit einheimischen Weltpriestern zu besetzen, fällt schwer. Darum werden Ordenspriester als Pastöre und Kapläne in den Gemeinden eingesetzt, auch in Bremen.

Hier tauchen 1949 beispielsweise Missionare der Heiligen Familie auf. Der erste ist Pater August Franke. Er kommt im April 1946, bleibt bis September 1949 im St. Joseph-Stift und wird anschließend von seinem Orden für die Volksmission freigestellt. Als Krankenhausseelsorger folgt ihm Pater Gerhard Schnitzler M.S.F. Er bleibt und wirkt segensreich, bis er am 2. 11. 1972 in Bremen stirbt.

Die Kongregation der Missionare von der Heiligen Familie, abgekürzt MSF, wird 1895 von Pater Jean-Baptist Berthier, einem Volksmissionar, zur Ausbildung von Spätberufenen und Minderbemittelten im holländischen Grave gegründet. Seit 1929 wirken die Missionare auch in der sogenannten Heidenmission. Das deutsche Provinzialat sitzt in Düren.

Unter den Bremer MSFlern ist auch Pater Heinrich Storm zu erwähnen. Er tut in St. Johann von 1949 bis 1969 unter den Pröpsten Heinrich Ohrmann und August Sandtel Dienst als Pastor in der Propsteigemeinde St. Johann und ist als Seelsorger geschätzt.

Da ist weiter Pater Dr. Johann Englhauser MSF. Er wirkt von 1948 bis 1951 als Kaplan in St. Elisabeth. Andere wirken seit 1946 im St. Joseph-Stift. P. Englhauser wird mit Wirkung vom 1. Mai 1959 erneut nach Bremen versetzt. Wieder als Kaplan von St. Elisabeth, was ungewöhnlich ist. Aber der Bischof ahnt wohl, daß der Bayer der richtige ist, der die Seelsorge in der gerade entstandenen Trabantenstadt Neue Vahr organisieren kann.

Und Pater Englhauser baut mit Tatkraft und Ideenreichtum die St. Hedwig-Gemeinde auf. Er wird am 5. Dezember 1959 ihr erster Pastor. Ihm assistieren als Kapläne von 1959 bis 1966 Pater Heinz Pickmeier und von 1962 bis 1966 Pater Alois Schäfer. In der 1961 bis 1963 gebauten St. Hedwigs-Kirche erinnert eine Mariensäule an P. Englhauser. Er hat sie in Anlehnung an die Mariensäule auf dem Rathausplatz im heimischen München in der St. Hedwigs-Kirche anbringen lassen.

Weil der Orden nach dem Weggang von P. Schäfer keinen Ersatz mehr schicken kann, wird P. Dr. Englhauser in die kleinere Gemeinde St. Benedikt versetzt. Er macht in St. Hedwig Platz für die Dominikaner. Er selbst bleibt auch im hohen Alter noch bis 1984 Pastor in Woltmershausen. Ihm ist nämlich klar, daß er in St. Benedikt keinen Nachfolger mehr bekommen wird. Hier schätzt man sein knorriges Wesen.

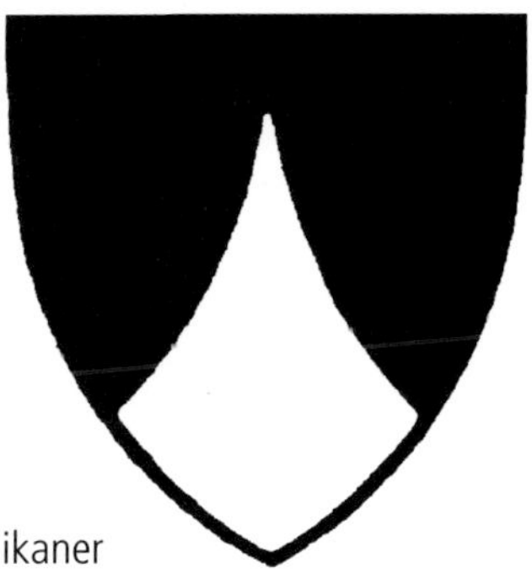

Signet der Dominikaner

Im Jahr 1963 übernehmen holländische Passionistenpatres die Seelsorge der neugegründeten St. Pius-Gemeinde in Huchting. Die Passionisten, lateinisch »Congregatio Passionis«, abgekürzt CP bzw. amtlich »Congregatio Clericorum excalceatorum SS. Crucis et Passionis D.N. Jesu Christi«, wurden 1720 vom heiligen Paul vom Kreuz in Italien gegründet. Außer den drei gewöhnlichen Gelübden, denen der Armut, der Keuschheit und des Gehorsams, legen sie noch ein viertes ab, das nämlich, die Andacht zum Leiden Jesu zu fördern. Sie tun das in der Volksmission und den geistlichen Übungen. Das beschauliche Leben nimmt einen breiten Raum ein. So findet neben dem Chorgebet nebst »Nachtchor« täglich eine eineinhalbstündige Betrachtung statt.

Die Pfarrseelsorge gehört eigentlich nicht zu den Zielen dieses Ordens. Die Bremer Patres hat daher eine nachkonziliare Ordenskrise in Holland über die Grenze ins Bistum Osnabrück gespült.

Der kleine Konvent besteht aus den Patres Tarcisius Beurskens und Borromäo Elbers sowie dem Bruder Wilhelm. Sie wirken von 1963 bis 1968 in der Huchtinger Gemeinde, bauen sie auf und betreiben eine »recht volkstümliche Seelsorge«, so Nachfolger Adalbert Keilus, »sie waren leutselig und kamen bei den Leuten gut an«. Dazu trug sicher auch bei, daß der ehemalige Militärseelsorger P. Tarcisius CP nicht in den Genever spuckte und den Frühschoppen einführte. Auf ihn geht auch der »Skatabend der Männer« zurück, »der älteste Verein der Gemeinde, den es immer noch gibt«, so Domkapitular Keilus. Allerdings mangelt es besonders P. Tarcisius an der deutschen Sprache. In Jugendgruppen läßt er schon mal Schallplatten laufen und schläft dabei ein, wie die Fama zu berichten weiß. Da er selbst einsieht, daß er in dieser Hinsicht überfordert ist, wird der kleine Passionistenkonvent 1968 aufgelöst.

Nun übernimmt mit Pastor Adalbert Keilus, ein Priester des Bistums Ermland, ein Vertriebener also, die Seelsorge der zu einem großen Teil aus Vertriebenen und Flüchtlingen gebildeten Huchtinger Gemeinde.

Vertriebene und Flüchtlinge sind es auch, die die Gründung der St. Hedwigs-Gemeinde in der Trabantenstadt Neue Vahr notwendig machen. Und hier kommen die Dominikaner ins Spiel, die ebenfalls in der Seelsorge aushelfen. Sie tauchen im Jahre 1966 nach 438jähriger Abstinenz wieder in Bremen auf und übernehmen im Gegensatz zu den Jesuiten eine Pfarrei, und zwar die Gemeinde St. Hedwig in der Satellitenstadt Neue Vahr.

»Der eigentliche Initiator« der Dominikanerpräsenz im Bremen der Nachkriegszeit »war wohl Propst August Sandtel«, berichtet der Provinzial P. Manuel Merten OP anläßlich der Verabschiedung des letzten Dominikaners im Jahre 1995. Um zu erklären, wie es dazu kommt, daß die Jünger des heiligen Dominikus wieder in Bremen Fuß fassen, nachdem man einige ihrer Mitbrüder im 16. Jahrhundert nach 303jähriger Präsenz als »Donnerer« gegen die Reformation aus der Stadt geworfen hat, muß man eine Anekdote über Propst Sandtel bemühen. Deren Wahrheitsgehalt ist verbürgt: Propst August Sandtel nimmt zwei Jahre nach seinem Amtsantritt in Bremen am 20. Juli 1963 in Walberberg an der Priesterweihe von P. Bertram Otto Groll, einem gebürtigen Bremer, teil. Mit offenem Mund beobachtet er, wie an die hundert - vor allem junge - Ordensbrüder in der weißen Kutte des heiligen Dominikus nach der Feier die Kirche verlassen. Er zählt sie beim Auszug beinahe ungläubig und ist so fasziniert, daß er auf den Gedanken kommt, »davon müßten wir in Bremen auch ein paar haben«.

Sandtel ist in seinem Element. Er behält - spontan und kommunikativ, wie er ist - seine Gedanken natürlich nicht für sich, sondern »überfällt« damit den damaligen Provinzial

Die Dominikaner im Abschiedsgottesdienst,
zweiter von rechts Pater Timotheus und dritter P. Willigis

der Dominikaner-Provinz Teutonia, P. Friedrich Quatmann. Zu seinem großen Erstaunen holt er sich keine Abfuhr. Im Gegenteil! Er hat quasi den καιρος, das heißt: den richtigen Zeitpunkt, erwischt, denn der Provinzial verfolgt seit einiger Zeit die Idee der »Hansa-Linie«, wie er es nennt. Das heißt, er denkt über Neugründungen in Hansestädten wie Hamburg und Braunschweig nach. Da paßt Bremen perfekt ins Bild. Sandtel bekommt außerdem Rückenwind vom Osnabrücker Bischof Dr. Helmut-Hermann Wittler. Auch der kann sich Dominikaner in der Freien Hansestadt sehr gut vorstellen, zumal er auf Grund des Flüchtlingszuzugs neue Pfarreien zu errichten und zu versorgen hat.

– Es kommt hinzu: Sandtel ist schon in Schwung, was Ordensgründungen angeht, denn nur drei Monate zuvor hat Bischof Dr. Helmut-Hermann Wittler das Peter-Faber-Haus der Jesuiten in Schwachhausen eingeweiht. –

Aber gut Ding will Weile haben. »Denn«, so erläutert der Dominikaner Willigis Kretschmer OP rückblickend Anno 2002 – »wir dachten damals nicht daran, Pfarreien zu übernehmen.« Er hebt die Hände über den Kopf, um hinzuzufügen: »Heute kämen wir ohne Pfarreien gar nicht mehr klar.« Soll heißen, die Dominikaner haben damals in Bremen vor, ein veritables Kloster zu bauen und es an eine Pfarrei anzubinden.

Etwas über drei Jahre nach seiner spontanen Idee muß Propst August Sandtel warten, bevor er am 31. Juli 1966 mit P. Diethard Jansen OP und P. Bruno Schmitz OP die ersten Dominikaner seit dem 16. Jahrhundert in Bremen begrüßen, präziser: als Pfarrer und Kaplan an St. Hedwig in der Neuen Vahr einführen kann.

Doch weil die Dominikaner an eine Klostergründung denken, ist St. Hedwig wenig geeignet. Für einen Klosterbau ist die Kurt-Schumacher-Allee nicht der geeignete Ort. Das Provinzkapitel hat seine Zustimmung zum Einsatz der Dominikaner in Bremen aber nur unter der Bedingung gegeben, daß exakt dies möglich sei. »Deswegen war der Vertrag mit dem Bischof auch so geschlossen worden, daß er von beiden Seiten zu jeder Zeit gekündigt werden konnte«, heißt es in der Chronik von St. Ursula.

Als sich die Klostergründung in der Neuen Vahr zerschlägt, ist Propst wie Bischof augenblicklich klar, daß man die Dominikaner in Bremen nicht auf Dauer wird halten können, es sei denn, man findet einen Ausweg.

Über die Frage, wer den Ausweg findet, gibt es in den Unterlagen von St. Ursula zwei Versionen: »Wieder ist es Propst Sandtel, der, auf ein entsprechendes Signal hin, den Stein ins Rollen bringt: Die Dominikaner sollen die neu zu errichtende Pfarrei St. Ursula übernehmen, dort ihre Niederlassung gründen und darüber hinaus in weiteren Seelsorgbereichen innerhalb der Stadt tätig werden«, berichtet der Provinzial P. Manuel Merten OP anläßlich der Verabschiedung von Pater Willigis Kretschmer OP am 22. 1. 1995.

Die Chronik von St. Ursula spricht jedoch davon, »daß sich die Dominikaner für die neue Pfarrei in Schwachhausen interessierten, weil dort alle Voraussetzungen für eine eventuelle Klostergründung gegeben waren«. Zum Beleg wird das Dominikanerblatt, der »Gottesfreund« - Ausgabe Januar 1969 -, herangezogen, in dem über St. Ursula zu lesen ist: »Neben der Kirche sind für die spätere Zukunft ein Pfarrhaus, Gemeindesaal, Kindergarten, Jugendräume und auch ein Dominikanerkloster geplant.«

Wer jedoch Sandtel kennt, ahnt, daß er seine Finger im Spiel hat, denn so schnell hätte er die Dominikaner nicht wieder gehen lassen.

Es kommt hinzu, er selbst ist damals daran interessiert, die Dominikaner in St. Hedwig »loszuwerden«: Denn eine Gruppe junger Geistlicher um Kaplan Hanns Kessler bemüht sich darum, einen Bezirk aus mehreren Pfarreien zu bekommen, um dort Seelsorge im Team zu betreiben und an einem Ort in »vita communis« zu leben. Die Rede ist vom »Konvent Bremen-Ost«. Die zuständigen Gremien beschließen mit Rückendeckung aus Osnabrück, dem »Konvent« den gesamten Bremer Osten zu überlassen. Die Priester haben nämlich ein Auge auf das Pfarrhaus von St. Hedwig geworfen. In ihm wollen sie gemeinsam wohnen, um von dort die Gemeinden St. Laurentius in der Gartenstadt Vahr, St. Antonius in Osterholz und St. Thomas in Blockdiek zu betreuen. »Die Dominikaner sollen dafür die neu zu gründende, zentral gelegene Pfarrei St. Ursula in Schwachhausen bekommen«, erläutert die Chronik.

Letzteres stößt in der deutschen Dominikaner-Provinz auf Wohlwollen. Man »signalisiert«, wie es der Chronist ein wenig umständlich formuliert, »wenn auch noch nicht endgültig, so aber doch mit an Sicherheit grenzender Aussicht nun in Bremen zu bleiben und damit die Tradition, die einst 1225 mit der Gründung des Klosters St. Katharinen begann, die dann aber durch die Reformation unterbrochen wurde, nun wieder aufzunehmen und fortzusetzen«.

Am 1. Februar 1968 kommt der Provinzvikar P. Julius Hölscher OP auf Einladung von Propst August Sandtel nach Bremen, um über den neuen Plan zu verhandeln. Er macht Nägel mit Köpfen und signalisiert die grundsätzliche Bereitschaft zu bleiben.

Die wird in einer Besprechung am 26. Februar 1968 zwischen dem Bischof von Osnabrück, dem Generalvikar Wilhelm Ellermann, Domkapitular Dr. Hubertus Brandenburg und

P. Willigis in seinem Element
am Ambo von St. Ursula

Propst August Sandtel und allen Pfarrern, die mit der Änderung zu tun haben, festgeklopft. Der Wechsel der Patres im weißen Habit nach St. Ursula stößt auf allgemeine Zustimmung.

Am 21. August 1968 ziehen die Patres »in ein von oben bis unten restauriertes Haus an der Schwachhauser Heerstraße 166« ein, »das vorerst als Pfarrhaus dienen soll«. - Es bleibt Pfarrhaus bzw. Klösterchen, bis der letzte Dominikanerpfarrer geht. -

Da noch an der Kirche gebaut wird, feiern die Dominikaner vom 1. September 1968 bis 9. November 1969 an den Sonn- und Feiertagen ihre Gottesdienste in der Kapelle des St. Joseph-Stifts. An den Werktagen ist die heilige Messe meistens in der Kapelle des St. Elisabeth-Hauses, es sei denn, die Patres sind - wie häufig - zur Aushilfe unterwegs.

Die feierliche Konsekration der St. Ursula-Kirche, der größten katholischen Kirche Bremens, erfolgt am 10. November 1968 durch den Osnabrücker Bischof Dr. Helmut Hermann Wittler. Die Predigt hält Joseph Kardinal Frings, der Erzbischof von Köln. Er hat einen gehörigen Batzen Geld zum Bau dieser Kirche beigesteuert, ist sie doch der Kölner Stadtpatronin St. Ursula geweiht. »Mit diesem Tage begann die eigentliche seelsorgliche Arbeit in Schwachhausen«, macht der Chronist klar.

Zwei der vier bis fünf Dominikaner sind als Pfarrer und Kaplan fest an St. Ursula gebunden. Die übrigen Brüder engagieren sich in Bremen auf unterschiedlichen Feldern. So etwa im gerade entstehenden Bildungswerk der Katholiken im Lande Bremen und in der neugeschaffenen Beratungsstelle »Offene Tür«. Und obwohl die Dominikaner ursprünglich überhaupt nicht an einen Einsatz in einer Pfarrei denken, übernehmen sie bald auch noch die Nachbarpfarrei St. Georg: 1968 wirkt P. Lucius Weber OP für ein Jahr als Kaplan dort. Und im Januar 1970 übernimmt P. Timotheus Rovers OP St. Georg zunächst als Pfarrverweser für den erkrankten Pastor August Kampmann. Nachdem Kampmann 1972 als Pfarrer resigniert hat, bleibt Pater Timotheus als Pfarrer bis 1981 in Horn. Er führt die Gemeinde geschickt durch die Konzilszeit der sechziger Jahre des 20. Jahrhunderts.

Die 20jährige Geschichte der zweiten Dominikanerniederlassung in Bremen faßt der Provinzial P. Manuel Merten OP in seiner Predigt anläßlich der Verabschiedung des letzten Dominikaners in Bremen 1995 so zusammen: » Zum 1. April 1968 wird die Pfarrgemeinde St. Ursula kanonisch errichtet und P. Diethard Jansen zu ihrem Pfarrer ernannt. Am 23. Mai feiert er sein Silbernes Priesterjubiläum. An diesem Tag taucht zum erstenmal der Mann in der Chronik auf, dessen Abschied von Bremen und dieser Gemeinde wir heute vielleicht doch eher begehen als feiern: P. Willigis Kretschmer OP. Er war damals Prior des Konvents in Vechta und somit der zuständige Obere für die Patres Diethard und Timotheus. Im Festhochamt levitierte er als Diakon und hielt die Predigt.«

Zwei Jahre später, exakt am 24. Juni 1970, läßt »Pater Willigis«, wie er in St. Ursula kurz genannt wird, sich auf eigenen Wunsch vom Provinzial nach Bremen versetzen und wird fortan zu einem »Prediger der Gnade und Barmherzigkeit, und das nicht nur in seinem Wort von der Kanzel, sondern auch in seinem Beispiel im Alltag«, so P. Manuel Merten OP.

»Mit der Einweihung der neuen Kirche 1968 begann die eigentliche Geschichte der Dominikaner in Bremen. Sie war, wir wissen es, wechselvoll und hatte viele Höhen aber auch manche Tiefpunkte ...«

Als das Provinzkapitel 20 Jahre später beschließt, die Bremer Niederlassung der Dominikaner am 20. September 1988 kirchenrechtlich aufzuheben, haben exakt 20 Patres in Bremen gewirkt. Der Grund für die Schließung: Nachwuchsmangel.

Zum Bau des geplanten Klosters kommt es nie. Die »Studentenrevolte« der 68er und das Umdenken im Gefolge des Konzils wirken sich negativ auf den Nachwuchs - nicht nur des Predigerordens - aus.

Als »letzte Bastion« dominikanischer Präsenz darf P. Willigis Kretschmer sozusagen als dominikanischer Einzelkämpfer bis zu seinem Ruhestand in der Hansestadt bleiben. Das haben die Gremien der Gemeinde dem Provinzial abgerungen. Denn Pater Willigis steht in seiner Gemeinde hoch im Kurs. Er versteht es, immer wieder einmal Mitbrüder nach Bremen zu holen. Denn ihm ist für Bremen an dominikanischer Präsenz gelegen, so wie er selbst mit seinen Predigten den Predigerorden in St. Ursula, aber auch auf mancher evangelischen Kanzel repräsentiert.

Zur Verabschiedung von Pater Willigis am 22. 1. 1995 weist P. Manuel Merten OP die Schwachhauser Katholiken darauf hin, der heilige Dominikus selbst werde als »Prediger der Gnade« bezeichnet. »Barmherzigkeit« sei »eine Kerngröße in der spirituellen Tradition« des Ordens. Er wünsche daher, »daß Sie in dem Sinne eine ›dominikanische Gemeinde‹ bleiben und vielleicht noch mehr werden, daß unter Ihnen das Wort von der Gnade nie verstummt und die Tat der Barmherzigkeit Ihr Gütesiegel ist. Wir Dominikaner hätten in einem guten Sinne ›ausgedient an diesem Ort, wenn Sie einander und anderen zusprechen könnten, was Jesus als seine und damit auch unsere Berufung als Christen umschrieben hat: ›Gottes Geist ruht auf mir ..., er hat mich gesandt, damit ich Armen eine gute Nachricht bringe; damit ich Gefangenen Entlassung verkünde und Blinden das Augenlicht; damit ich Zerschlagene in Freiheit setze und ein Gnadenjahr des Herrn ausrufe‹.«

Der Dominikanerorden ist zwar in Bremen nicht mehr tätig, wohl aber in über 80 Ländern der Welt. Er gliedert sich in Provinzen. Zur Dominikaner-Provinz Teutonia gehören im nordwestdeutschen Raum zur Zeit 180 Mitglieder in elf Niederlassungen.

Glaubensverkündigung und Predigt sind seit Anfang der Gründung die Hauptaufgaben. Das lebenslange Studium, die Feier der Liturgie und des Stundengebetes, das gemeinsame Leben und die evangelischen Räte sind weitere Elemente zur Förderung des Predigtauftrags und der apostolischen Verkündigung.

Die Frauenorden:
»Die erste Zeit war für die Schwestern nicht leicht«

Ordensfrauen scheint es im mittelalterlichen Bremen nicht gegeben zu haben. Das ist erstaunlich. Allerdings gab es Beginen. Wir hörten bereits davon.

Nonnen des Zisterzienser- und Benediktinerordens gab es jedoch in der Umgebung Bremens: in den Klöstern zu Lilienthal, Zeven, Osterholz und Heiligenrode. Sie überlebten jedoch die Reformation nicht, auch wenn sie sich vor allem in Lilienthal lange gegen die Übernahme der neuen Lehre sträuben. Erst 1604 wird das Kloster endgültig evangelisch.

Katholische Ordensfrauen trifft man daher erst lange nach der Reformation wieder in Bremen an, präziser: nach dem Ende des Heiligen Römischen Reiches Deutscher Nation und dem Reichsdeputationshauptschluß. Denn erst nachdem der Senat in der Ratsversammlung am 11. September 1807 - in Anbetracht der herannahenden napoleonischen Truppen - den Beschluß faßt, »daß das römisch-katholische Bekenntnis in der Annahme unter die hiesigen Bürger kein Hindernis weiter abgebe«, ist das Bremer Türchen auch für katholische Schwestern offen. Denn damit ist die Diskriminierung der Katholiken auf Grund der Bestimmungen des Westfälischen Friedens beendet. Sie sind nicht mehr Bürger zweiter Klasse, sondern können das Bürgerrecht erwerben. Jedoch dauert es, bis die »Parität« zwischen Katholiken und Protestanten wirklich erreicht wird, die der Wiener Kongreß im Artikel 16 der Bundesakte festlegt. Weitaus länger dauert es jedoch, die Jahrhunderte lang gepflegten Vorurteile aus den hanseatischen Köpfen herauszubekommen. Denn »papistisch« bzw. »katholisch« ist in Bremen ein Schimpfwort. Nicht umsonst heißt es: »Es ist ja zum Katholischwerden!«

Die Schwestern von der Göttlichen Vorsehung

Und damit wären wir bei den Schwestern, die Mitte des 19. Jahrhunderts nach Bremen kommen. Sie kommen aus zwei Kongregationen in Münster. Die ersten sind Anno 1856 Schwestern von der Göttlichen Vorsehung. In der Ordenschronik heißt es dazu: »Die Vorsehungsschwestern gewannen aus dem Leben und Sterben ihres Stifters Eduard Michaelis Zuversicht. Sie gingen den Weg weiter, den er ihnen gewiesen hatte, armen Waisenkindern ein Zuhause zu geben. Wenige Monate nach dem Tode ihres Stifters, im November 1855, mußten die Schwestern eine der bisher bedeutsamsten Entscheidungen treffen. In der überwiegend protestantischen Stadt Bremen hatte die katholische St. Johannis-Gemeinde eine Waisenanstalt gegründet. Der Vorstand der Gemeinde war ›in dem Wunsch übereingekommen, die Leitung dieser Anstalt Waisenhausschwestern aus der Genossenschaft auf St. Mauritz bei Münster anzuvertrauen‹.«

Signet der Schwestern von der Göttlichen Vorsehung (Münster)

Das Katholische Waisenhaus Dobben Nr. 6 mit Schwester und den Waisen

Dienst im Waisenhaus:
»Statt des Schleiers ein einfacher schwarzer Hut«

Der Vertrag über ihren Einsatz wird am 7. Dezember 1855 unterzeichnet. Das Waisenhaus selbst wird vom Apostolischen Provikar der Nordischen Mission und Osnabrücker Weihbischof Karl-Anton Lüpke mit 500 Reichstalern dotiert, um die Unterbringung katholischer Waisen in nichtkatholischen Häusern zu verhindern.

- Bremen gehört damals zum Apostolischen Vikariat der Nordischen Mission und untersteht der Kongregation der »Propaganda fidei«, d.h. der Glaubensverbreitung in Rom. Es wird seit 1841 von den Osnabrücker Bischöfen als Apostolischen Provikaren mitverwaltet. Von den Protestanten wird die Tatsache jedoch mit äußerstem Mißtrauen betrachtet, setzt man das Wort »Mission« doch mit Missionierung gleich. Hinzu kommt, daß die katholischen Pastöre zu Anfang »Missionare« genannt werden, weil sie keine Pfarrechte besitzen. -

Doch zurück zum Waisenhaus! Das Vorhaben des ersten Provikars wird »seitens der Gemeinde freudig begrüßt«, wie Dechant Heinrich Ohrmann 1949 festhält. Denn es war verschiedentlich vorgekommen, »daß Kinder aus Mischehen, deren katholische Väter gestorben waren, von der Mutter einem protestantischen Waisenhaus übergeben worden waren und dort protestantisch erzogen wurden. Selbst katholische Mütter hatten - durch Not gezwungen - ihre Kinder einem protestantischen Waisenhaus anvertrauen müssen, wo sie dann protestantisch erzogen wurden. Denn die Annahme der Confession des Vorstehers war die unabänderliche Bedingung zur Aufnahme der Kinder«. Deshalb gibt es in Bremen damals eigene reformierte und lutherische Waisenhäuser. Ein eigenes Waisenhaus brauche man, weil wegen der gestiegenen Zahl der Katholiken 25 bis 30 elternlose Kinder vorhanden seien. Die habe man bisher den protestantischen Waisenhäusern oder »fremden Personen« übergeben müssen. »Mißgriffe« seien dabei »nicht zu vermeiden gewesen«.

Der Senat mauert trotzdem, als ihn die Kirchenvorsteher bitten, der Gemeinde fürs katholische Waisenhaus das Grundstück Dechanatstraße 3 zu schenken bzw. zu »einem möglichst geringen Preis zu überlassen«. Man wolle das Grundstück in Kirchennähe »zur Zeit nicht veräußern«, lautet die kühle Antwort von Senat und Bürgerschaft. Daraufhin sehen sich die Kirchenvorsteher anderwärts um und werden »Auf der Hoppenbank« fündig. Hier bezieht man am 20. August 1854 das erste katholische Waisenhaus in einem gemieteten Gebäude. Die erste Leiterin ist »Jungfer« Paula Böttcher aus Münster. Sie tritt ihren Dienst am 20. August 1854 an und kümmert sich um neun Kinder, fünf Knaben und vier Mädchen. Die »Einsegnung« von Haus, Vorsteherin und Kindern erfolgt am 5. September 1854. Als erste Hilfskraft wird das »Dienstmädchen Anna Berner« eingestellt. Laut Ohrmann eine »Notlösung«, denn von den an sich gewünschten Schwestern vom heiligen Carl Borromäus hat man einen Korb bekommen.

Die »Jungfer« scheint, wie Ohrmann anmerkt, »den Erwartungen nicht entsprochen zu haben«, denn bereits 1855 wendet man sich auf Vorschlag von Pastor Franz Johann Probst an die Genossenschaft von der Göttlichen Vorsehung zu St. Mauritz bei Münster und hat Erfolg. Am 1. Januar 1856 treten die zwei Mauritzer Schwestern, Mutter Agnes und Schwester Ursula, in die Fußstapfen von »Jungfer« Paula. Und sie betreuen die Waisen auf Grund des Vertrags vom 7. Dezember 1855 bis 1903.

Es verdeutlicht die diffizile Lage der Katholiken in Bremen, wenn Pastor Probst die Schwestern von der Göttlichen Vorsehung bittet, »ob mit Rücksicht auf die protestantische Bevölkerung Bremens, die auffällige Schwesterntracht abgeändert werden könnte«. Er schlägt vor, »daß z.B. statt des Schleiers ein einfacher schwarzer Hut getragen werden könnte«. Die Schwestern verstehen und erfüllen ohne zu zögern seine Bitte. »Der Schleier sollte kein Hindernis sein. Die Arbeit zum Wohle des Nächsten war für sie die wichtigste Aufgabe«, hält die Chronik fest.

Wie wir in einer Schrift von Schwester Angelika Welzenberg entnehmen, werden die Schwestern Agnes und Ursula am 1. Januar 1856 »vom Hochwürdigen Herrn Superior Arnold Rolink und der Würdigen Mutter Oberin, Schwester Elisabeth Sarkamp, in der Freistadt Bremen eingeführt«. Daß die Schwestern »im Anfange manche Schwierigkeiten dort zu überwinden« haben, läßt Schwester Angelika nicht unerwähnt. Begründung: »Fast die ganze Bevölkerung Bremens« sei »protestantisch« und die habe dort »nur ungern ein katholisches Waisenhaus entstehen sehen«.

Entsprechend vorsichtig gehen die Ordensfrauen aus dem katholischen Münster zu Werke: »Um nicht gleich als Mitglieder einer religiösen Genossenschaft erkannt und verjagt (!) zu werden, tragen die Schwestern um der guten Sache willen eine Zeit lang eine etwas veränderte Kleidung. Statt des Schleiers bedienen sie sich eines Hutes mit langer Gardine.« Der Rosenkranz, sonst sichtbar am Zingulum hängend, wird versteckt und »unter der Schürze getragen«. Die Schwestern werden außerdem von den Waisenkindern mit dem Namen »Jungfrau« angeredet. Denn das laut über eine Bremer Straße hinweggerufene »Schwester« hätte eventuell bösartige Publikumsreaktionen hervorrufen können.

Zwar gewöhnt sich »die protestantische Bevölkerung« in der Freien Hansestadt »nach und nach an die Schwestern«. Ja, einige Protestanten unterstützen das Waisenhaus »sogar«. Doch es gibt auch »andere« Protestanten, die von der Sorte »gehässige Feinde des Katholizismus«. Sie beschimpfen die Schwestern »in öffentlichen Blättern«. Und »die mutwillige Jugend« treibt es gar noch toller. Heißt: sie zieht ihrerseits Konsequenzen aus der öffentlichen Beschimpfung: Sie bewirft die Ordensfrauen auf der Straße »mit Steinen und Koth«.

Da ist es wohltuend zu hören, daß es andererseits bereits eine protestantische Unterstützung vor dem Start des Waisenhauses gibt. Da nämlich, als der Kirchenvorstand Anno 1853 kräftig die Werbetrommel rührt und das Kapital bereits auf 3500 Goldtaler angewachsen ist.

Der Senat segnet nach einigem Hickhack 1858 die Satzung ab und genehmigt eine Sammlung durch Stadt und Vorstädte für das St. Johannis-Waisenhaus. Um ordentlich zu Geld zu kommen, bemüht der Kirchenvorstand die Presse und klopft auch bei den Diakonen der reformierten und lutherischen Waisenhäuser an. Und die machen bei der Sammlung mit.

Für die zusammengekommenen 1870 Louisdor bedankt sich der Vorstand in den Bremer Nachrichten vom 10. Juli 1854 deshalb »besonders« bei den »Herren Predigern und Diakonen der anderen hiesigen Kirchengemeinden von ganzem Herzen«. Aber auch die Bremer werden mit »innigstem Dank« bedacht: »Das Vertrauen, welches wir auf die Wohltätigkeit unserer guthen Stadt setzen, hat sich aufs neue herrlich bewährt«. Ein frühes Zeichen beginnender Ökumene.

Die beantragte Kälberverlosung zugunsten des St. Johannis-Waisenhauses, »wie es den anderen Waisenhäusern erlaubt war«, wird jedoch vom Senat abgelehnt. Eine Tatsache, die den Pastor primarius Friedrich Hardinghaus noch 1936 auf die Palme bringt: »Wenn der Senat etwas historischen Sinn gehabt hätte, würde er es wohl nicht ausgeschlagen haben«, kritisiert er. Denn »die Sitte des Ochsen- resp. Kälberverlosens« sei »uralt.« Sie diente nach der Reformation ausgerechnet der Unterstützung des »St. Johannisklosters«.

Die erwähnte Haussammlung findet ausweislich der Protokollbücher bis zum Kriegsausbruch 1914 regelmäßig statt. Um sie muß aber Jahr für Jahr erneut nachgesucht werden. Gesammelt wird »mit kleinen dunklen Beuteln, ähnlich dem Klingelbeutel mit kurzem Handgriff«. Am Tag der Sammlung liegt ein Brötchen darin. Das ist für das Waisenkind gedacht, das vorausgehen muß, »um die Ankunft des Sammlers anzuzeigen«. Manche Leute verschließen »daraufhin ihre Türen, andere legen das Geld bereit«. Auch »viele Andersgläubige« geben »gern und freudig«. »Besonders angenehm« fällt, laut Hardinghaus »der Bevölkerung« beim Sammeln auf, »daß unsere Waisenkinder keine Uniform zu tragen« brauchen; im Gegensatz zu den beiden reformierten, die man ihrer Uniformfarbe nach auch das »rote« und das »blaue« Waisenhaus nennt.

Im Jahre 1884 denkt der Senat daran, alle Waisenhäuser zu schließen. Dagegen protestiert Pastor Stephan Fideldeys kräftig mit der Folge: Der Senat verfolgt die Pläne nicht weiter.

Allerdings müssen die Schwestern dreimal mit ihren Waisen umziehen: Ab Ostern 1856 ist das Haus am Dobben Nr. 6 die neue Heimat. Der Besitzer hat nämlich das angemietete Haus auf der Hoppenbank verkauft. Ostern 1861 zieht man erneut um, diesmal in das gekaufte Haus Gartenstraße Nr. 4. 1898 hat die Odyssee endlich ein Ende: Schwestern und Kinder ziehen in das neugebaute Waisenhaus an der St.-Magnus-Straße in die unmittelbare Nähe der damals ebenfalls errichteten St. Marien-Kirche in Walle ein. Zum Startkapital tragen der Kaufmann Joseph Hachez und Anna Elisabeth Kirchner bei.

Welche Probleme die Schwestern zu bewältigen haben, läßt der Jahresbericht von 1915 erahnen: »Das Jahr begann mit 39 Kindern. Im Laufe des Jahres wurden drei entlassen und 14 neu aufgenommen.« Gegen Ende hatte man also 50 Kinder, »21 Knaben und 29 Mädchen«. Hinzu kommen weitere 32 Kinder, die »über den Tag verpflegt werden« müssen. Außer einer Scharlachepidemie gibt es keine besonderen Vorkommnisse. »Das Aussehen der Kinder, sowie die Gewichtszunahme hat sich während der Kriegszeit nicht verschlechtert, eher verbessert.«

Bei der alljährlichen Waisenhaussammlung werden »zum ersten Male Damen verwendet, die sich sehr gut bewährt haben«. Das Kind kostet pro Kopf 252,50 Mark. Kommentar des Pastors primarius: »Daß die Kinder immer noch für den oben genannten Satz verpflegt werden konnten, ist der unermüdlichen und erfinderischen Arbeit der Schwestern zu verdanken.«

Man erfährt im übrigen, daß das Waisenhaus den Entlassenen eine Starthilfe gewährt: »Einem taubstummen Mädchen wurde das Lehrgeld zur Erlernung des Nähens gegeben« und »einem Schüler der Präperandie konnte infolge eines Legates eine Beihülfe von 1777 M. gegeben werden«.

Dienst in der Schule: »Religiöse Orden können das Propagandamachen nun einmal nicht lassen«

Zu einem weiteren Einsatz der Schwestern von der Göttlichen Vorsehung kommt es im Jahre 1859. Damals denkt der Kirchenvorstand daran, »die Schulverhältnisse der St. Johannis -Schule von Grund auf zu ändern«. 1844 hatte der Senat nämlich selbstherrlich die katholische »Kirchspielschule« in eine Privatschule verwandelt und dem Lehrer Joseph Rölker die Konzession dazu erteilt. Den Senat ärgert, daß der zweite »Missionar« Franz Johann Probst den Unterricht in der Schule weiterführt, als der erste Lehrer Ernst Edmund Thiel 1842 stirbt. – Ein Geistlicher als Lehrer? Unmöglich! – Auf Drängen der Vorsteher ist der Senat im Dezember 1857 aber endlich bereit anzuerkennen, »daß fortan eine St. Johannis-Gemeindeschule besteht«.

1854 besuchen 59 Schüler die Schule und 1850 bereits 100. Der »Schulpfleger und Kirchenvorsteher Theodor Kock macht daher dem Apostolischen Provikar der Nordischen Missionen, Bischof Paul Melchers, den Vorschlag, »Schulschwestern für die Schule heranzuziehen«. Er denkt dabei sicher auch daran, daß die Schwestern durch ihre Tätigkeit »für Gotteslohn« helfen, den Betrieb der Schule bezahlbar zu machen. Kock winkt ab, als durch Vermittlung von Bischof Melchers drei Schulschwestern aus Coesfeld kommen sollen. Für die werden nämlich 500 Taler Gehalt nebst freier Wohnung und Hausgerät verlangt.

Im August 1861 erfährt Kock, »daß eine Schulschwester von der göttlichen Vorsehung gewonnen« worden sei. Es handelt sich um Schwester Xaveria Vogt. Sie übernimmt die Mädchenklasse. Ihr folgt im Herbst des Jahres 1866 eine weitere Schwester. Sie steht »der gemischten Unterklasse vor«. Die Schwestern unterrichten in Ordenstracht; und das sogar in äußerst kritischer Zeit, wie die Chronik vermerkt: »Während des Kulturkampfes (1870–1879) konnten die Schwestern nur in der katholischen Pfarrschule in der Freien Hansestadt Bremen ungestört in Ordenstracht unterrichten.« In den Schulen in Haren und Lingen legt man sie im Unterricht ab.

Um so erstaunlicher ist es, daß der Verbleib der Schwestern von der Göttlichen Vorsehung 1901 an der Ordenstracht scheitert. Wie es dazu kommt, liest sich nach Lesart der Schwestern von der Göttlichen Vorsehung so: Im Jahre 1901 und besonders 1902 treten in Bremen verschiedene Schwierigkeiten auf. Die Lehrer bitten beim Senat um eine Gehaltserhöhung. Die Genossenschaft der Vorsehungsschwestern schließt sich diesem Gesuch nicht an. Sie sieht nämlich voraus, daß ein solcher Schritt schlimme Folgen haben kann. Nach längerem Zögern erklärt der Senat schließlich, daß den Lehrern ein Zuschuß gewährt werden solle, die Schwestern aber in Zukunft nicht mehr im Ordenskleid in der Schule erscheinen dürfen. Was ihnen sogar während des unglückseligen Kulturkampfes in Bremen ohne jegliche Schwierigkeiten gestattet ist, soll ihnen jetzt nicht mehr erlaubt sein? fragen sie sich verzweifelt.

Daraufhin tritt die Katholische Gemeinde zu Bremen »mit der Bitte an die Würdige Oberin heran, den Schwestern zu gestatten, das Ordenskleid abzulegen. Ja, man wandte sich sogar an den Hochwürdigsten Bischof von Osnabrück, damit Höchstderselbe seinen ganzen Einfluß auf Herrn Direktor Vinzenz Wieken geltend« mache. »Schwere Stunden, Tage und Monate hat die würdige Oberin durchgemacht; denn eine Missionsstelle in Deutschland aufgeben, wo man vor mehr als 46 Jahren unter großen Opfern und Beschwerden mit zwei Schwestern einen kleinen Anfang gemacht hatte und wo seitdem das Wirken der Schwestern von dem Segen Gottes begleitet gewesen war, so daß jetzt dort zwei schöne Niederlassungen mit Elementarschule und einem Waisenhaus bestanden, das war schwer und kostete manchen harten Kampf. Viel wurde von der Genossenschaft in diesem Anliegen gebetet. Endlich entschloß man sich auf den Rat des Hochwürdigsten Bischof Hermann Dingelstad, die Schwestern von Bremen abzurufen. So nehmen denn am 31. März 1903 alle Schwester mit blutendem Herzen Abschied von dem ihnen so lieb gewordenen Wirkungskreise«.

Soweit der Vorgang aus der Sicht der Ordenszentrale in Münster. Aus bremischer Sicht beantragt der Apostolische Provikar Bischof Dr. Bernard Höting 1889 beim Senat eine finanzielle Unterstützung für die katholischen Schulen. Der Kirchenvorstand der Katholischen Gemeinde zu Bremen wiederholt den Antrag 1899. Ihm wird endlich am 19. März 1901 stattgegeben. Die Folge: Die Schwestern verlassen Bremen zu Ostern 1903, weil ihnen anläßlich der Zuschußgewährung für die Schulen seitens des Senats untersagt wird, im Ordenshabit zu unterrichten.

Damals meldet sich ein »Vigilans« im »Sprechsaal« - heute Leserbriefspalte - der Bremer Nachrichten zu Wort. Er fordert, der Senat müsse bei »Gewährung einer jährlichen Unterstützung der Gemeindeschule der katholischen Sanct Johannis-Gemeinde« den »Vorbehalt« machen, »daß kein Lehrer und keine Lehrerin, ebenso wie der oder die Vorsteher keiner religiösen Ordensgemeinschaft angehören dürften«. Durch sie werde nämlich »ein friedliches Zusammenleben mit den Katholiken auf das Ernsteste gefährdet«. Grund: »religiöse Orden« könnten »das Propagandamachen nun einmal nicht lassen«. Man wolle der St. Johannis-Gemeinde »gern die hülfreiche Hand leihen, aber unsere Toleranz erfordert in erster Linie als Gegenleistung ›Toleranz ohne Hinterhalt‹ und wir müssen die Mitgliedschaft von religiösen geistlichen Orden in erster Linie als Hinterhalt bezeichnen«.

Klare Worte. Und der Senat denkt augenscheinlich ähnlich. Nur geht er nicht so plump vor. Er versieht die milde Gabe »von 1000 M für jede während des betreffenden Jahres bestehende Classe« mit einem Pferdefuß: Der Kirchenvorstand muß sich dafür einer Reihe von Bedingungen »unterwerfen«. So wird eine negative »Lehrerinnenquote« von 50 Prozent eingeführt. Dieser Passus richtet sich eindeutig gegen die Schulschwestern. Der Senat will verhindern, daß Ordensschwestern in der »St. Johannis-Gemeindeschule« allein das Sagen haben. Daher bestimmt er: »Die Zahl der Lehrerinnen, einschließlich der Handarbeitslehrerinnen, darf die Hälfte der

Schwester Xaveria, die erste Bremer Schulschwester, mit ihren Mädchen

Gesamtzahl der Lehrkräfte nicht übersteigen.« Und »die Lehrerinnen müssen, wie die übrigen Lehrpersonen in der Schule in weltlicher Tracht erscheinen.« Außerdem müsse die Hälfte der Lehrpersonen »die Befähigung für das ordentliche Lehramt an Volksschulen« besitzen. All das zielt auf die häufig nicht mit dem Lehrerinnen-Examen versehenen Schulschwestern.

Daß es keineswegs um die - angeblich - fehlenden Leistungen der Schwestern geht, sagt der Sprecher der Schuldeputation Franz Ernst Schütte in der Bürgerschaftsdebatte offen heraus: »Was für mich ein wichtiger Grund ist«, der Vorlage zuzustimmen, »ist, daß« die Schulschwestern »nicht mehr in Ordenstracht beim Unterricht erscheinen dürfen«. Begründung: »Die Schulkinder sollen nicht in jedem Augenblick daran erinnert werden, daß sie unter kirchlicher Zucht stehen.« - Es sei vorsichtig daran erinnert: Es geht ausschließlich um katholische Kinder! -

- Um die Bremer aber nicht dem Verdacht auszusetzen, sie seien besonders borniert, sei schnell eine Begebenheit aus Osnabrück erzählt. Sie verdeutlicht, daß derlei Haltungen damals dem - protestantischen - Zeitgeist entsprechen: Dem Osnabrücker Bischof Bernhard Höting (1882-1898) gelingt es nach Ende des Kulturkampfs 1878 trotz bester Beziehungen nach Berlin und zu preußischen Landtagsabgeordneten nicht, von den städtischen Behörden in Osnabrück und vom hannoverschen Oberpräsidenten die Erlaubnis zur Gründung eines Franziskanerklosters in seiner Bischofsstadt zu bekommen. Die Behörden befürchten »schwere Belastungen des konfessionellen Verhältnisses«. Um dem aus dem Wege zu gehen, will die Stadt die Klostergründung nur dann gestatten, wenn die Franziskaner auf ihr Ordenshabit verzichten. Dazu ist jedoch der Ordensprovinzial nicht bereit. Er denkt vermutlich: Schließlich haben wir dem preußischen Staat im Kulturkampf nicht jahrelang die Stirn geboten, um hinterher klein beizugeben ... -

In Münster denkt man wohl ähnlich, als man das Ansinnen des Bremer Senats wie des Osnabrücker Bischofs ablehnt. Der Weggang der Schulschwestern trifft den Bremer Kirchenvorstand trotzdem völlig überraschend. Noch im Januar meint der Apostolische Provikar für die Norddeutschen Missionen und Osnabrücker Bischof Hubertus Voß, Hötings

Nachfolger, daß, »die gestellten Bedingungen angenommen werden« könnten. »Auch der Forderung, daß die als Lehrerinnen fungierenden Ordensschwestern in der Schule in weltlicher Tracht zu erscheinen« hätten, müsse »man sich unter den obwaltenden Umständen fügen«. Das sieht der Münsteraner Generalvikar Ludwig von Noel jedoch ganz anders. Er antwortet am 27. August 1901 dem Bremer Pastor Karl Humpers. Er könne sich zu seinem »Bedauern nicht entschließen, der Ablegung der Ordenstracht überhaupt«, noch »auch die Ablegung des Schleiers ... den Schwestern zu gestatten«. Mit letzterem versucht der Kirchenvorstand dem Generalvikar eine Brücke zu bauen, indem er versichert, damit werde der Bitte des Senats Genüge getan. Der Generalvikar signalisiert seinerseits jedoch, daß die Schwestern selbst über eine andere Kopfbedeckung nachdächten, die dem Vorwurf, »der Blick und das Gehör der Schwestern« würden »beeinträchtigt«, den Wind aus den Segeln nähme. Von Noel schließt: »Das Verlangen des Senats« sei »nicht genügend begründet« und er gewinne den Eindruck, daß dieser Forderung »andere folgen« würden. Einer derartigen Situation dürfe man die Schwestern aber nicht aussetzen.

Der Osnabrücker Bischof Voß entdeckt im Noelschen Ablehnungsschreiben dennoch einen Silberstreif am Horizont: Er »gewinnt« auf Grund der Bemerkung über die Änderung der »Kopfbedeckung« den Eindruck, »daß es doch noch möglich sein« werde, »die Schulschwestern für die Bremer Schulen zu behalten«. Er werde mit dem Münsterschen Konfrater mündlich weiterverhandeln. Allerdings ohne Erfolg!

Kurzum: Die an die Finanzspritze geknüpften Bedingungen haben für den Senat eine erfreuliche Nebenwirkung: Die bis dato tätigen Schwestern von der Göttlichen Vorsehung aus Münster akzeptieren das Verbot des Ordenshabits in der Schule nicht, sie gehen Ostern 1903, obwohl sie seit 1856 in der St. Johannis-Schule wirken.

Allerdings kann der Senat sich nur kurzzeitig freuen, denn im selben Jahr kommen bereits Franziskanerinnen aus Thuine als Ersatz. Ja, zwischenzeitlich haben gar die christlichen Schulbrüder aus Wien angeboten, in die bremische Bresche zu springen, »wenn die dortige Regierung uns nur wieder ins Land läßt«. Denn viele der deutschen Brüder hatten wegen des Kulturkampfs das Weite suchen müssen und sich zwischenzeitlich in Österreich und Belgien betätigt.

Der Apostolische Provikar, Bischof Hubertus Voß, teilt dem Bremer Pastor primarius Heinrich Völker am 29. Juli 1902 mit, »die Franziskanerschwestern in Thuine« seien bereit, »zum nächsten Ostertermin die dortige Mädchenschule zu übernehmen«, sie stellen allerdings eine Bedingung: »daß ihnen auch die Leitung des Waisenhauses übertragen werde«. Dem Bischof scheint das »Verlangen in Anbetracht aller Umstände gerechtfertigt«. Er empfiehlt daher die Annahme. Und so geschieht es.

– Die 1842 vom Priester Eduard Michaelis gegründete Ordensgemeinschaft der Schwestern von der Göttlichen Vorsehung existiert noch. Nach dem Vorbild des Stifters lassen sich die Schwestern auch heute von der Not der Menschen herausfordern und setzen sich als internationale Gemeinschaft zusammen mit vielen Menschen für mehr Leben ein. –

Etwa 480 Schwestern wirken in der rheinischen Ordensprovinz Kevelaer und der westfälischen Provinz Münster. Von ihnen leben viele in kleinen geistlichen Gemeinschaften in Pfarrgemeinden. Sie sind in erzieherischen, pflegerischen, sozialen und pastoralen Aufgaben tätig, auch ehrenamtlich. Die Schwestern wollen mit ihrem ganzen Menschsein solidarisch mit den Menschen leben und barmherzig handeln und in allen Lebensphasen bezeugen, daß Gottes Geist auch heute wirksam ist.

Die Mauritzer Franziskanerinnen

Bevor wir uns den Thuiner Franziskanerinnen zuwenden, ist von einer weiteren Kongregation aus Münster-Mauritz zu reden: den Mauritzer Franziskanerinnen bzw. den »Krankenschwestern vom regulierten Orden des hl. Franziskus in Münster-Mauritz«, wie sie offiziell genannt werden. Deren Schwestern kommen aus ähnlich konfessionell bestimmten Gründen nach Bremen wie die Schwestern von der Göttlichen Vorsehung. Denn als 1868 das evangelische Diakonissenhaus gegründet wird, stehen dessen Pforten nicht nur protestantischen Mitbürgern offen, diese werden aber in den ersten Jahren bevorzugt. Da kommen einige Mitglieder der St. Johannis-Gemeinde auf die Idee, »in Bremen eine Pflegestätte für kranke Gemeindemitglieder zu schaffen«, wie Eugen de Porre und Willi Hunold berichten. »Die Errichtung eines katholischen Krankenhauses erschien in der Diaspora nicht zuletzt deshalb als besonders notwendig, um katholischen Kranken den Empfang der Sakramente zu ermöglichen«, präzisiert Hans-Georg Aschoff.

Hilfe bei einer Typhusepidemie – »Sie müssen vorbildlich und segensreich gearbeitet haben«

Das St. Joseph-Stift verdankt sein Entstehen daher sowohl seelsorglichen Überlegungen als auch dem damals herrschenden konfessionellen Konkurrenzdenken. Den Grundstein legt die verheerende Typhusepidemie des Jahres 1868. Sie nimmt derartige Ausmaße an, daß die Kranken in den vorhandenen Krankenhäusern nicht mehr untergebracht werden können.

Viele müssen in den Familien gepflegt werden. Dazu fehlt es an ausgebildetem Personal. Das findet sich katholischerseits unter den seit 1865 in der norddeutschen Diaspora tätigen Barmherzigen Schwestern des heiligen Franziskus aus St. Mauritz bei Münster. An deren Oberin wenden sich in ihrer Not die Vorsteher der St. Johannis-Gemeinde. Und sie werden erhört: Im April 1868 kommen die ersten Mauritzer Schwestern nach Bremen.

»Ihre Zahl ist heute nicht mehr festzustellen, auch nicht, wo sie wohnten und in wie vielen Familien sie pflegten. Eines aber ist sicher: Sie müssen vorbildlich und segensreich gearbeitet haben«, vermuten Hunold und de Porre. Denn die Vorsteher der St. Johannis-Gemeinde setzen alles daran, die Schwestern in Bremen zu behalten, als die Typhusepidemie abgeflaut ist.

Dienst im Krankenhaus St. Joseph-Stift – »auf Um- und Schleichwegen Seelenfang«?

Im ersten Protokollbuch des St. Joseph-Stiftes wird im Stile der damaligen Zeit kein Geringerer als »Gott der Herr« persönlich für »die gute Idee« verantwortlich gemacht, die er den Vorstehern der St. Johannis-Kirche, Adolph Unkraut und Wilhelm

Das Tau-Kreuz des hl. Franziskus, das die Mauritzer Franziskanerinnen über ihrem Habit tragen

Das St. Joseph-Stift 1880

Krose, eingibt, »hier eine permanente Niederlassung der Barmherzigen Schwestern zu gründen«. Und schon am 11. Mai 1869 einigt man sich mit der Ordensoberin: »Im Vertrauen auf Gottes Beistand« wird »das Werk mit vier Schwestern begonnen, nämlich mit Mutter Bonavita Heidplatz als Vorsteherin sowie den Schwestern Rosalinde Loske, Elise Meyer und Felicitas Witt«. Und weil der Vorstand über die Zusage aus St. Mauritz bei Münster so glücklich ist, dürfen die Schwestern der neuen Anstalt auch gleich den Namen geben: Auf ihren Wunsch hin wird sie »St. Joseph-Stift« genannt. Die Schwestern wohnen zunächst in der Marienstraße 3, ziehen aber schon 1870 in das Haus Mittelstraße 8 um.

Um vom Senat die zum Ankauf notwendige Finanzhilfe in Form einer »Handfeste« zu erlangen, muß der »Verein für das St. Joseph-Stift« gegründet werden. Danach kann man darangehen, in der Mittelstraße 8 eine »feste Krankenpflegestation zu errichten«. Die besteht jedoch nur aus vier kleinen Zimmerchen in der »Beletage«, mit sechs Erwachsenen- und zwei Kinderbetten. Wenn von den Schwestern bis 1871 bereits 141 Kranke behandelt werden – stationär im Haus Mittelstraße und ambulant in den Familien – unter denen 119 evangelisch sind, dann trägt diese aufopfernde Tätigkeit der Schwestern in der Bremer Öffentlichkeit erheblich zum Abbau der konfessionellen Vorurteile bei. Auch bringen die Bremer den Barmherzigen Schwestern und ihrer Arbeit große Achtung

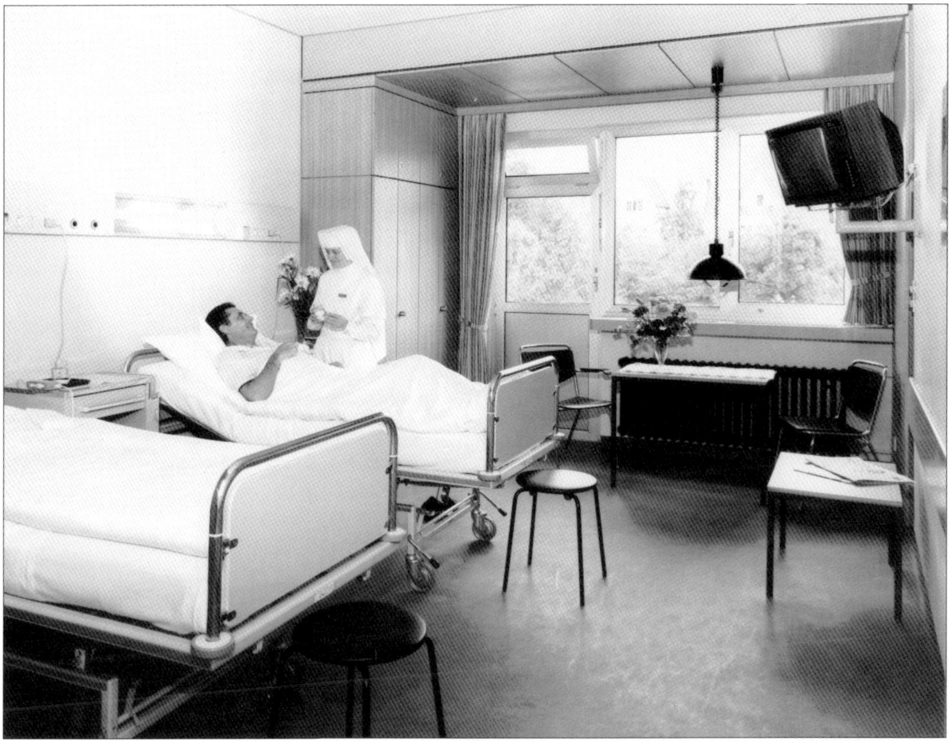

Eine Schwester fühlt im St.-Joseph-Stift den Puls

entgegen, die sich in Spenden aus protestantischen Portemonnaies beim »Verein für das St. Joseph-Stift« niederschlägt.

Dr. Eduard Lorent vom bremischen Gesundheitsrat aber runzelt ob dieser Tatsache sorgenvoll die Stirn. Er fragt in einem Bericht vom 17. Februar 1873 angstvoll: »Wird in dem katholischen Krankenhaus jeder evangelische Kranke die freie Wahl zur Befriedigung seiner geistigen Bedürfnisse haben, deren Befriedigung für die Katholiken auf den Sälen in täglichen Morgen- und Abendandachten zu geschehen pflegt.« Der Verwalter des St. Joseph-Stiftes Emil Hermann Hachez kann den Doktor mit Brief vom 28. Februar 1873 allerdings beruhigen: Es werde »allgemein anerkannt, daß eine der Haupttugenden der Barmherzigen Schwestern die sei, daß sie nicht nach der Religion fragen, sondern jeden Leidenden mit gleicher Liebe und Aufopferung« pflegten. Hachez: »Jeder der vielen, ich möchte sagen tausende, welche von den Barmherzigen Schwestern gepflegt wurden, erkannte, hat und gibt Zeugnis, daß gerade in dieser Hinsicht die allergrößte Rücksicht genommen wird. Zu Ihrer Beruhigung kann ich versichern, daß soweit nur ein Protestant im St. Joseph-Stifte war, noch nie ein öffentliches lautes Gebet oder Andacht gehalten wurde. Dieses geschah, damit keine Veranlassung zur Mißdeutung gegeben würde.« Er fügt nicht ohne Hintersinn hinzu: Das geschehe, obwohl »es so viele Andachtsübungen und Gebete« gebe, »worin Pro-

Zwar geht der Blick der Franziskanerinnen aus Münster-Mauritz ordensbedingt gen Himmel, das hindert sie aber nicht daran, im St. Joseph-Stift ganz irdisch zuzupacken, wenn Not am Mann ist. Ihre Haube behindert sie dabei keineswegs

testant und Katholik einig sind und wir alle denselben Gott und Heiland haben und verehren«. Überdies sei »laut Statuten § 4 den Geistlichen jeder Confession der Zutritt zu den Kranken jeder Zeit frei«.

– Wahrlich ein erstaunliches Dokument früher ökumenischer Gesinnung. Und das zu einem Zeitpunkt, als das Wort »Ökumene« in seiner heutigen Bedeutung noch gar nicht bekannt ist und nicht Gemeinsamkeit, sondern Abgrenzung und Konkurrenzdenken das Verhältnis der Konfessionen untereinander bestimmen. –

Daß diese Gesinnung jedoch in der Hansestadt durchaus noch kein Gemeingut ist, macht ein in der Presse ausgetragener Leserbriefkrieg über angebliche Proselytenmacherei im St. Joseph-Stift im Jahre 1887 deutlich. Er sei hier etwas ausführlicher dargestellt, da er die Situation zwischen den beiden Konfessionen in Bremen acht Jahre nach Ende des Kulturkampfs in Preußen trefflich beleuchtet. Den ersten Schuß feuern der Pastor primarius Heinrich Christian Wilhelm Frickhöffer vom Dom, sein Konfrater Dr. Karl Rudolf Schramm sowie Pastor Johannes Prinzhorn aus Hastedt am 5. 10. 1887 ab. Sie werfen dem Stift Proselytenmacherei vor: »Die dienende Margarete Tibeta M. aus Hastedt, confirmiert daselbst«, das »Dienstmädchen Caroline L. aus Bremen« sowie das »Dienstmädchen Anna R.«, beide »confirmiert im Dom«, seien zur »katholischen Kirche übergetreten, nachdem sie vorher mehrere Monate im St. Joseph-Stift verbracht und darauf Religionsunterricht von dem katholischen Priester, Herrn Caplan G. (Gronheid) empfangen« hätten. Schon zuvor

Pater Gerhard Schnitzler MSF, Missionar der Hl. Familie,
und die Mauritzer Schwestern im Garten des Stiftes

seien »Gerüchte über katholische Bekehrungen im St. Joseph-Krankenhaus dahier öfter aufgetaucht und wieder verstummt«. Nun aber hält es das Pastoren-Trio »für seine Pflicht, folgendes zur öffentlichen Kenntnis zu bringen: daß diese Mädchen durch ihren Aufenthalt im St. Joseph-Stift, in dessen Capelle sie die katholischen Gottesdienste besuchten und Gelegenheit fanden, sich in katholischen Gebetsbüchern zu vertiefen, der evangelischen Kirche entfremdet worden sind«.

Der katholische Vikar Moritz Fehlings böllert am 12. Oktober 1887 im Bremer Courier mit der Gegenfrage zurück: »Werden etwa die Katholiken in den anderen Krankenhäusern hiesiger Stadt, werden die kath. Gefangenen in der Strafanstalt zu Oslebshausen von dem Besuche der protestantischen Hauscapelle und des protestantischen Gottesdienstes ferngehalten? Verschließt man denn dort so sorgsam ängstlich vor katholischen Augen Tractätelchen und Gesangbücher? Gerade das Gegentheil ist Thatsache.« Der Vikar setzt nach: Im St. Joseph-Stift würde kein Andersgläubiger »durch die Schwestern in die katholischen Hausandachten hineingeredet oder gar moralisch hineingezwungen«. Er fragt die drei Prediger höhnisch, ob sie denn glaubten, »daß man es dort verstehe, dem Protestanten durch allerhand Kunststückchen katholisch-religiöse Bücher in die Hände zu spielen?« Genüßlich hält Fehlings den »Herren Predigern« vor, daß eines der drei »Mädchen«, den »ersten Impuls zur Rückkehr (!) in die Kirche nicht im St. Joseph-Stift, sondern im städtischen Krankenhause in sich aufgenommen« habe, »wo sie bei Gelegenheit der Sakramentenspendung durch das wenig tactvolle Benehmen einer Diaconissin in ihrem Innersten sich verletzt fühlte und vor allem ihre bisherigen Anschauungen über die protestantische Toleranz eine merkliche Erschütterung erlitt«. Fehlings Fazit: »Von Religions- und Gewissenfreiheit wird heutzutage so viel geredet und geschrieben: man nennt sie Errungenschaften unserer Zeit. Wohlan! Respectiren wir diese Güter auch dann, wenn sie einmal der katholischen Kirche zu Gute kommen sollten.«

Am 16. Oktober stürzt sich »ein aufrichtiger Protestant« ins Getümmel. Er meint, zwar könnten die Katholiken »nach ihrer Facon selig werden«, aber man wolle »ferner nicht mithelfen, daß die katholische Missionsstation in Bremen auf Um- und Schleichwegen Seelenfang« betreibe. Und deshalb feuert er eine Boykottgranate ab: »So lange, wie das katholische Krankenhaus in so directer Verbindung mit der katholischen Mission in Bremen steht, wie bisher, müssen wir uns von jeder Unterstützung, directer oder indirecter, fernhalten.«

»Ein (anderer) Protestant« verstärkt hingegen am selben Tag in den Bremer Nachrichten ganz ungeniert die katholische Front: Er habe »nie gefunden, daß dort katholische Propaganda getrieben« werde. Er meint, »ob jene drei Dienstmädchen in protestantischer oder römisch-katholischer Form zu ihrem Gott beten, ist für die bremische Bevölkerung und für die Mädchen selbst wohl sehr unerheblich«. Der »Protestant« versucht den Konflikt zu beenden: »Ist es nicht vollendete Barbarei, die Ausübung einer so segensreichen Thätigkeit in unserer Stadt verhindern zu wollen?« Er jedenfalls habe »nie gefunden, daß dort katholische Propaganda betrieben« wurde. Im Gegenteil: »Eine nahe Verwandte« von ihm sei »fast ein Jahr lang im Stifte behandelt worden, und mit dankerfülltem Herzen gedenkt dieselbe stets der Schwestern des Stifts, die sie treu und mit Liebe gepflegt und die nie auch nur den geringsten Versuch gemacht haben, über religiöse Sachen mit der Kranken zu sprechen, geschweige denn Proselytenmacherei zu betreiben«. Daher hoffe er, »daß die bremische Bevölkerung aller Confessionen die humanen Bestrebungen des St. Joseph-Stifts auch fernerhin unterstützen möge«.

Und so geschieht es, auch wenn es in Bremer Blättern noch eine Zeitlang Nachzugsgefechte gibt und beispielsweise ein Dr. N. N. am 17. Oktober in den Bremer Nachrichten den »geehrten Pastoren« rät, »das Kind nicht mit dem Bade auszuschütten«, sondern sie möchten bitte sehr »die segensreiche Wirksamkeit der Krankenpflege durch das Stift in Bremen« anerkennen. Für die Auffassung, »daß jede Confession nur für ihre Kranken zu sorgen« habe, hat Dr. N. N. kein Verständnis.

»Ein Laie« stellt daraufhin die Gegenfrage: »Zu welchem Zwecke denn eigentlich das große St. Joseph-Stift in unserer ketzerischen Stadt erbaut« worden sei, »etwa, damit die wenigen hier ansässigen Katholiken nicht gezwungen wären, in ketzerischen Krankenanstalten Aufnahme zu suchen?« Der »Laie« liefert gleich des Rätsels Lösung mit: »Führwahr, wer da glaubt, daß die Gründer des St. Joseph-Stifts keine propagandistischen Zwecke im Auge haben, der befindet sich im Besitze eines unnatürlichen Glaubens.«

Dieser »unnatürliche Glaube« verbreitet sich jedoch in der Freien Hansestadt nicht, zumindest nicht flächendeckend. Die Bremer lassen sich vielmehr weiterhin in großer Zahl im St. Joseph-Stift behandeln, der Meinung von Pastoren und anderen »aufrechten Protestanten« zum Trotz.

Allerdings hat der Leserbriefkrieg sogar bei den Krankenkassen Staub aufgewirbelt, wie ein Vorstandsmitglied in einem Leserbrief am 30. Oktober verdeutlicht: Er befürchtet nämlich, es könne zu erheblichen »Unzuträglichkeiten« kommen, »wenn katholische Ärzte die

Die Mauritzer Schwestern anläßlich eines Jubiläums in den neunziger Jahren des 20. Jahrhunderts

protestantischen Kranken ausnahmslos ins St. Joseph-Stift dirigiren und umgekehrt natürlich auch katholische Kranke einem evangelischen Krankenhaus zugewiesen werden«. Seine Forderung: Die Behörde möge die Frage 5b auf dem Krankenschein: Welche Anstalt? nicht vom Arzt, sondern vom Vorstand der »Casse« ausfüllen lassen.

Soweit ein kleiner Einblick in ein aus heutiger Sicht amüsantes Kapitel des Konfessionsstreits im vorvorigen Jahrhundert. Er macht deutlich, daß es in Bremen damals neben Scharfmachern schon sehr besonnene Leute gibt. Einer, der Dr. N. N. beispielsweise, kommt übrigens zu folgender Einsicht: »Religiöse Erörterungen in den Tagesblättern führen selten zum Frieden, sondern zum Unfrieden.«

Als Katholik von heute darf man natürlich nicht verschweigen, daß der Anspruch der eigenen Kirche, »allein seligmachende Kirche« zu sein, erst in einem Text des 2. Vatikanischen Konzils ein wenig relativiert wurde, und daß die Bezeichnung »Missionar«, die die katholischen Geistlichen in Bremen bis zum Jahr 1803 führen, nicht nur mit den fehlenden Pfarr-Rechten in der Hansestadt zu tun hat, sondern auch mit der Einschätzung der Protestanten als Häretiker. Man betrachtet sie als Irrgläubige, die zum rechten Glauben - wenn möglich - zu bekehren sind. Insofern ist das Mißtrauen evangelischerseits durchaus angebracht.

Rückblickend auf die Anfänge des über 125jährigen St. Joseph-Stifts kann festgehalten werden, daß die aufopferungsvolle Liebestätigkeit der Mauritzer Schwestern, von damals bis heute, ihr gerüttelt Maß am Abbau von konfessionellen Vorurteilen in Bremen hat. Die Schwestern waren eben nicht auf Proselytenmacherei aus, sondern der leidende Mensch stand im Mittelpunkt ihrer Fürsorge. »Sie sahen«, wie Hunold und de Porre es ausdrücken, »ihre Aufgabe nicht nur in der Betreuung kranker Gemeindemitglieder«, sondern sie pflegten Kranke »ohne Unterschied der Confession und des Standes. Das trug dazu bei, daß ihrer Arbeit auch von der überwiegend protestantischen Bevölkerung Bremens anerkannt wurde. Sicher hat es hier und da zunächst auch Vorurteile gegen die Anwesenheit katholischer Ordensschwestern gegeben. Diese schwanden aber von Jahr zu Jahr mehr, je stärker die selbstlose Hingabe der Schwestern in das Bewußtsein der Öffentlichkeit drang. So erhielt das St. Joseph-Stift auch immer wieder Hilfe in Form von Geld- und Sachspenden nicht nur aus dem katholischen Bevölkerungsteil«.

Das Ansehen, das Katholiken heute in der Freien Hansestadt genießen, wäre ohne die allseits geschätzte Zuwendung der Mauritzer Schwestern dem kranken Menschen gegenüber - und zwar unabhängig von Konfession, Rasse und Religion - so nicht denkbar. Festgehalten werden kann aber auch, daß Vorurteile ein langes Leben haben und man sie am besten dadurch bekämpft, daß man sie ad absurdum führt, wie es die Schwestern durch ihren Dienst am Menschen im Stift taten und tun.

Daß dieser Dienst den Kranken, egal welcher Konfession und Nation, galt und gilt, bestätigt eine Tonbandaufzeichnung eines am 28. Mai 1944 abgeschossenen amerikanischen Bomberpiloten. Er berichtet: »Alle waren gut zu uns. Schwester Emerantia war eine ganz wunderbare Frau. Wenn es jemals einen Engel auf Erden gegeben hat, dann war sie es.«

Das werden wohl auch deutsche Landser und Bremer Verwundete gedacht haben, wenn sie zu den Schwestern in das zum Lazarett umfunktionierte Stift kamen. Ja, selbst ukrainische Fremdarbeiterinnen sind des Lobes voll. So berichtet Tatjana S. anläßlich ihres Besuchs im Oktober 2001: »Wir hatten es gut getroffen, im Stift gelandet zu sein. Wir wurden alle sehr gut behandelt.« Beim Essen habe man mit den deutschen Mitarbeiterinnen »am selben Tisch gesessen« und wenn Alarm war, faßten alle mit an, um die Verletzten in den Bunker zu bringen. Und morgens ging Tatjana S. zusammen mit ihren beiden ukrainischen Leidensgenossinnen zur Messe. »Gezwungen wurden wir dazu nicht«, erinnert sie sich. »Wir machten das Kreuzzeichen anders herum und der Gesang war anders, aber schön. Wir glauben doch an den gleichen Gott.« Wie gut das Verhältnis zu den Schwestern war, beleuchtet folgende Geschichte: »Die älteste Schwester bot mir zum Abschied an, wenn zu Hause niemand auf dich wartet, dann komm wieder. Wir finden hier Arbeit für dich.«

Die Schwestern regen sich auch nicht auf, als 1929 mit Prof. Dr. Ludwig Jacob der erste protestantische Chefarzt angestellt wird. Ein einflußreiches Kuratoriumsmitglied protestiert hingegen sogar beim Bischof, ihm könne »als Vater einer Ordensschwester« dergleichen nicht zugemutet werden. Die Schwestern mucken gegen diese »Zumutung« nicht auf. Ja sie sind sogar so frei, nach dem Tode von Prof. Jacob dessen moslemischen Oberarzt, dem Georgier Dr. Ali Zadeh Alief, die »Klausurerlaubnis« zu erteilen. Heißt: Er darf kranke Ordensschwestern in der Klausur konsultieren.

Kurzum: das Stift wächst und wird bei den Bremern anerkannt. Auch bei Nichtkatholiken. »Zur ständigen Vergrößerung des Krankenhauses trugen neben der günstigen Lage das Renommee der angestellten Ärzte, seine gute, den Ansprüchen der Zeit vollauf genügende medizinische Ausstattung, aber auch die aufopferungsvolle Tätigkeit der Ordensschwestern bei, deren Anzahl sich« 1884 auf 32 und »um 1935 auf 115 belief und die neben der stationären auch weiterhin in der ambulanten Krankenpflege von Stützpunkten im Stadtgebiet aus tätig waren«, so Hans-Georg Aschoff. 1945 sind 63 Schwestern im Stift tätig, 1968 waren es 58 und heute sind es noch zehn Schwestern.

»Wir haben unsere Aufgabe immer darin gesehen, uns den Erfordernissen unserer Zeit zu stellen, Kranke zu pflegen in den Familien und im Hospital«, so formuliert es Schwester Theresita 2002. »Da im Krieg unser Haus zum Teil als Lazarett gebraucht wurde, gehörte auch die Pflege der verwundeten Soldaten dazu. Für die arme Bevölkerung wurde eine Suppenküche eingerichtet.«

Im Sendungsauftrag der Schwestern liest man: »Wir sind Mitglieder einer internationalen, multikulturellen Kongregation von Franziskanerinnen. Wir haben uns verpflichtet, das Evangelium im Geist des heiligen Franziskus von Assisi, unseres Gründers Pater Christoph Bernsmeyer, unserer ersten Schwestern und aller, die ihnen folgten, zu leben. Wir haben uns verpflichtet zu einem einfachen Lebensstil in Gemeinschaft. Wir fühlen uns herausgefordert durch die Werte des regulierten Dritten Ordens, als da sind: Umkehr, Kontemplation, Armut und Demut. Wir sind dem gemeinsamen Auftrag verpflichtet, Christi heilende Gegenwart der Menschheit zu bringen und kreative Wege als Antwort auf Menschen in Krankheit, Armut und Not zu unterstützen. Wir geben Zeugnis von unserer franziskanischen Spiritualität, indem wir der ganzen Schöpfung Ehrfurcht entgegenbringen, Frieden und Gerechtigkeit leben und fördern und die Würde aller Menschen respektieren.«

Durch den Rückgang der Berufungen sind heute nur noch wenige Ordensschwestern in der Krankenpflege tätig. Dafür haben die Mauritzer andere Aufgaben übernommen und sind an anderen Brennpunkten tätig. So sind z.B. in Bremen Schwestern in der Krankenhausseelsorge, in der Altenseelsorge und in der Bahnhofsmission tätig. Im Krankenhaus selbst sind sie in der Pflegedienstleitung, im Besuchsdienst und in der Information eingesetzt.

Auch wenn die Zahl der Ordensschwestern zurückgeht, ist es wichtig, daß katholische Krankenhäuser und Einrichtungen im Gesundheitswesen ihren kirchlichen Touch behalten. Das meinen der Bremer Propst und der Papst in Rom übereinstimmend. Darum warb Papst Johannes Paul II. im November 2002 zum Auftakt einer Konferenz über kirchliche Gesundheitspastoral: Evangelium verkünden und Kranke pflegen, das gehöre zusammen. Mit einer »Phantasie der Nächstenliebe« sollten katholische Gesundheitseinrichtungen von Gottes Liebe zu den Schwachen zeugen. »Die Identität dieser Einrichtungen hängt direkt mit dem Herzstück der Kirche zusammen. Die Liebe ist ja ihr oberstes Gebot. Katholische Einrichtungen im Gesundheitswesen sind also ein Zeugnis der Liebe des guten Samariters. Wer Kranke pflegt, der tut den Willen des Herrn und trägt zur Verwirklichung des Gottesreiches bei. Auf diese Weise drücken sie ihre kirchliche Identität aus«, so Papst Johannes Paul II.

Weltweit gibt es fast 111.000 katholische Einrichtungen im Gesundheitswesen, darunter 6000 Krankenhäuser und über 17.000 Krankenstationen.

Thuiner Franziskanerinnen

Eine Epidemie führt auch zur Gründung der Thuiner Franziskanerinnen. Weil das Emsland vor gut 150 Jahren von einer heimgesucht wird und die kranken Menschen in ihren Häusern Hilfe brauchen, wendet sich der damalige Pfarrer von Thuine hilfesuchend an eine französische Ordensgemeinschaft in Straßburg. Und die schickt einige Schwestern nach Thuine, einem kleinem Dorf im Emsland. Weil der Pfarrer aber gleichzeitig erkennt, wie notwendig eine gute Erziehung und Bildung der Kinder ist, läßt er die Schwestern für diese Aufgabe ausbilden.

Die Schulschwestern: »Es sei daher gegen das Tragen des Schleiers nichts einzuwenden.«

Nach Bremen kommen die Thuiner Franziskanerinnen daher auch nicht wegen irgendwelcher Epidemien, sondern um Kinder zu erziehen. Und das kommt so:

Die katholischen Schulen sind um die Wende zum 20. Jahrhundert nicht mehr ohne Staatszuschuß zu betreiben. Der Senat ist jedoch auf diesem Ohr taub. Er entspricht der Bitte des Apostolischen Provikars der Norddeutschen Missionen und Osnabrücker Bischofs Dr. Bernhard Höting 1891 um einen Staatszuschuß für die Schulen nicht, sondern er macht ihm unmißverständlich klar: Ziel sei die Verstaatlichung aller konfessionellen Schulen. Auch ein späterer Vorstoß des Kirchenvorstands geht ins Leere. Und obwohl selbst der Schulinspektor von einer »Simultanisierung« abrät, bleibt der Senat stur. Er läßt sich erst 1901 überzeugen. Der Grund fürs Umdenken ist jedoch äußerst durchsichtig: Der Senat sieht »die weniger seßhafte, aus verschiedenen, manchmal weit entfernten Gegenden eingewanderte und sogar theilweise fremdsprachliche Bevölkerung, der viele Kinder« der beiden katholischen Schulen »angehören«, nicht »als ein erwünschter Zuwachs für die staatlichen Schulen an«. Um die Kinder der zum Hafenbau und zur »Jute« nach Bremen gekommenen - ungeliebten, dazu noch katholischen - Ausländer sollen die Katholiken sich bitte sehr selber kümmern.

Bernard Schnieders faßt das in seiner »Geschichte der St. Marien-Schule in Bremen« so zusammen: »Der Bremer Bürger ist liberal und tolerant; er läßt jedem seine Überzeugung; er steht der Religion und der Kirche weder ablehnend noch fördernd gegenüber; Staat und Kirche sind getrennt. Wenn trotzdem die katholische Gemeinde für ihre Schulen Zuschüsse aus öffentlichen Mitteln erhielt, so lag das im wesentlichen begründet in der Tatsache, daß diese Zuschüsse den Staatshaushalt weit weniger belasteten, als wenn katholische Kinder staatliche Schulen besucht hätten ... Außerdem bestand bei der Schuldeputation der Wunsch, die vielen fremdsprachlichen Kinder von den Staatsschulen fernzuhalten, weil sie nach Meinung der Schulbehörde eine Belastung bedeuteten.«

Den Zuschuß, den der Senat gnädig gewährt, koppelt er - wie erwähnt - an die Bedingung, daß die Schwestern ohne Haube bzw. Schleier unterrichten. Da die Schwestern von der Göttlichen Vorsehung das ablehnen, kommen ab Ostern 1903 Thuiner Franziskanerinnen als Schulschwestern in die nicht ganz so Freie Hansestadt, auch um sich um die fremdsprachigen Kinder zu kümmern, die man den Staatsschulen nicht zumuten will.

Die Thuiner Schwestern unterrichten 17 Jahre ohne Schleier. Sie legen ihn selbstverständlich sofort wieder an, als das möglich ist. Das grüne Licht dazu gibt die Reichsverfassung von 1920. Sie sichert allen Lehrpersonen »volle Freiheit in ihrer Zugehörigkeit zu reli-

Zwei Thuiner Franziskanerinnen. Von links: Schwester Judith Therhyden mit neuer und Schwester Reinholde Teicher mit alter Haube

giösen Genossenschaften zu«, wie Dechant Friedrich Hardinghaus im November 1935, auf Nachfrage der nationalsozialistischen Schulbehörde, festhält. Die Schwestern seien augenblicklich wieder »in ihrer Ordenskleidung in die Schule« gegangen, »mit der Begründung, daß durch die Reichsverfassung die Klausel« des Senats »von 1901 hinfällig geworden sei«. Der »Hochwürdigste Herr Bischof von Osnabrück« habe ihm »mündlich« die Richtigkeit »der Auffassung der Schwestern bestätigt«. Denn »es seien im ganzen Reich derartige Bestimmungen aufgehoben« worden. Er habe das damals auch »dem Herrn Schulrat Bartels mitgeteilt«. Der habe keine Einwände erhoben.

1928 sei dem Schulleiter Giese vom Herrn Oberschulrat Dr. Dehming gesagt worden, »in der Schulkommission habe man sich mit der Frage befaßt, ob die Schwestern durch den Schleier am Hören und Sehen behindert seien. Er habe die Sache in der Schule geprüft und keine Behinderung feststellen können. Es sei daher gegen das Tragen des Schleiers nichts einzuwenden«.

Hardinghaus fügt hinzu: 1933 sei der Schulvertrag »neu formuliert« und »von Herrn Senator für das Bildungswesen Richard von Hoff unterzeichnet« worden. »Die Bestimmung betr. weltlicher Kleidung der Schulschwestern« sei »darin nicht enthalten« gewesen, so Hardinghaus deutlich. Er fügt an: »Damit ist die Frage wohl genügend geklärt.«

Das ist ein Irrtum: Denn, wie wir aus der Chronik von St. Johann anläßlich der Verabschiedung der Schwester Walburgis von der St. Johannis-Schule am 24. 2. 1960 erfahren, hat Schwester Walburgis, seit 1914 als Schulschwester tätig, »auch während der NS-Herrschaft das Opfer gebracht, das Ordenskleid abzulegen und Zivilkleidung zu tragen, um die katholische Schule vor der Auflösung zu bewahren«. Der Chronist notiert lapidar: »Aber auch dieses Opfer hat die Auflösung nicht verhindern können.« Und Schwester Walburgis ist selbstverständlich nicht die einzige Schwester, die den Schleier damals wieder einmal ablegen muß.

Kurzum: Fünf Thuiner Franziskanerinnen kommen am 1. 4. 1903 als Schulschwestern nach Bremen, um Unterricht in den Mädchenklassen der St. Johannis-Schule zu geben. Sie setzen darauf, daß sie auch ohne Schleier den Kindern nicht nur die Frohe Botschaft beibringen können. In der Folge haben sie großen Anteil am Aufbau der katholischen Schulen in der Stadt. Denn an der St. Johannis-, der 1899 gegründeten St. Marien- sowie der 1929 errichteten St. Josef-Schule unterrichten Thuiner Franziskanerinnen.

Zumindest eine der Schwestern erlebt in der St. Marien-Schule hautnah mit, was der konfessionelle Hader jener Zeit anrichten kann. Am 20. Juni 1913 stürmt nämlich der mecklenburgische Pastorensohn Heinz Schmidt, bepackt mit zehn Pistolen und etwa 1.000 Patronen vor der 11-Uhr-Pause in die St. Marien-Schule und richtet ein Blutbad an. Ihm fallen fünf sechs- bzw. siebenjährige Schülerinnen zum Opfer. Gestoppt wird der Wahnsinnige vom schwerverletzten Lehrer Hubert Möllmann und dem ihm zur Hilfe eilenden Lehrer Wilhelm Kleine-Hartlage, der Schulschwester M. Felizia sowie zwei Nachbarn.

Bernard Schnieders nimmt die Bremer übrigens ausdrücklich von der Verantwortung für das abscheuliche Attentat aus. Er formuliert: »Wie gesagt, bestand in der bremischen Bevölkerung keine Gegnerschaft zur katholischen Schule«, wenn man Marxisten und Kommunisten einmal ausnehme. »Eine andere Gruppe von Gegnern« lokalisiert er »hauptsächlich in Preußen« und zwar im »Evangelischen Bund«. Der betrachtet alle Katholiken wegen ihrer Bindungen an ihr »ultramontanes« Oberhaupt in Rom als undeutsch, und der altpreußische Adel wie die weitgehend evangelische Generalität sieht in ihnen Gegner des protestantischen deutschen Kaiserhauses. Die Gegnerschaft des »Evangelischen Bundes« bezieht sich jedoch »nicht auf einzelne katholische Einrichtungen« wie Schulen, »sondern auf den Katholizismus überhaupt«. Schnieders: »Aus diesem Geiste heraus ist es auch zu verstehen, daß ein Mensch dem religiösen Wahnsinn« verfällt – wie der mecklenburgische Attentäter und Schulamtsbewerber Heinz Schmidt – »und ihm in Auswirkung der fixen Idee, die Katholiken und besondere die Jesuiten seien an allem Elend in der Welt schuld, das schreckliche Attentat begehen« läßt.

Das Kapitel der Schulschwestern geht endgültig zu Ende, als Schwester Birgit die St. Johannis-Schule im Sommer 1983 in Richtung Papenburg verläßt.

Der Dienst im Waisenhaus: »Sie erwerben sich die Zuneigung der Bremer«

Vergessen werden soll aber nicht, daß die Thuiner Franziskanerinnen am 1. März 1903 auf eigenen Wunsch auch das St. Johannis-Waisenhaus in der St.-Magnus-Straße Nr. 8 übernehmen. Die ersten drei Schwestern nehmen ihren Dienst am 19. 3. 1903 auf. Sie wirken nicht minder »eifrig« als ihre Vorgängerinnen, wie der Pastor primarius Friedrich Hardinghaus 1936 bilanziert. Und sie erwerben sich »die Zuneigung der Bremer«. Das allerdings erst nach einer Durststrecke. Zu Anfang schlägt ihnen nämlich »Mißtrauen« entgegen. Das Mißtrauen bezieht sich erstaunlicherweise darauf, daß die Schwestern bereit sind, auf ihren Schlei-

Die letzten drei Thuiner Franziskanerinnen im St. Johannis-Kinderheim in Walle mit einigen der ihnen anvertrauten Kinder

er zu verzichten. »Doch schon nach kurzer Zeit« hat sich »dieses Mißtrauen« verflüchtigt und zwar »auf Grund von guten Begegnungen der Bremer Bevölkerung mit unseren Schwestern«. Die Thuiner kommen damals übrigens mit einem großen Aufgebot: 19 Schwestern tauchen auf einen Schlag in der Hansestadt auf. Elf von ihnen wirken im Waisenhaus, die anderen unterrichten in der St. Johannis- wie der St. Marien-Schule.

1918 wird das Haus in der St.-Magnus-Straße Nr. 19 für das Kinderheim gekauft und für die Zwecke des Waisenhauses umgebaut. 1928 wird es durch einen großzügigen Anbau erweitert, »um den Forderungen neuzeitlicher Hygiene und Anstaltspädagogik gerecht zu werden«, wie der Chronist der St. Marien-Gemeinde, Erhard Welzel, es formuliert. Und 1931 wird das Haus St.-Magnus-Straße Nr. 17 zum Waisenhaus hinzugekauft. In ihm ist heute die Kindertagesstätte St. Marien, in der ebenfalls Schwestern aus Thuine segensreich wirken. Dank einer Schätzung unter den Nazis Anno 1938 durch den Oberregierungsrat Jüdefeind (!) wissen wir, daß die Zahl der im Waisenhaus tätigen Schwestern von 1934 bis 1936 elf und von 1937 bis 1940 zwölf beträgt. Zwei Kinderpflegerinnen und zwei Hausgehilfinnen komplettieren das Team. »Die Tätigkeit der Anstalt erstreckt sich im wesentlichen auf die Wartung und Pflege, sowie auf die Erziehung der Zöglinge«, heißt es kühl im Bericht des »Betriebsprüfers« Oppermann von 1941. Unter dem Stichwort »Ordensschwestern« erfahren wir ferner: »Die Pflege und Erziehung, die Haushaltsführung werden durch Ordensschwestern wahrgenommen«. Insgesamt stehen 79 Betten zur Verfügung und die Anzahl »der verpflegten Kinder« nimmt von 1935 bis 1940 von 46 auf 65 zu.

In den Originalstatuten des Hauses vom 5. November 1858 heißt es nicht weniger kurz und bündig: »Das St. Johannis Waisenhaus ist für bedürftige Waisenkinder bremischer, römisch-catholischer Staatsangehöriger bestimmt.« Der von der katholischen Seite geforderte Zusatz, »welche in der Katholischen Religion erzogen werden sollen«, wird vom Senat abgelehnt, da er sich »von selbst« verstehe. Daß dieser Zusatz sich zumindest 1941 nicht mehr »von selbst versteht«, erfahren wir aus einer Betriebsprüfung: Dort wird angemerkt, »die Aufnahmeberechtigung« beschränke sich »nach den Statuten auf Kinder des katholischen Glaubensbekenntnisses«. »Tatsächlich« aber würden »auch Kinder mit anderer konfessioneller Richtung im Heim aufgenommen«.

Im Jahre 1941 evakuieren die Schwestern ihre Kinder nach Bad Rothenfelde und Meppen. Selbstverständlich hinterläßt auch der Krieg seine Spuren: In der Nacht vom 18. auf den 19. August 1944 wird die gesamte westliche Vorstadt ein Raub der Bomben und Flammen. Neben der Kirche und dem Pfarrhaus regnen auch Bomben auf das St. Johannis-Waisenhaus herab. Da die Kirche total zerstört ist, findet der Gottesdienst fortan im Keller des Waisenhauses statt.

Schwester Felicia, die in den Trümmern des Waisenhauses ausharrt, kommt noch nach Ende des Krieges zusammen mit der jüngeren Mitschwester Willibaldis um, als am 17. 3. 1947 ein Sturm die zwei übriggebliebenen und freistehenden Schornsteine auf ihre Schlafstatt kippt.

Nach dem Krieg passen sich die Schwestern immer wieder den neuen Gegebenheiten und Erziehungsstilen an. Das unterstreicht der Namenswechsel von »Waisenhaus« zu »Kinderheim«. Denn es sind häufig nicht mehr die Halb- oder Ganzwaisen, die das Kinderheim im Schatten der St. Marien-Kirche bevölkern, sondern Kinder und Jugendliche, die wegen einer problematischen Familiensituation nicht mehr bei den Eltern bleiben können, aber trotzdem noch Kontakt zu ihnen halten dürfen und sollen.

Der innere Umbau des St. Johannis-Kinderheims beginnt 1963 damit, daß die bestehenden Kindergruppen in familienähnliche Wohneinheiten unstrukturiert werden. Heute stehen insgesamt 43 Plätze zur Verfügung. Acht Kinder leben jeweils mit vier sozialpädagogischen Fachkräften zusammen und bilden eine Heimfamilie. 1980 entsteht in der Vegesacker Straße eine Außenwohngruppe, in der Jugendliche ab 16 die Gelegenheit haben, eine altersentsprechende Verantwortung für sich auszuprobieren, unter Begleitung und Beratung der Erzieher. 1983 kommt die Hausmeisterwohnung der St. Marien-Schule als eine weitere Wohnung zum Kinderheim hinzu. Und in den freigewordenen Dachräumen des Kinderheims wird 1984 eine Verselbstständigungsgruppe für Jugendliche sowie eine Notaufnahme für Mädchen von 13 bis 18 eingerichtet. Die Mädchen bleiben dort zwischen einem Tag und sechs Wochen. Zur selben Zeit werden auch erstmals Behinderte aufgenommen.

»Auf der Basis der Grundsätze der katholischen Kirche erfüllt das St. Johannis-Kinderheim, das von Ordensschwestern geleitet wird, Aufgaben der Jugendhilfe. Ziel des pädagogischen Handelns ist es, die jungen Menschen vor dem Hintergrund ihrer eigenen Lebensgeschichte zu einem eigenständigen, sinnerfüllten Leben zu befähigen«, so heißt es in der Konzeption des Hauses. Die Schwestern helfen mithin bei der Menschwerdung der ihnen anvertrauten Zöglinge.

»Orientiert am christlichen Menschenbild wollen wir Werte vermitteln, die ein Leben in individueller und sozialer Verantwortung möglich machen«, heißt es in »100 Jahre St. Marien«. Das »Leitwort« des Heims stammt von Maria Montessori. Es lautet: »Hilf mir, es selbst zu tun.«

Schwester Gertrud, die Oberin des Thuiner Konvents an St. Johann, ist ein großer Werder-Fan.
Hier mit Werder-Schal im Weser-Stadion

Diesem Ziel fühlt sich der Caritasverband Bremen, seit 1995 Träger des Heims, auch künftig verbunden, selbst wenn der Halbsatz mit den Ordensschwestern am Ende des Jahrtausends und nach beinahe 150jähriger Tätigkeit - leider - aus der Konzeption gestrichen werden muß.

»Eine große Anzahl Kinder ist im Laufe der Jahre von der Liebe der Schwestern im St. Johannis-Waisenhaus betreut worden. Sehr viele verdanken der Aufnahme ins Haus ihr Lebensglück. Was die Gründer gewollt und gehofft haben, daß die Anstalt ein Segen für die Gemeinde werden möge, ist eingetreten«, hält Dechant Friedrich Hardinghaus im »Ansgarius« 1936 fest. - Und die Kinder, denen »die Liebe der Schwestern« in den vergangenen 144 Jahren »ihr Lebensglück« gaben, sind bis beim Abschied der Schwestern Anno 1999, grob geschätzt, immerhin zwischen 6000 und 7000 an der Zahl. -

Im Jahr 1962 sind 26 »Franziskanerinnen aus Thuine in der Seelsorgehilfe, in Schulen, Kinderheimen und Kindergärten in den Gemeinden St. Johann, St. Marien, St. Elisabeth und St. Joseph« tätig, wie wir der Schrift »Kirche wächst mit der Großstadt« entnehmen. Heute leben und wirken noch neun Franziskanerinnen in drei Konventen und zwar in St. Nikolaus, Beim Ohlenhof 17 a, in St. Marien, in der Österlinger Straße 35 und in St. Johann, Hohe Straße 10. Sie übernahmen neue Aufgaben: als Erzieherinnen in Kindertagesstätten wie im St. Johannis-Kinderheim. Sie engagieren sich in der Seelsorge der Propsteigemeinde St. Johann wie in den Gemeinden St. Elisabeth, St. Marien, St. Nikolaus und St. Hedwig. In St. Johann wie in St. Marien sind zeitweilig franziskanische Sakristaninnen tätig.

»Der Orden hat sich mithin nie als Selbstzweck verstanden, sondern immer auf die Fragen und Nöte der Zeit eine Antwort geben wollen«, so Schwester Judith Therheyden. »Das Leitwort unserer Stifterin weist darauf hin: Wir wollen dem Anruf Gottes folgen im Dienst an den Armen und Hilfsbedürftigen jeden Standes.«

Schon sehr bald nach der Gründung weiten sich die Aufgabenfelder aus. In den verschiedensten karitativen Bereichen werden die Schwestern unentbehrlich. Bereits zu Beginn des 20. Jahrhunderts entstehen die ersten Missionen in Japan und Afrika, später auch in Indonesien, Amerika und Brasilien.

Als Franziskanerinnen haben sich die Thuiner Schwestern prägen lassen vom Geist des heiligen Franziskus, der mit seinen Brüdern aus dem Grundsatz handelte: »In den Ärmsten der Armen Christus sehen.« Dazu paßt der dritte Einsatzort der Thuiner Schwestern:

Dienst im Haus St. Elisabeth und im Theresienheim: Sorge um »gefallene Mädchen«

1910 etabliert sich in Bremen eine Ortsgruppe des »Katholischen Fürsorgevereins für Mädchen, Frauen und Kinder«. Der von Agnes Neuhaus gegründete Fürsorgeverein ist auf dem Gebiet der Jugend- und Gefährdetenfürsorge tätig. Er kümmert sich beispielsweise um »gefallene Mädchen«. »Die Bremer Ortsgruppe legt anfangs den Schwerpunkt ihres Wirkens auf die Schutzaufsicht über Jugendliche und die Vermittlung von Vormundschaften und Pflegschaften«, wie Hans-Georg Aschoff formuliert.

Nach dem 1. Weltkrieg erwirbt der Fürsorgeverein zwei Häuser: Da ist erstens das Elisabethhaus. 1921 kommt es in den Besitz des Fürsorgevereins und befindet sich in der Düsternstraße. Es dient als zeitweilige Unterkunft für Frauen und Jugendliche. 1928 wird dieses

»Vorasyl« in ein geräumigeres Haus in der Kohlhökerstraße verlegt und entwickelt sich immer mehr zu einem Heim für junge Mädchen und Rentnerinnen.

Da ist zweitens das Theresienhaus. Das erste entsteht 1925 in Huchting. Es ist ein Säuglings- und Mütterheim. 1926 wird es in eine Villa nach Vegesack verlegt und bietet 60 bis 70 Kleinkindern Platz. In der im Haus untergebrachten Kapelle bietet man den Katholiken in Vegesack einen Gottesdienstort an. In den Räumen entsteht auch eine staatlich anerkannte Ausbildungsstätte für Säuglingspflege. In diesen Einrichtungen sind anfänglich Thuiner Franziskanerinnen tätig. Im Jahr 1924 übernehmen »Missionsschwestern vom hl. Namen Mariens« aus dem Mutterhaus in Meppen die Arbeit. Denn sie haben sich in der Fürsorge spezialisiert.

Die Netter Schwestern: »Missionarisch-marianisch ausgerichtet«

Die Kongregation der »Netter Schwestern« ist sozusagen ein heimisches Gewächs: Stifter und Gründer der »Gesellschaft der Missionsschwestern vom heiligen Namen Maria« ist der Osnabrücker Bischof Dr. Wilhelm Berning (1914–1955). Auf seinen Reisen durch die ausgedehnten Diasporagebiete seiner Diözese erlebt er die religiöse und soziale Not der Menschen und die wenigen Priester, die in ihren Aufgaben überfordert sind. Seine Sorge um die Ausbreitung und Festigung des Glaubens und seine Liebe zu den ihm anvertrauten Menschen führen ihn - nach vergeblichen Bemühungen, bei verschiedenen Mutterhäusern um Ordensschwestern für die Arbeit in der Diaspora anzuwerben - zu dem Gedanken, eine neue Kongregation für Diaspora- und Missionsaufgaben zu gründen.

Mit sechs Schwestern, die im Ersten Weltkrieg ihrer deutschen Staatsangehörigkeit wegen aus Frankreich ausgewiesen werden, verwirklicht er seinen Plan. Sie gehörten den Maristen-Missionsschwestern an und warteten in Lyon bei Ausbruch des Ersten Weltkriegs auf ihren Einsatz in Ozeanien. Als sie 1918 nicht nach Lyon zurückkehren können, eist Berning sie bei der Ordensleitung für die Gründung seiner Kongregation los.

Die Gründung der neuen Kongregation wird durch Reskript vom 23. Februar 1920 von der Religiosenkongregation in Rom gestattet. Sie wird von Bischof Berning am 25. März 1920 als Diözesankongregation gegründet. Seit dem 1. Januar 1980 ist die Kongregation ein Institut päpstlichen Rechtes.

Bischof Dr. Wilhelm Berning gibt den Schwestern eine »missionarisch-marianische Ausrichtung«. Das heißt: Die Schwestern wissen sich dem Auftrage Christi verpflichtet, »zu suchen, was verloren ist« (Lk. 19, 10). Sie wollen mithelfen, daß die Menschen Gottes Liebe erfahren, besonders jene, die in religiöser, geistiger und leiblicher Not sind. In diesem Dienst ist ihnen Maria Vorbild. Marias Hinweis: »Was er euch sagt, das tut!« (Joh. 2, 5) ist ihnen eine bleibende Aufforderung zum Hören auf sein Wort.

In Bremen schickt der Bischof sie zu den Frauen in Not, zu Kindern und Alten. Die Schwestern, die nach ihrem heutigen Mutterhaus Kloster Nette in Osnabrück-Haste kurz »Netter Schwestern« genannt werden, beginnen ihren Einsatz nämlich im St. Theresienhaus laut Auskunft des Ordens mit zwei Schwestern am 25. April 1927. Sie beenden ihn am 30. Juni 1989.

Zwei Schwestern sind es auch, die am 30. Juni 1999 das Kapitel der Ordensfrauen in Bremen mit ihrem Abschied aus dem Haus St. Elisabeth beenden.

Die Geschichte des Hauses St. Elisabeth ist ein Beweis dafür, daß man die Zeichen der Zeit erkennt. Denn als die Schwestern 1927 beginnen, stehen Frauen in Notsituationen, damals »gefallene Mädchen« genannt, im Mittelpunkt ihres Dienstes. Als sie 1971 in die Erlingsche Villa in Schwachhausen

Signet der Gesellschaft der Missionsschwestern vom heiligen Namen Maria

Die letzten Netter Schwestern verlassen das Haus St. Elisabeth in Schwachhausen.
Von links: Schwester Gerhardis u. Schwester Birgitta

umziehen, wird das Haus St. Elisabeth zum Alten- und Pflegeheim. Die Frauenemanzipation und die sexuelle Revolution machen nämlich damals ein Heim für »gefallene« Mädchen überflüssig. Der Hang zur Kleinfamilie hat aber zur Folge, daß nun Seniorenwohnheime gefragt sind. Das Haus St. Elisabeth mit 54 Plätzen besteht auch nach dem Weggang der letzten Netter Schwestern weiter. Die Leitung des Hauses haben die Schwestern bereits im Jahre 1933 in die Hände einer Fachkraft gelegt, die nicht das Ordenshabit trägt.

1970 wohnt mit Schwester Davidis eine weitere Netter Schwester im Haus St. Elisabeth. Sie kommt aus Bückeburg, wo sie im Schuldienst tätig war. Ihren Dienst in Bremen versieht sie in der Gemeinde St. Ursula als »Seelsorgehelferin«, wie das damals heißt. Sie ist für den außerschulischen Religionsunterricht - auch in St. Georg - zuständig, übernimmt den Sakramentenunterricht und bereitet die Gottesdienste für Kinder und Familien vor. Später kommt der Dienst als Sakristanin hinzu. Sie wirkt in der Gemeinde bis zum 24. 11. 1996.

Anno 1962 wirken noch insgesamt 14 Missionsschwestern vom heiligen Namen Mariens in Bremen. Sie arbeiten neben dem Altersheim St. Elisabeth-Haus auch im Mütter- und Säuglingsheim St. Elisabeth wie im St. Theresienheim in Vegesack.

Als 1999 die beiden letzten Netter Schwestern das Haus St. Elisabeth verlassen, bekennt Schwester M. Gerhardis: »Als ich es zum ersten Mal hörte, hat sich mir beinahe der Magen umgedreht.« »Es« ist die traurige Tatsache, daß mit ihrem Weggang aus dem Haus St. Elisabeth eine weitere Ordensniederlassung in Bremen endgültig geschlossen wird. Schwester

Schwester Davidis, Seelsorgehelferin in der St. Ursula-Gemeinde in Schwachhausen

M. Gerhardis tröstet lediglich: »Wir haben uns nicht weggemeldet, sondern wir wurden abberufen.« Und Mitschwester M. Birgitta bekennt, daß schon »ein bißchen Wehmut« mitschwinge, wenn sie daran denke, »daß das nun das endgültige Ende der Schwestern unseres Ordens in Bremen ist«.

Der Weggang der Netter Schwestern sei »für sie persönlich ein tiefer Einschnitt, die sich nun im Dienst der Nachfolge Christi an einen neuen Ort senden lassen müssen«, so Propst Ansgar Lüttel anläßlich eines Abschiedsempfangs am 20. 6. 1999 im Haus St. Elisabeth. Der Propst unterstreicht, es sei auch »ein tiefer Einschnitt für Stadtkirche«, wenn »ein Konvent nach 77 Jahren segensreichen Wirkens aufgehoben« werde. Mit Nachdruck setzt der Propst hinzu: »Es darf auf keinen Fall passieren, daß wir in Bremen keine geistlichen Gemeinschaften mehr haben. Wir müssen deshalb sehen, ob wir nicht neue Gemeinschaften gewinnen können.« Es sei sehr zu bedauern, daß »die besondere Spiritualität der Orden, die auch nach außen erkennbar ist«, als »typisch katholischer Farbtupfer aus dem Mosaik der Stadtkirche« verschwinde.

Daß ihr erkennbares schwarzes Ordenskleid die Leute nicht kalt läßt, bestätigen die beiden Schwestern gern. »Es ist der Punkt, der was auslöst«, gesteht Schwester Brigitte, und es gebe ihnen häufig »einen großen Vertrauensvorschuß«. Für Bewohnerinnen des Hauses St. Elisabeth sei das Habit »ein Zeichen für Sicherheit und Geborgenheit«. Daß es gelegentlich auch negative Äußerungen provoziert, verschweigen beide Schwestern nicht.

Das mit dem »sehen« sagte der Propst übrigens nicht einfach so dahin. Er sieht sich wirklich um, wird fündig und kann zwei neue Orden für Bremen begeistern.

Die Frauen des Säkular-Instituts St. Bonifatius: »Bewußt eine weltliche Gemeinschaft in den Dienst der Kirche«

Doch wir sind vorausgeeilt. Zunächst ist noch vom Säkular-Institut St. Bonifatius zu reden. Deren Frauen kommen nach dem Zweiten Weltkrieg nach Bremen. Damals wird das Klima des konfessionellen Mißtrauens bzw. der Mißgunst durch die Ökumene ersetzt. Mit dazu beigetragen hat das Bewußtsein vieler Christen, im Nationalsozialismus gemeinsam vom totalitären Naziregime verfolgt und drangsaliert worden zu sein und damit im selben Boot zu sitzen. Außerdem wird als Folge des Zweiten Weltkriegs die Bevölkerung auf Grund der Vertreibung aus den verlorenen Ostgebieten konfessionell gemischt. In den siebziger Jahren tut der frische Wind des II. Vatikanischen Konzils in Richtung Ökumene ein übriges. Fazit: Den Schwestern wie den Frauen des Säkularinstituts, die nach dem Zweiten Weltkrieg kommen, schlägt kein konfessionelles Mißtrauen mehr entgegen. Sie können ihre Arbeit im Stillen tun, ohne öffentlich in Leserbriefspalten an irgendwelche Pranger gestellt zu werden.

Erkennt man die Mauritzer und Thuiner Franziskanerinnen an ihrer Ordenstracht, die sich bis zu den Reformen des II. Vatikanischen Konzils mehr oder weniger an der Tracht verheirateter mittelalterlicher Frauen orientiert, so gehen die ungefähr 200 Frauen des Säkular-Instituts St. Bonifatius von Anfang an in Zivil. Sie wollen bewußt »eine weltliche Gemeinschaft« sein, »die ihr Leben ganz in den Dienst der Kirche stellt«.

Das Institut St. Bonifatius hat am Ostermontag 1949 in der Krypta der Benediktinerabtei Schweikelberg die Sendung im Auftrag der Kirche begonnen. In den Wirren der Nachkriegszeit hat deren Gründer Pater Cyprian Mayr OSB vom Heiligen Geist bewegt die Gemeinschaft gegründet.

Es war sein Anliegen, Menschen in Not vor allem in der Diaspora zu trösten, ihnen zu helfen und ihnen die frohe Botschaft der Hoffnung nach dem Vorbild des heiligen Bonifatius zu verkünden.

Es war ein neuer Aufbruch in der Kirche, mitten in der Welt zu stehen, ohne von der Welt zu sein. Schon nach zwölf Jahren übernimmt die junge Gemeinschaft Aufgaben in anderen europäischen Ländern, Norwegen, Frankreich, Spanien, England und einige Zeit später in der dritten Welt: in Guatemala, Ruanda und im Kongo.

Heute arbeitet eine kleine Gruppe auch in Tschechien und in Rom. Immer ist ihr Einsatz ein Ruf der Kirche in die Not der Zeit. Nach der Weisung des heiligen Benedikt - ora et labora, bete und arbeite - und in der Sendung sehen die Frauen ihre Aufgabe als einen Beitrag, daß Gott in allem verherrlicht werde.

Seit 1959 ist das Säkular-Institut St. Bonifatius in Bremen tätig. Als lebendige Zelle des Glaubens versucht seitdem eine Gruppe Frauen im Dienst des Lebens zu stehen.

»Wie ein Sauerteig soll ihr Berufensein in die Nachfolge des Herrn wirken und immer das Ziel vor Augen haben, daß sie dem Herrn entgegengehen mit allen, die mit ihnen leben, wirken und leiden«, so deren Oberin Frau Gaul.

Fünf Frauen des Säkular-Instituts St. Bonifatius sind in Bremen im Caritas-Altenzentrum St. Michael an der Kornstraße im Einsatz. Das Haus wird im Mai 1961 eingeweiht und verfügt über 150 Plätze. In der im Haus am 25. 5. 1961 eingeweihten St. Michaels-Kapelle können sich die Frauen zu ihren Gebetszeiten zurückziehen.

Die Frauen vom Säkular-Institut St. Bonifatius, die in Bremen tätig waren, anläßlich ihres Abschieds aus dem Caritas-Altenzentrum St. Michael in der Neustadt zusammen mit Propst Ansgar Lüttel, rechts, und Caritasdirektor Werner Führer-Walbelder, links

Das Altenzentrum St. Michael ist »nach 1977 eine Modelleinrichtung und mit eine der ersten Einrichtungen, die sowohl ein Dienstleistungszentrum als auch eine Tagespflege hatte«, berichtet die Leiterin des Hauses, Frau Gaul, im Jahre 2002. »Aber immer war für uns als Gemeinschaft entscheidend, daß all unser Tun ein Zeugnis unseres gelebten Glaubens ist. Den Mitarbeitern und Heimbewohnern suchten wir persönlich nahe zu sein und ihre Sorgen und Leiden mit in unser Gebet zu nehmen.«

1959 habe zunächst eine kleine Gruppe angefangen, faßt sie die Anfänge in Bremen zusammen. »1962 waren es dann fünf Frauen, in den Jahren 1977–1998 war die Gruppe immer größer geworden, bis zu 13 Frauen. Seit 1998 sind wir wieder eine kleine Gruppe, so daß wir zur Zeit nur noch fünf Frauen sind, davon drei im Rentenalter in ehrenamtlichem Einsatz.«

Da das Säkularinstitut St. Bonifatius auch unter Nachwuchsmangel zu leiden hat, legen die letzten Frauen Ende 2003 das Altenzentrum St. Michael ganz in die Hände des Caritasverbandes zurück. Allerdings verschwinden die Frauen nicht ganz aus Bremen. Eine kleine Gruppe von drei Frauen ist seit dem 1. September 2003 als lebendige Zelle in der Kirchengemeinde St. Godehard in Hemelingen tätig, um ehrenamtliche Dienste zu übernehmen. Eine der Frauen arbeitet im Treffpunkt Kirche mit.

Die indischen St. Marthaschwestern: »Nun gibt es nicht mehr Juden und Griechen ...«

Am Birgittenkloster im Schnoor wird noch eifrig gebaut, als fünf indische Schwestern am Freitag, dem 23. 3. 2002, ein anderes Mini-Kloster beziehen. Allerdings fällt das Klösterchen der St. Marthaschwestern nicht auf. Es befindet sich in einem Reihenhaus an der Rethemer Straße 43, in der Gartenstadt Vahr.

Dessen vorherige Besitzerin wechselt kurz zuvor über die Stellichter Straße hinweg in das Caritas-Altenpflegeheim St. Laurentius. Und da Caritasdirektor Werner Fühner-Walbelder für die indischen Schwestern ein Domizil möglichst nahe an ihrer Wirkungsstätte sucht, greift er augenblicklich zu, als ihm das Haus angeboten wird. Er läßt das Reihenhaus von Architekt Ulrich Tilgner zum Klösterchen umbauen. Die kleine Kapelle liegt an ungewöhnlichem Ort, nämlich im oberen Absatz des Treppenhauses.

Eine größere Kapelle brauchen die Schwestern auch nicht, ist es doch bis zur St. Laurentius-Kapelle am Altenpflegeheim nur ein Katzensprung. Dort betreuen die Marthaschwestern die Senioren.

Als Koinzidenz der Ereignisse würdigt Generalvikar Theo Paul die Tatsache, daß in Bremen am selben Tag das Haus der indischen Schwestern eingeweiht werde, an dem der Bundesrat in Berlin das Zuwanderungsgesetz berate. »Sie kamen nicht auf Grund der Greencard und sie kommen nicht als billige Arbeitskräfte«, so Paul zu den Bewohnerinnen des Hauses Rethemer Str. 42, »sondern in Erfüllung des Galaterbriefs des heiligen Paulus, in dem es heißt: ›Nun gibt es nicht mehr Juden und Griechen ...‹« Die indischen Schwestern machen somit die Pfingstvision vom Reiche Gottes wahr, in der alle nationalen Grenzen überwunden sind. Die Kirche versteht sich von Anfang an »als neue Einheit in der Vielfalt«.

Und die Zeiten sind vorbei, wo Europäer den Indern das Evangelium bringen. Heute geht es um ein gegenseitiges Lernen. »Wir gestehen uns und Ihnen ein, dass wir ihre Hilfe brauchen«, so der Generalvikar zu den indischen Schwestern: Es gibt nämlich nicht nur »eine Not in der Pflege«, sondern auch »eine Not im Glauben«. Der Einsatz indischer Schwestern in Bremen ist somit »Solidarität auf Augenhöhe«.

Für Propst Ansgar Lüttel ist der Einsatz indischer Schwestern in Bremen das Normalste von der Welt. Schließlich ist die katholische Kirche »Weltkirche«. Da hat immer einer dem anderen geholfen, wenn er Hilfe brauchte.

Mit den indischen Schwestern arbeiten und wohnen in Bremen 2002 29 Ordensfrauen, und zwar zehn Mauritzer und neun Thuiner Franziskanerinnen sowie fünf Frauen des Säkular-Instituts St. Bonifatius und fünf indische Martha-Schwestern. 1962 waren es noch 113, und zwar 73 Mauritzer und 26 Thuiner Franziskanerinnen, 14 Netter Schwestern und zwei Frauen des Säkular-Instituts St. Bonifatius. Seit 2002 müssen wir die sieben Birgitten im Kloster im Schnoor hinzuzählen, so daß jetzt 32 Schwestern in unterschiedlichsten Diensten in der katholischen Kirche in Bremen tätig sind.

Seit dem 1. September 2003 kommen weitere vier Martha-Schwestern hinzu, so dass nunmehr neun indische Schwestern in Bremen tätig sind. Vier wohnen seit Anfang 2004 im Haus an der Rethemer Straße und fünf im Pfarrhaus von St. Thomas. Zur Vergrößerung des Konvents führen gleich mehrere Gründe: Einmal wünscht die Ordensleitung der

Schwestern in Bremen bei der Einweihung des Klösterchens für die indischen St. Marthaschwestern in der Rethemer Straße; rechts: Oberin Beatilde vom St. Joseph-Stift, links Frau Gaul, in der Mitte indische Martha-Schwestern und im Hintergrund die Birgittenschwester Daniela

Martha-Schwestern eine zahlenmäßig größere Präsenz in Bremen. Zum zweiten hat sich die Gemeinde St. Thomas an Schwestern in ihrem Pfarrhaus gewöhnt, seit die ersten vier Birgitten dort vor Errichtung ihres Klosters im Schnoor eingezogen sind, und drittens findet Propst Ansgar Lüttel, daß das Pfarrhaus von St. Thomas so sinnvoll genutzt wird. Die fünf Schwestern von St. Thomas arbeiten im St. Elisabeth-Haus in Schwachhausen in der Altenpflege mit.

Die St. Marthaschwestern sind die jüngste Kongregation Indiens. Sie wurde am 1. März 1970 in der Diözese Pala in Kerala gegründet. Heute gehören ihr 300 Schwestern an. Die meisten arbeiten auf dem indischen Subkontinent. Sie kümmern sich dort vor allem um arme Frauen und Kinder. Sie betreuen Waisenhäuser und Kindergärten, um so den armen Kindern ein wenig Heimat und Geborgenheit zu geben. Nähschulen und Erste-Hilfe-Zentren werden ebenfalls von den Schwestern betrieben. Auch arbeiten sie als Katechetinnen oder Religionslehrerinnen in Pfarreien.

Sie leben nach dem Jesuswort: »Der Menschensohn ist nicht gekommen, um sich bedienen zu lassen, sondern um zu dienen.« Wie Martha einst dem Herrn nahe sein wollte, so versuchen die Marthaschwestern, ihm in den Menschen zu begegnen, die sie betreuen.

Das internationale Birgittenkloster im Schnoor

Erstes Kloster nach der Reformation in Bremen: »Ein Geschenk für Bremen«

»Ein solches Kloster wäre vor Jahren noch nicht möglich gewesen«, behauptet der Osnabrücker Bischof Dr. Franz Josef Bode anläßlich der Einweihung des Birgittenklosters am 19. Oktober 2002 in seiner Predigt in der Propsteikirche St. Johann. Recht hat er.

Mithin schließt sich der Kreis. Klöster, in der Reformationszeit geschlossen, in der Zeit der Aufklärung als Häuser von Schmarotzern geschmäht und andernorts mittels Reichsdeputationshauptschluß verstaatlicht, sind für Protestanten heute durchaus keine roten Tücher mehr. Vorbei die Zeiten, wo Katholiken den Protestanten als falsch und verschlagen, als romhörig bis zur Aufgabe des eigenen Denkens galten. Und die Protestanten für Katholiken Abtrünnige, Gemütslose, Fortschrittseiferer, also: halbe Heiden waren.

Trotzdem bleibt zu fragen, was zu der radikalen Ablehnung der Klöster und des klösterlichen Lebens auf protestantischer Seite geführt hat. Einiges ist bereits in den einzelnen Kapiteln angeklungen. Es läßt sich überhaupt nicht leugnen, daß sich im späten Mittelalter oft Ideal und Wirklichkeit des Ordenslebens widersprechen. Das ist am Beispiel des Niedergangs der Bremer Deutsch-Ordens-Kommende am besten zu studieren. Das Ideal der Armut ist vielfach verlorengegangen, und die Ordensbrüder gehen anderen Beschäftigungen nach, als ihnen die Ordensregel gebietet. Und auch mit der Keuschheit war es oft nicht weit her, obwohl die mittelalterliche Theologie standesmäßig dachte und die Jungfräulichkeit demnach der Stand der Vollkommenheit war. Das ging mit einer Abwertung des Ehestandes einher. Wir werden das bei der heiligen Birgitta noch sehen. Der mittelalterliche Mensch hat das akzeptiert, so lange Mönche und Nonnen sich um Vollkommenheit bemühten. Das stieß aber auf Widerspruch, als Mönche und Nonnen nicht so vollkommen waren, wie die Regel es nahelegte. Im übrigen widerspricht der reformatorische Slogan vom »Priestertum aller Gläubigen« einer hierarchischen Kategorisierung der Christen.

Wegen all der genannten Mißstände wird in Bremen das Ordensleben wie eine faule Frucht vom Baum der erneuerten Kirche reformatorischer Prägung abgeschlagen. Und die dabei benutzte Polemik, die sich in der Aufklärung wie der Säkularisation fortsetzt, sorgt dafür, daß die Vorurteile tief sitzen bzw. immer wieder neu aufgewärmt werden. Da bedarf es eines gründlichen Umdenkens auf beiden Seiten, um den Wert des Ordenslebens wieder neu zu beleben oder zu entdecken.

Der Bremer Klostergründung kam die Sehnsucht nach geistlichem Leben und Spiritualität zugute, die plötzlich wieder en vogue ist. Die Menschen sehnen sich nach Orten der geistlichen Begegnung und suchen sie nicht nur im Christentum. Da wo Meditationszentren entstehen, pilgern die Menschen hin. Und wo Menschen in der Kirche einen geistlichen Akzent setzen, da ziehen sie bald auch andere an, Christen und Nichtchristen.

Der Beweis: das »Kloster auf Zeit«. Es wird 1962 in der Benediktinerabtei Niederaltaich »erfunden«. Ein bayrischer Unternehmer gibt dazu den Anstoß. Er wundert sich, warum sich in Asien Spitzenpolitiker und Manager für Monate ins Kloster zurückziehen, wie es beispielsweise der Generalsekretär der UNO U Thant tut. »Solche begrenzten Ausstiege« haben »nichts mit Frömmelei oder Weltflucht zu tun«, meint Hanspeter Oschwald. »Sie erkannten vielmehr an, daß der Mensch ohne Besinnung besinnungslos, vielleicht sogar sinnlos handeln würde.«

Es kommt hinzu, junge Aussteiger suchen seit Ende der sechziger Jahre solche Selbsterkenntnis nicht im heimischen Europa, sondern in der Flucht nach Indien, »oft mit schlimmen persönlichen Einbrüchen und einer schwierigen Rückkehr«. Die christliche Klostertradition ist ihnen zu weit weg, obwohl sie eigentlich gerade um die Ecke zu finden ist. Also reagieren zuerst die Benediktiner und dann auch die anderen Orden und lassen Besucher auf Zeit an ihrem monastischen Leben teilnehmen. Das Kloster wird so zu einem »Rückzugsraum und zu einem Ort der Besinnung in allen Lebenslagen«. Das richtige Rezept dafür steht ja bereits in der Regel des heiligen Benedikt. Es lautet: »ora et labora«, bete und arbeite! Es heißt ins Weltliche übersetzt nichts anderes, als Aktion und Kontemplation, also Tätigkeit und Muße, in das richtige Verhältnis zueinander zu bringen und so selbst ins seelische Gleichgewicht zu kommen.

Von Gustave Thibon stammt das Wort: »Klöster sind keine sterilen Überreste der Vergangenheit, sondern die Stafette, welche die Fortdauer des Ewigen in der Zeit sichert.«

Und Peter Seewald fügt in seinem Buch »Die Schule der Mönche« an: »In der Tat. Das Mönchtum hat die Welt mehr verändert als jede andere Bewegung. Mönche und Nonnen waren die großen Lehrmeister unserer Kultur. Und das nicht nur im Schreiben und Rechnen. Die Klöster waren so etwas wie die Ur-Meter des Seins. An dieser ›Weltzeit für das Leben‹ konnte die Gesellschaft jeweils ablesen, wie weit sie sich von dem ausgependelten Zustand der Mitte bereits entfernt hatte.

Vieles von der Kunst der Mönche (und Nonnen) klingt inzwischen altmodisch .... Wichtige Lehrsätze lesen sich als unbequeme Wahrheiten ... Vielleicht aber ist die Schule der Mönche (und Nonnen) eine einzige große Friedensbewegung für unsere Seele. Eine Möglichkeit, unsere Sorgenberge zu entsorgen. Energienetze aufzubauen gegen die geistliche Unterversorgung. Eine Aktion für besseres Hören, besseres Sehen, besseres Benehmen, besseres Lieben. Warum nicht? Stellt die Entwicklung unserer Zivilisation nicht heute ganz neue Fragen? Wie wollen wir denn eigentlich leben? Was sind unsere Werte und Maßstäbe? Wie gehen wir mit unserer Gesundheit um, mit Freundschaften? Was machen wir aus unseren Kindern? Was ist unser Bild vom Menschen? Mit was beschäftigen wir uns überhaupt? Geht es nicht längst auch um die Nah-Bereiche menschlichen Lebens? Um die Be-Ruhigung unserer Umwelt zum Beispiel, gegen die zunehmende Lärm-Verschmutzung? Um die Entschleunigung der Zeit, deren Tempo uns kaputtmacht? Um bessere Beziehungen, speziell auch zu jener höheren Instanz, die größer und liebender ist als wir? Und brauchen wir nicht auch wieder eine neue Balance in unseren Rollen? Verlässliche Regeln, die uns den schwierig gewordenen Alltag erleichtern könnten.«

In der »Schule der Mönche« und Nonnen kann man die Antworten darauf lernen.

Der Plan zum Klosterbau im Schnoorviertel kommt mithin genau richtig. Er ist nicht nur ökumenisch vorbereitet, aber auch das. Beide Konfessionen gucken spätestens seit dem II. Vatikanischen Konzil über die eigene Kirchturmspitze hinaus: Sie entdecken bei der anderen Konfession – fern jeder konfessionellen Polemik – Werte, Einrichtungen, Riten und

Das Bremer Birgittenkloster von der Kolpingstraße aus gesehen

Propst Ansgar Lüttel

Gebräuche, die in Zeiten der Reformation als »papistisch« oder »reformatorisch« abgestempelt, sozusagen zum Altpapier gelegt wurden. Da entdecken Katholiken beispielsweise die »Texte« der Bibel wieder neu und legen sie in - schriftlich vorbereiteten - Predigten aus. Die Protestanten entdecken die »Textilien«; heißt: der schwarze Gelehrtentalar muß hier und da der weißen Albe nebst Stola weichen. Und auch das monastische Leben, ja, selbst Exerzitien üben plötzlich auf Protestanten eine Anziehungskraft aus. Das belegen die vor allem von Pastor Louis-Ferdinand von Zobeltitz 2002 protegierten »Exerzitien im Alltag«. Und die Jugend geht schon lange voran: Sie pilgert ökumenisch zum evangelischen Kloster Taizé in Burgund, kommt begeistert zurück und pflegt auch daheim dessen Gebetsformen wie dessen Liedgut.

Ja, nach dem 2. Weltkrieg entstehen im deutschen Protestantismus »Kommunitäten«, die nach den Regeln des heiligen Benedikt ein Leben in Armut, Keuschheit und Gehorsam und nach dem Motto »ora et labora« - wieder - beginnen. Da verwundert es nicht, daß der geistliche Repräsentant der Bremischen Evangelischen Kirche, Pastor von Zobeltitz, einen heimlichen Wunsch hat: Er möchte vor seinem Ausscheiden aus dem Amt als »Schriftführer« noch den Grundstein für eine derartige Kommunität in Bremen legen.

Kurzum: Der Aufschrei von protestantischen Christen, der die Schwestern der göttlichen Vorsehung und die Mauritzer Franziskanerinnen Mitte des 19. Jahrhunderts noch lautstark begleitet, bleibt Anno 2002 aus. Das hängt selbstverständlich auch damit zusammen, daß die evangelische Seite von der Klostergründung nicht aus der Zeitung erfährt.

Der leitende Geistliche der Bremischen Evangelischen Kirche, Pastor Louis-Ferdinand von Zobeltitz, erfährt davon vielmehr von Propst Ansgar Lüttel, bezeichnenderweise während einer gemeinsamen Fahrt zur Einweihung der Synagoge in Bremerhaven - auch das ist Bremen! Von Zobeltitz äußert sich dabei spontan: »Ich freue mich unglaublich darüber, daß es so etwas in Bremen geben wird. Es ist eine große Bereicherung für unsere Stadt, für unser geistliches Leben und auch für die Ökumene.«

All das führt dazu, daß mit dem Plan, mitten in der Altstadt ein beschauliches Kloster zu errichten, kein ökumenisches Porzellan zerschlagen wird und niemand die Rekatholisierung als drohendes Menetekel an die Wand malt.

Generaläbtissin Mutter Tekla Famiglietti

Wie entstand das Kloster?

Ein Stück weit »mystisch« ist die Geschichte der Gründung des Birgittenklosters im Schnoor schon. Denn an so viele Zufälle wagt niemand im Umkreis der Propsteikirche St. Johann im nachhinein so recht zu glauben. Die Rede ist von den »Zufällen«, die dazu führen, daß in Bremen das erste Kloster nach der Reformation eingeweiht wird, wenn man so will, ein Geschenk zum 700. Geburtstag der heiligen Birgitta von Schweden.

Zufall Nr. 1: Die Dekanatspastoralkonferenz Bremen formuliert auf einer Klausurtagung vom 11. bis 13. Mai 1998 in Stapelfeld »zwei erstrebenswerte Ziele«, die für die Seelsorge in der Großstadt Bremen im dritten Jahrtausend »wünschenswert« seien. Erstens: Ein Ort der Passantenpastoral muß her! Zweitens: ein »geistlicher Ort!« Obwohl niemand konkrete Vorstellungen hat, tagt ein paar Mal ein Arbeitskreis, um den »geistlichen Ort« zu konkretisieren. Ergebnis: Fehlanzeige.

Zufall Nr. 2: Die Idee landet nicht im Rundordner. Denn Bremen hat in Propst Ansgar Lüttel einen Dechanten, der nicht willens ist, hinzunehmen, daß auf Grund von Nachwuchsmangel nach und nach alle Ordensfrauen aus der Stadt verschwinden. Anläßlich des Abschiedsempfangs für die letzten beiden »Netter Schwestern« am Sonntag, dem 20. 6. 1999, im Haus St. Elisabeth in Schwachhausen unterstreicht er, wie erwähnt: Es sei »ein tiefer Einschnitt für die Stadtkirche«, wenn »ein Konvent nach 77 Jahren segensreichen Wirkens aufgehoben« werde. »Wir müssen aufpassen, daß wir auf diese Weise nicht geistlich ausgedünnt werden.« Mit Nachdruck setzt er hinzu: »Es darf auf keinen Fall passieren, daß wir in Bremen keine geistlichen Gemeinschaften mehr haben. Wir müssen deshalb sehen, ob wir nicht neue Gemeinschaften gewinnen können.«

Zufall Nr. 3: Es trifft sich gut, daß auch beim »Pastoralen Zukunftsgespräch« des Bistums Osnabrück gefordert wird, man solle weitere Orte geistlichen Lebens im Bistum gründen und der Bischof mit der Gründung des Dominikanerinnenklosters in Lage-Rieste vorangeht.

Zufall Nr. 4: Der Bremer Propst heißt nicht nur Ansgar, sondern er kennt sich auch in Schweden aus; sogar besser als sein heiliger Namensvetter. Nicht nur deshalb ist er im Vorstand des Ansgar-Werks des Bistums Osnabrück.

Auf einer Vorstandssitzung berichtet Dorothea Olbrich, die Vorsitzende des Ansgar-Werks, von einem Symposium über die heilige Birgitta in Rom. Dabei erfährt der Propst,

Der Präsident des Senats, Dr. Henning Scherf, begrüßt
Mutter Tekla Famiglietti im Rathaus

daß der 1911 von der schwedischen Konvertitin Elisabeth Hesselblad »wiedergegründete« Zweig des alten Birgittenordens gern in Deutschland Fuß fassen möchte. Er erfährt in der Folge auch, daß der Orden dabei bereits zweimal Schiffbruch erlitt.

Es kommt hinzu, daß der Osnabrücker Bischof Dr. Franz-Josef Bode am 29. 12. 1998 beim Empfang nach der Bischofsweihe des Stockholmer Bischofs Anders Arborelius der charismatischen Generaläbtissin dieses Ordenszweigs, Mutter Tekla Famiglietti, gegenübersitzt und sie beim Tischgespräch kennenlernt.

Der Propst muß dem Bischof daher nicht lange erläutern, um welchen Orden es sich handelt, als in ihm die Idee Gestalt annimmt, die Birgitten zu bitten, nach Bremen zu kommen, um den in der Pastoralkonferenz 1998 gewünschten »geistlichen Ort« im Schnoor zu etablieren.

Daß Zufall Nr. 5 nicht auf sich warten läßt, betrachtet der Propst als Wink mit dem Zaunpfahl bzw. als göttlichen Fingerzeig: Denn Ende 1999 hält er die Einladung, an der Seligsprechung der Ordensgründerin Elisabeth Hesselblad am 9. 4. 2000 in Rom teilzunehmen, in Händen. Und da er aus terminlichen Gründen selbst nicht teilnehmen kann, läßt er in Rom nachfragen, ob man sich eine Klostergründung in Bremen vorstellen könne. Überbringerin der Anfrage ist Dorothea Olbrich. Sie kehrt begeistert aus Rom zurück. Denn die Antwort heißt nicht »Ja!«, sondern: »Wann?«.

Zufall Nr. 6: In der römischen Zentrale des Birgittenordens sitzt die dynamische Generaläbtissin Mutter Tekla Famiglietti, eine gebürtige Neapolitanerin. Die läßt bei ihrem Temperament derlei Sachen nicht anbrennen. Und da sie über einen guten Draht zum Papst verfügt, informiert sie nicht nur den Generalrat ihres Ordens, sondern auch umgehend den Papst über den Bremer Wunsch. Beide bestärken sie, mit der Klostergründung in der Diaspora voranzuschreiten. Also ist sie bereits am 30. 6. 2000 in Bremen, um sich im Schnoor den vorgesehenen Bauplatz anzusehen.

Am 8. 8. 2000 lädt der Osnabrücker Bischof Dr. Franz-Josef Bode den Birgittenorden offiziell ein, mit Schwestern in seine Diözese zu kommen. Postwendend liegt am 12. 9. 2000 der Beschluß des Generalrats des Ordens vor, das Kloster in Bremen zu gründen.

Zufall Nr. 7: Im Bistum findet sich wider Erwarten etwas mehr Geld in der Schatulle als prognostiziert. Der Bischof spendiert daher den größten Teil des auf 4,3 bis 4,5 Millionen DM geschätzten Klosterprojekts. Und auch das Bonifatiuswerk in Paderborn kann sich - auf Nachfrage - für dieses Projekt in der norddeutschen Diaspora erwärmen und sponsert das Kloster mit einer Million DM.

Zufall Nr. 8: Das Pfarrhaus von St. Thomas in Blockdiek wird ausgerechnet im Jahr 2001 frei. Ein Pfarrer wird dort künftig nicht wieder einziehen. Propst Lüttel schlägt daraufhin Mutter Tekla vor, die Hälfte des auf acht Schwestern geplanten Konvents schon mal als Vorhut nach Bremen zu schicken. Er quartiert sie im Pfarrhaus ein, damit sie Deutsch lernen und beim Bau »ihres« Klosters mitreden können.

Zufall Nr. 9: Es gibt im Birgittenorden unter den - damals - 495 Schwestern eine einzige Deutsche, Schwester Walburga. Sie kommt - rein zufällig - aus Bissendorf bei Osnabrück. Auf sie fällt der Blick von Mutter Tekla, als sie eine Oberin für das Bremer Kloster sucht. Zusammen mit den Schwestern Henryka aus Schottland, Gloria aus Mexiko und Daniela aus Italien beginnt sie im Oktober 2001 mit den Tagesgebeten in der St. Thomas-Kirche. Dort wird auch am 14. 10. 2001 der Konvent feierlich gegründet. Von der Gemeinde werden die Schwestern herzlich an- und aufgenommen.

Zufall Nr. 10: »Augenblicklich herrscht Transzendenzbedarf«, behauptet der Theologe Dr. Gotthard Fuchs. Und »Spiritualität« hat Konjunktur, kann man hinzufügen. Mithin ist um die Jahrtausendwende der καιρος, heißt der günstige Zeitpunkt, für eine Klostergründung. »Zwanzig Jahre früher

Büste der hl. Birgitta, Alter und Herkunft unbekannt, eventuell aus Danzig

Generaläbtissin Mutter Tekla Famiglietti und Propst Ansgar Lüttel beim ersten Spatenstich am 15. Oktober 2001

wären wir unter Umständen ausgelacht worden«, so ein Insider. Heute hingegen ist »eine Tankstelle für Spiritualität und Transzendenz« in einer Großstadt goldrichtig.

Das belegt auch der ehemalige Welt- und Focus-Redakteur Hanspeter Oschwald, mit seinem im Jahr 2003 erschienenen Buch »Zeit für Klöster«. Er schreibt: »Klöster haben Konjunktur. Wer hätte es gedacht? Vor einigen Jahren entdeckte zunächst eine kleine Minderheit das Leben in der Klausur. Nur wenige Konvente waren darauf vorbereitet. Jetzt rüsten die meisten für Besucher auf, welche auf einen Tag, auf Wochen oder lediglich zum Einkaufen naturbelassener Lebensmittel sowie Bier, Wein und Klosterlikör kommen. Die Menschen haben Lust aufs Kloster bekommen, seitdem sich herumgesprochen hat, daß nicht nur Frömmler sich für einige Tage zu geistlichen Übungen hinter den Schutz der Klostermauern begeben. Gehetzte Manager, Studenten mit Prüfungsangst, Männer und Frauen in der Midlife-Crisis, Unternehmer vor wichtigen Entscheidungen, Gestreßte auf der kurzzeitigen Flucht vor Ärger in Beruf und Familie.

Eines wissen sie alle: Wer heute an eine Klosterpforte klopft, muß zwar manchmal lange auf Eintritt warten, weil die Gemäuer sich weitläufig ausdehnen und meistens nur noch wenige Patres, Brüder oder Nonnen ihr Leben dort verbringen. Wenn sich dann schließlich die schwere Tür aus einer anderen Zeit öffnet, stellt jedoch niemand die vielleicht befürchtete Frage: Wie halten Sie es mit der Religion? Die Gretchenfrage taucht hier nirgends mehr auf. Ob gläubig oder nicht, ob katholisch, evangelisch oder sonst etwas, spielt beim Eintritt ins Kloster auf Zeit keine Rolle. Bei kunstbeflissenen Suchern nach Zeugnissen großer abendländischer Kultur ohnehin nicht, und natürlich auch nicht bei Zechgästen. Auch das Entree für wochenlange Aufenthalte hängt nicht von der Konfession ab.«

Im »Idealfall« kämen die Gäste in den Genuß aller drei Kriterien, die er in »Zeit für Klöster« zugrunde gelegt habe, meint Oschwald: geistliches Auftanken, geistige Ansprüche bei kulturellen Entdeckungen sowie leibliches Wohlergehen.

Nimmt man das alles zusammen, dann kann man nur feststellen: So viele Zufälle kann es gar nicht geben! Das muß – göttliche – Fügung sein. Exakt das glaubt man auch im

Beim Richtfest des Birgittenklosters am 20. Juni 2002:
Die Birgitten umrahmt von Anneliese Loose-Hartke, links, und Wolfgang Loose,
dem »Schnoorbürgermeister« und Vorbesitzer des Klostergeländes, rechts

Der Osnabrücker Bischof Dr. Franz-Josef Bode nach der Weihe der Klosterkapelle am 19. Oktober 2002 im Gespräch mit Mutter Tekla, der Generaläbtissin des Birgittenordens, umringt von Teilnehmern der Einweihung

Schatten des Dachreiters der Propsteikirche St. Johann, ehemals selbst eine Klosterkirche. Sie liegt nur einen Steinwurf vom Kloster entfernt. Denn auch das zeichnet das Kloster aus: Es liegt mitten in der Stadt.

In einer ehemals evangelischen Reichsstadt wohlgemerkt, einer, die auch heute noch evangelisch bzw. weitgehend säkular geprägt ist. Trotzdem gibt es keinerlei Kritik, als sich die Meldung Anfang 2001 verbreitet: Im Schnoor wird ein Kloster gebaut. Im Gegenteil. »Meinen Sie das im Ernst?« wird der katholische Pressereferent von einem Kollegen gefragt, als er die Einladung zur Pressekonferenz in Sachen Klostergründung in Händen hält. Das »Ja« des Referenten wird vom Kollegen mit »Dann komme ich« erwidert. Und das Presseecho ist gewaltig. Die Erwartungen auch.

Was erwartet man in Bremen vom Kloster?

Das neue Kloster wird von evangelischer Seite als »Geschenk für Bremen« angesehen. So überschreibt der geistliche Repräsentant der Bremischen Evangelischen Kirche, Pastor Louis-Ferdinand von Zobeltitz, seinen Artikel im »Kirchenboten«.

Er formuliert darin seine Erwartungen an das Kloster: »Bremen und seine Menschen drohen im grellen Lärm der Moderne Schaden zu nehmen. Es fällt immer schwerer, im unentwirrbaren Wust von Nachrichten, Informationen und Signalen die Orientierung zu halten. Orte der Ruhe, Hilfen zur stillen Zeit und Anstöße zum Gebet werden ein immer wichtigerer Dienst der Kirche an den Menschen des 21. Jahrhunderts. Deshalb verbindet sich für mich mit dem Birgittenkloster mitten in der Stadt dreierlei:

- Dankbarkeit, daß Birgitten einen spirituellen Dienst für unsere Stadt tun wollen.
- Der Wunsch, daß viele Menschen durch klösterliche Gemeinschaft ihre spirituelle Mitte finden.
- Die Hoffnung, daß aus den klösterlichen Erfahrungen auch reformerische Anstöße für unsere evangelische Kirche erwachsen.

Denn Mystik ist nach meiner festen Überzeugung die Zukunft des Christentums. Ein Kloster ist ein Kristallisationspunkt für Zugänge zur mystischen Tradition des Christentums.«

Pastor von Zobeltitz hätte sich auch auf Dietrich Bonhoeffer beziehen können. Der schrieb nämlich im Januar 1935 aus London an seinen Bruder: »Die Restauration der Kirche kommt gewiß aus einer Art neuen Mönchtums, das mit dem alten nur die Kompromißlosigkeit eines Lebens nach der Bergpredigt in der Nachfolge Christi gemeinsam hat. Ich glaube, es ist an der Zeit, hierfür Menschen zu sammeln.«

Bremens Bürgermeister Dr. Henning Scherf ist »verblüfft, ein bißchen skeptisch und sofort begeistert«, als er vom Propst über den Bau des Klosters informiert wird. Daß »im Herzen unserer protestantischen und säkularisierten Freien Hansestadt Bremen« künftig »katholische Schwestern die frohe Botschaft leben« findet er »im wahrsten Sinn des Wortes wunderbar«.

Von Scherf gibt's daher nicht nur verbale Unterstützung. Er spendiert vielmehr in Absprache mit Bürgermeister Hartmut Perschau das Fenster der Klosterkapelle.

Doch der Bürgermeister hat auch Erwartungen: Bischof Franz-Josef Bode habe bei einer Rede im Rathaus »die Kirche als Seele der Stadt bezeichnet«. Scherf: »In der Seele spiegeln sich die menschlichen Emotionen, Glück und Trauer, Angst und Vertrauen, Verzweiflung und Hoffnung. All diese Gefühle gehören zum menschlichen Leben und sie brauchen Orte, wo sie

Schwester Gloria in der Kapelle im Gebet versunken

zur Sprache gebracht werden können. Aber sie brauchen auch Orte der Stille. Niemand hat mehr Räume in der Stadt als die Kirchen, in denen die Nöte und Hoffnungen der menschlichen Existenz aus- und angesprochen werden dürfen, in denen getröstet und ermutigt, beraten und geholfen wird.« Er sei sicher: »Das Kloster im Schnoor wird nun künftig der zentrale Ort für die Seele der Stadt sein.«

Propst Ansgar Lüttel erwartet, daß sich »der internationale Konvent gut in die weltoffene Tradition der alten Hanse- und Hafenstadt einfügt«. Während die übrigen Ordensfrauen in der Freien Hansestadt auf dem Gebiet der Diakonie oder Seelsorge tätig seien, sei »die Spiritualität der Birgitten-Schwestern geprägt durch eine Verbindung von Klausur und Gastfreundschaft. Die Schwestern lassen ihre Gäste daher an ihrer spirituellen Tradition teilhaben, indem sie Menschen aufnehmen, die sich ihnen für einige Tage oder länger anschließen können«, so Lüttel.

Damit knüpfen die Schwestern direkt bei der heiligen Birgitta an. Über 20 Jahre lang stehen im 14. Jahrhundert die Türen ihres Hauses an der Piazza Farnese in Rom unzähligen skandinavischen Pilgern offen. Sie können dort einheimischen Priestern begegnen und bei ihnen in ihrer Muttersprache beichten.

»Noch prägen die alten Kirchen das Stadtbild«, merkt Propst Ansgar Lüttel an, aber »die Bindung an die Kirche nimmt seit langem ab. Da setzt das neue Kloster der Birgitten mitten in der Stadt ein Zeichen. Kirche ist nicht auf dem absteigenden Ast. Sie vertraut, daß Gott ihr Zukunft schenkt und ihr hilft, diese Zukunft zu gestalten. Wer einen neuen Schritt wagt, der hat Vertrauen. Von diesem Vertrauen ist das Klosterprojekt getragen.«

Fragt man Jugendliche beispielsweise, was sie an Taizé so fasziniere, lautet eine ihrer Antworten: »Die Stille vor Gott.« Dafür muß man von Bremen künftig nicht mehr unbedingt nach Burgund fahren. Die »Stille vor Gott« kann man bei den täglichen Gebetszeiten auch im Schnoor erleben.

Probleme gibt es trotzdem, bei der Baugenehmigung nämlich. Die läßt ein Vierteljahr auf sich warten. Sie kommt im September 2001. Der erste Spatenstich erfolgt daher erst am 15. Oktober 2001. Grundsteinlegung und Richtfest werden in einem Rutsch am 20. Juni 2002 gefeiert. Und ein Jahr nach dem ersten Spatenstich kann das Kloster am 19. Oktober 2002 durch Bischof Dr. Franz-Josef Bode eingeweiht werden.

Was soll das Kloster?

In seiner Predigt umschreibt Bischof Dr. Franz-Josef Bode, was das neue Kloster soll. Sie sei daher ausgiebig zitiert.

»Die Lesungen zum Fest der heiligen Birgitta, die wir für den heutigen Tag ausgewählt haben«, Gal. 6,14,16 und Joh. 15, 1-8, »enthalten Grundworte, die für diesen Festtag von besonderer Bedeutung sind: Neunmal enthält das Evangelium das Wort ›bleiben‹ und siebenmal das Wort ›Frucht bringen‹. Auf die heute ständig gestellte Frage ›Was bringt das alles? Was bringt ein solches - nicht billiges - Kloster inmitten des Touristenzentrums einer Großstadt?‹ gibt das Evangelium die herausfordernde Antwort: ›Bleiben bringt's!‹ So schwer das Bleiben an einem Ort, bei einer Entscheidung, bei einem Menschen, bei einem Kreuz heute fällt, so groß ist zugleich die Sehnsucht nach Orten des Bleibens, so groß ist die Wichtigkeit solcher Orte!

Die Birgitten, Prälat Matthias Richter und Propst Ansgar Lüttel während der ersten Heiligen Messe in der Klosterkapelle am 20. Oktober 2002

Schwester Daniela, Mutter Walburga und Schwester Hendryka auf der Terrasse des Klosters über den Dächern des Schnoors

Kürzlich schrieb der Berliner Philosoph Wilhelm Schmid in der Wochenzeitung DIE ZEIT: ›Die Ortlosigkeit des modernen Menschen schlägt Kapriolen und ergibt sich doch mit Notwendigkeit aus der Dynamik der Entwicklung der Moderne, der Auflösung aller Bindungen und Beziehungen, die nicht nur Menschen und Überzeugungen, sondern eben auch Orte betrifft. Menschen flirren wie Quanten durch die Welt, an die Stelle der Orte treten Transiträume ... In einer Zeit, in der alles möglich, alles erlaubt, nichts definiert ist, wird es zur seltenen Ressource werden, einen definierten Ort zu einer definierten Zeit ... aufsuchen zu dürfen, um in dessen Vertrautheit und Geborgenheit ein wenig Atem schöpfen zu können.‹

Laut Peter Seewald wollen Mönche und Nonnen ›im Kloster einen Raum schaffen, in dem die Heilkraft des Innehaltens und des Schweigens bestmöglich zur Wirkung kommt und schiefe Dinge wieder in Ordnung gebracht werden können ... So entwickele sich ›die Aus-Zeit plötzlich zur In-Zeit‹. Seewald: ›Seltsam, genau hier, in diesen Zeitlöchern der Stille und des Stillstandes, wo wir fürchten, Zeit und Geld zu verlieren, kann Zeit wieder fruchtbar werden.‹ Denn ›Stille und Schweigen sind eine Hilfe, damit Menschen in der Zeit der Zerstreuung und Ratlosigkeit unserer Zeit sich wieder auspendeln und die eigene Mitte finden können. Sie sind aber auch ein Weg, eine andere Wirklichkeit zu erfahren, die schließlich – in der Tiefe spiritueller Erfahrungen – weit mehr beinhaltet als nur Abwesenheit von Geräuschen‹.

Und genau diesem Anliegen, nämlich Atem schöpfen zu können, kommt die Klostergründung in Bremen entgegen, so Bischof Bode. »Hier sind Frauen aus verschiedenen Ländern und Kulturen, die sich auf den Auftrag Jesu, zu bleiben und Frucht zu bringen, inmitten der Stadt einlassen, zu bleiben bei Gott, zu bleiben beim Gekreuzigten, zu bleiben bei den Menschen, zu bleiben beieinander. – Bisher schon gab es Schwestern in Bremen, die sich auf verschiedene Dienste eingelassen haben in der Seelsorge, im Krankenhaus, in den Gemeinden und die über Jahrzehnte das Leben der Kirche hier mitgeprägt und mitgetragen haben. Ihnen bin ich von Herzen dankbar und ich sehe die neuen Schwestern als eine Bereicherung dieser Tradition!

Ein Kloster, dazu ein kontemplatives, mitten in der Geschäftigkeit des Schnoor, ist ein Stachel im Fleisch, weil es wachhält, daß das Leben nicht nur aus Tourismus, Geschäft, Konsum und Spaß besteht. Ein solches Kloster ist aber auch eine Oase in der anonymen Grauheit einer Stadt, die oft wenig Raum läßt für Innehalten und Aufatmen. Es ist eine gute Ergänzung zum großen, bergenden Raum von Sankt Johann im Schnoor. Dieses Kloster schenkt nämlich die Gewißheit, daß die Menschen, die sich dort einfinden, im ständigen Gebet dieser Gemeinschaft mitgetragen sind; ebenso die Menschen, die sich einfinden im Treffpunkt Kirche, in der Beratungsstelle, in der Buchhandlung im Schnoor, in der Schule, im Gemeindehaus, im Kolpinghaus und in all den anderen Einrichtungen um Sankt Johann und in der ganzen Stadt.

›Bleiben‹ und ›Frucht bringen‹ sind die Stichworte des Evangeliums: tiefe Verwurzelung und Ausgriff in die Weite wie eine Baumkrone, Anbetung und Gastfreundschaft, Gastsein bei Christus und Gastfreundschaft für viele, inneres Profil und niederschwellige Offenheit, innen und außen, contemplatio und actio, Betrachtung und apostolisches Tun, Einheit in Christus und Vielheit der Kulturen.

In dieser eigenartigen Spannung leben die Schwestern dieses Klosters ... Ein sehr bekannter Text der Ordensfrau Silja Walter unterstreicht noch einmal den wesentlichen Dienst dieser klösterlichen Gemeinschaft, einen Dienst, der nicht zu vernutzen und zu verzwecken ist, sondern in seinem reinen Da-Sein das nie zurückgenommene ›Ich-bin-da‹-Gottes darstellt und lebt und seine nie zurückgenommene Verheißung, uns entgegenzukommen. Der Text von Silja Walter trägt den Titel ›Das Kloster vor der Stadt‹, wir können auch sagen:

Kloster inmitten der Stadt

›Jemand muß zu Hause sein, Herr,
wenn du kommst.
Jemand muß dich erwarten,
oben auf dem Berg inmitten der Stadt
Jemand muß Ausschau halten Tag und Nacht.
Wer weiß denn, wann du kommst.
Jemand muß wachen unten an der Brücke,
um deine Ankunft zu melden.
Herr, du kommst ja doch in der Nacht wie ein Dieb.
Wachen ist unser Dienst, wachen.
Auch für die Welt, sie ist so leichtsinnig,
läuft draußen herum
und nachts ist sie auch nicht zu Hause.
Denkt sie daran, daß du kommst?

Daß du ihr Herr bist und sicher kommst?
Herr, jemand muß dich aushalten,
dich ertragen, ohne davonzulaufen
Deine Abwesenheit aushalten,
ohne an deinem Kommen zu zweifeln.
Dein Schweigen aushalten und trotzdem singen.
Dein Leiden, deinen Tod mit aushalten
und daraus leben.
Das muß immer jemand tun mit allen anderen.
Und für sie.
Und jemand muß singen,
Herr, wenn du kommst,
das ist unser Dienst:
Dich kommen sehen und singen.
Weil du Gott bist.

Weil du die großen Werke tust,
die keiner wirkt als du.
Und weil du herrlich bist
und wunderbar wie keiner« (Zürich 1971).

Dieser Ort der Wachsamkeit für den Kommenden, den unerwartet Kommenden, ist hier zugleich der Ort der Wachsamkeit, der Aufmerksamkeit für Menschen, die auf Zuwendung, Aufatmen, Aufnahme, Gastfreundschaft warten, ohne vorher ihr Glaubensbekenntnis aussprechen zu müssen. Das macht ein kleines Gedicht von Reiner Kunze deutlich, das er unter dem Titel ›Pfarrhaus‹ geschrieben hat. Es ist ganz kurz:

›Wer da bedrängt ist, findet
mauern,
ein dach
und muss nicht beten.‹
(aus: Reiner Kunze, gespräche mit der amsel, Frankfurt 1984.)

Was Reiner Kunze zum Pfarrhaus sagt, ist ohne weiteres auch von diesem ›Gasthaus‹ Kloster zu sagen: Hier wird ständig gebetet, aber nicht jeder, der kommt, muß schon beten oder muß noch beten; er kann hier eintreten in den Raum des Lebens Gottes, in den Raum Seines ›Ich bin da für euch‹ und er mag sich wandeln lassen von dieser sich anbietenden Liebe Gottes; er mag auf einem anderen Weg seinen Weg fortsetzen oder auf einem anderen Weg heimkehren, als er gekommen ist, weil er hier Menschen um Christus erlebt hat, die ihn ermutigten und stärkten; er mag verändert weggehen, weil er hier die Frucht eines Weinstocks verkosten durfte, die anders schmeckt als die Konsumangebote der vielen kleinen und großen Eß- und Trinkbarkeiten des Schnoor. Oder er mag auch nie wiederkommen. Immer bleibt die Freiheit des Angebotes unseres Gottes.

In Bremen, in dieser Stadt mit ihrer hanseatischen, bürgerlichen Tradition, mit ihrem Ringen um das Miteinander der Konfessionen, der Religionen, der Kulturen drängen viele

Die Birgitten während einer Kaffetafel in angeregter Unterhaltung

Menschen in den Schnoor. Mögen sie hier neben den tausend Attraktivitäten - vom dauernden Weihnachtsgeschäft bis zu den vielen kleinen Lokalen - auch etwas für ihre Seele finden in diesem Kloster!

›Schnoor‹ heißt Schnur, die Häuser sind aufgereiht wie auf einer Schnur. Mögen Menschen hier ihre ›Schnur‹ und in dem unübersehbar rotfarbenen Kloster ihren ›roten Faden‹, den Ariadne-Faden im Labyrinth ihres Lebens, wiederentdecken - oder erst aufnehmen!

Möge das hier gefeierte und angebetete Gastmahl der Eucharistie viele Gäste anziehen, die sich eingeladen fühlen, die Gastfreundschaft, das Leben dieses Hauses wahrzunehmen!

Mögen Sankt Johann und Sankt Birgitta im Schnoor ein gutes Paar miteinander bilden, um die Liebe des größeren Gottes erfahrbar zu machen, die einladende Liebe, die alle meint, wie auch immer sie kommen!

Deshalb Dank Ihnen, liebe Schwestern, die Sie sich auf diese Stadt einlassen wollen! Dank der Gemeinde, vor allem Propst Lüttel, für die Aufnahme! Dank der Stadt, den evangelischen Mitbürgern und allen Wohltäterinnen und Wohltätern!

Gottes Segen dem Kloster, der Kirche hier in Bremen und der ganzen Stadt Bremen! Amen.«

Was geschieht im Kloster?

Beichten, wie dazumal in Rom, kann man bei den Schwestern im Bremer Kloster nicht. Sein Herz ausschütten aber sehr wohl. Und das gleich in mehreren Sprachen. In Deutsch, in Italienisch, in Spanisch, in Polnisch und in Hindu nämlich. Denn aus diesen Ländern kommen die acht Schwestern: Eine aus Deutschland, zwei aus Indien, eine aus Italien, zwei aus Mexiko und zwei aus Polen.

Und im Kloster mitten in der umtriebigen City von Bremen gehen die Uhren anders als in den benachbarten Banken, Kneipen und Behörden. Das Birgittenkloster ist ein Platz der Ruhe und des Friedens mitten im Touristenquartier Schnoor, eine Stelle zum Durchatmen, zum Nachdenken, zum Zur-Besinnung-Kommen und Pausemachen mitten im Alltag. Kein neues Bildungshaus, in dem Manager trainiert, theologische Probleme gewälzt oder soziale Fragen erörtert werden, sondern eher eine Tankstelle der Spiritualität für Suchende.

Für 15 Gäste besteht im äußeren Konvent die Möglichkeit, ein paar Tage am Klosterleben zu schnuppern, zu relaxen und sich von den Schwestern geistlich, aber auch lukullisch verwöhnen zu lassen.

Bleibt hinzuzufügen, daß die sieben Birgittenschwestern mitten in der Stadt nach der Regel des Mönchsvaters Benedikt, präziser aus des heiligen Augustinus und der heiligen Birgitta »ora et labora« - »bete und arbeite« leben. Actio und contemplatio also in die richtige Balance bringen.

Das »ora« verwirklicht sich in der Konventsmesse sowie den täglichen Gebetszeiten. Denn der Tagesablauf der Schwestern ist vom Gebet bestimmt. Um 6.15 Uhr findet in der Kapelle das Morgengebet statt. Um 7.30 Uhr ist dienstags und freitags in der Klosterkapelle Gottesdienst. Ansonsten trifft man die Schwestern im Morgengottesdienst um 9.15 Uhr oder im Abendgottesdienst um 18 Uhr in der nahen Propsteikirche St. Johann. Von 10 bis 12 Uhr ist am Montag, Dienstag, Donnerstag und Freitag Anbetung, dem sich von 12 bis 12.20 Uhr das Mittagsgebet anschließt. 16.05 Uhr wird der Rosenkranz gebetet. Dem schließt sich um 16.30 Uhr die Anbetung und um 16.45 Uhr die Vesper an. Mit der Komplet um 20.50 Uhr beschließen die Schwestern das »ora« des jeweiligen Tages.

»Labora« bedeutet für die Schwestern, für ihre Gäste da zu sein. Ihnen steht die Tür der Kapelle offen, um an Gottesdienst, Gebet und Anbetung teilzunehmen. Und ihnen stehen die Birgitten als Zuhörerinnen, Gesprächspartner und - der biblischen Martha gleich - als Serviererin beim mittäglichen oder abendlichen Mahl zur Verfügung. »Servieren« heißt ja bekanntlich dienen.

Wie hatte doch Mutter Tekla bei der Einweihung des Klosters gesagt? »Wir sind hier zur Ehre Gottes und zum Dienst an den Schwestern und Brüdern.«

Und das alles nur drei Minuten von Dom und Rathaus und vier Minuten von der geschäftigen Obernstraße entfernt. Der richtige Ort, um die Seele einmal baumeln zu lassen und/oder wieder mit IHM ins Gespräch zu kommen.

Bleibt zu erwähnen, daß es in Deutschland noch ein Kloster des alten monastischen Zweigs des Birgittenordens gibt: die ehemalige Abtei und das heutige St. Birgitta-Kloster in Altomünster bei Augsburg. Ihm war bis 1803 ein Männerkonvent angeschlossen. Heute leben in Altomünster noch vier Birgittinnen.

Vor dem ersten Spatenstich. Noch ist das Kloster nur ein Modell. Die Freude über das Vorhaben ist dennoch groß. Von rechts: Initiator des Birgittenklosters, Propst Ansgar Lüttel, Prälat Matthias Richter, Neapel, Mutter Walburga, die erste Priorin des Klosters, Bauunternehmer Alfred Döpker, Schwester Daniela, Joachim Schnieders, Finanzdirektor des Bistums Osnabrück, Generalvikarin Mutter Elisa Famiglietti, Rom, Generaläbtissin Mutter Tekla Famiglietti, Rom, Andreas Mündelein, Geschäftsführung des Katholischen Gemeindeverbandes in Bremen, Architekt Ulrich Tilgner, Bremen, und Schwester Karin, Rom

Der Klosterbau: »Ein Hinweis darauf, daß die Welt von der Hingabe lebt«

Es liegt mitten im Schnoor, dem Bremer Altstadtviertel, durch das Tag für Tag ganze Horden von Bremen-Touristen geführt werden oder einzeln bummeln. Es liegt dennoch versteckt. Denn auffällig ist das am 19. Oktober 2002 eingeweihte Birgittenkloster auf den ersten Blick nur durch seine Farbe. Ein in die Augen stechendes Kreuz auf dem Turm zur Kolpingstraße hin fehlt.

Trotzdem kommt auch dieses Kloster nicht ohne Kreuz aus. Eines fällt dem Vorübergehenden ins Auge, wenn er direkt vorm Eingang des Klosters durch die Gitter des Klostertors in den Vorhof guckt. Da erblickt er an der Brücke zwischen Klausur und Gästetrakt eine Rosette. In ihr sieht er die Krone mit den fünf roten Punkten, die die Birgitten kreuzförmig über ihrem Schleier tragen. Es ist eine Erinnerung an das Leiden Jesu und seine fünf Wunden. Das zweite Kreuz hat der Bremer Architekt Ulrich Tilgner in das Treppenhaus integriert.

Das Motto der Ordensgründerin, St. Birgitta von Schweden, ist im Sockelbereich des Turms ins Glas gebrannt: »Amor meus crucifixus est« - »Meine Liebe ist der Gekreuzigte«. Auch diese Schrift ist abends am besten zu lesen.

Von innen heraus leuchten und in der Dunkelheit der Welt das erlösende Kreuz Jesu Christi sichtbar machen, das wollen die Dauerbewohnerinnen des Klosters, die Schwestern des Ordens vom allerheiligsten Erlöser, besser bekannt als Birgitten.

Doch wir sind vorausgeeilt: »Reicht der Platz zum Klosterbau?« fragt Propst Ansgar Lüttel den Architekten Ulrich Tilgner Anno 2000, als er sich mit dem Gedanken vertraut macht, im Schnoor ein Birgittenkloster zu bauen. Die Antwort des Architekten kommt schnell, lautet »Ja« und wird bald von einem Modell untermauert.

Ehrlich gesagt bedurfte es einer gehörigen Portion Phantasie, sich auf dem in Frage kommenden Gelände ein Kloster vorzustellen. Dort war zum einen die unansehnliche Ruine der alten Schnoorbäckerei. Deren Dach war eingeknickt und drinnen tummelten sich die Ratten. Außerdem gab es noch ein paar Garagen und einen nicht unbedingt schmucken Innenhof.

Die Frage, die sich Ulrich Tilgner stellt, lautet: Wie baue ich zu Beginn des dritten Jahrtausends nach Christi Geburt ein Kloster? Mitten in einer Großstadt. In einem Hinterhof. Tilgner macht sich die Aufgabe nicht leicht. Er besichtigt Klöster, und weil es um ein Birgittenkloster geht, besucht er selbstverständlich auch das birgittinische Ur-Kloster in Vadstena in Schweden.

Klar wird ihm bald, daß es bei einem Kloster um drei verschiedene Einrichtungen geht: Kein Kloster ohne Kirche, kein Kloster ohne Klausur und kein Kloster ohne Gästetrakt. Die Platzmöglichkeiten lassen Tilgner keine andere Wahl, als diese drei Essentials als eigene Baukörper in den Innenhof zwischen den Straßen »Am Landherrenamt«, »Süsterstraße«, »Schnoor« und »Kolpingstraße« zu setzen. Ein Abriß des Pfarrheims der Propsteigemeinde St. Johann an der Ecke Kolpingstraße/Süsterstraße, kommt - auch aus finanziellen Gründen - nicht in Frage.

Wohlan! Nähern wir uns nach diesem Vorwort sozusagen an der Hand des Architekten dem Kloster!

Der äußere Konvent oder der Gästetrakt

Versteckt man Klöster in der Frühzeit in der Wüste oder in den Wäldern, so plaziert man sie später weithin sichtbar auf Berge oder Hügel. Beides oft weit von den Menschen entfernt, denn die ersten Klöster werden von Eremiten gegründet. Erst die Bettelmönche gehen mit ihren Klöstern in die Städte. Wenn auch bewußt schlichter gebaut als die aufwendigen Kathedralen, machen sie trotzdem was her und damit auf sich aufmerksam. Denn die Kirchen der Minderbrüder überragen selbstverständlich die umliegenden Häuser um einiges, auch wenn sie auf einen Glockenturm verzichten und mit einem Dachreiter vorliebnehmen.

Natürlich will auch Tilgner »sein« Kloster nicht verstecken. Es soll »nicht einfach in die geschlossene Bauweise der Straße eingereiht« werden und »als ein profanes Haus unter anderen profanen Häusern, die dort stehen, untergehen«. Daher kommt er auf die Idee, das Kloster solle sich »als ein Turm stark zur Straße hin darstellen«. Ein Turm ist ein Symbol für Weitsicht und Übersicht sowie für Wehrhaftigkeit und Stärke, als Kirchturm ist er quasi ein Fingerzeig nach oben.

Auf jeden Fall fällt er auf, weil er die anderen Bauten überragt. Das tut er im Falle des Birgittenklosters zwar nur sehr eingeschränkt. Und sein Dach endet nicht spitz, sondern ist lediglich ein wenig geneigt. Das könnte man symbolisch sehen: Im Kloster geht es um Höheres. Der Turm ist somit das Wahrzeichen des Klosters in dieser Straße. Simpel ausgedrückt: Es macht deutlich, daß hier ein Kloster steht.

Das Einzigartige des Turms unterstreicht Tilgner durch die ungewöhnliche Farbe. Auch sie sticht ins Auge. Exakt das soll sie auch. Terrakotta nennt Tilgner seine Klosterfarbe und er erläutert: »Terrakotta ist eigentlich eine ganz alte Farbe. Die haben die Menschen aus einem Naturprodukt, aus Ton und Eisenerz etc. gewonnen und haben daraus eine warme Farbe gemacht. Damit wurden ganz früher nicht nur die Häuser angemalt, sondern auch die Toten beschmiert. Terrakotta ist mithin die Farbe des Lebens, ein Symbol des Lebens.«

Tilgner nennt dies »einen ganz wichtigen Punkt«. Recht hat er, denn auch hier geht es um Symbolik. Nimmt man das Grün des benachbarten Pfarrzentrums hinzu, so strahlen die beiden Häuser zusammen Hoffnung und Leben aus.

Mehr noch: Rot gilt allgemein als die Farbe des Blutes, des Krieges, des Feuers und der Liebe. Ersteres und letzteres ma-

Das Relief mit der lateinischen Inschrift erinnert an den »Schwedenspeicher«, den vormaligen erzbischöflichen Kornspeicher

Ein Blick in den Klosterhof mit Klausur, rechts, und Kapelle, Mitte

chen in der christlichen Symbolik das Rot zur Farbe des erlösenden Opfers Christi. Während Grün die Farbe der Hoffnung wie der Auserwählten ist. Zusammen mit Rot ist es in der christlichen Symbolik der Hinweis auf Gott, den Vater.

Werfen wir noch schnell einen Blick auf den Sockel des Turms. Dessen Rotsymbolik wird nämlich im Fensterband des Erdgeschosses aufgegriffen. Hier ließ der Architekt in das graue Glas den Wahlspruch der heiligen Birgitta eingravieren: »Amor meus crucifixus est«, wir hörten bereits davon. Nimmt man den ganzen Turm in den Blick, könnte man formulieren: Von Christus her kommen wir zum Vater. Oder: Unser Glaube an Gott hat sein Fundament in Jesus Christus, seinem Sohn. Wir fügen hinzu: Der Geist Gottes wirkt hoffentlich im Kloster wie im Pfarrheim.

Auf den »Gekreuzigten« weist auch der Treppenturm hin, und zwar durch das erwähnte Kreuz. Es wird im Treppenhaus zwischen dem in Grün gehaltenen Pfarrheim und dem in Terrakotta gestrichenen Gästetrakt des Klosters sichtbar. Das Kreuz wächst in Klarglas aus dem übrigen Milchglas heraus.

»Abends ist das natürlich besonders spannend. Da dreht sich alles um, alles ist dunkel, nur das Treppenhaus leuchtet und dadurch wird das Kreuz ganz stark in den Vordergrund gerückt«, erläutert Tilgner. Könnte heißen: In der Hektik des Alltags wissen vor allem die im Kloster um die erlösende Wirkung des Kreuzes, doch wenn es Abend wird, sei es im Alter, in Krankheit oder Not, dann nehmen auch andere das Kreuz wahr und es strahlt ihnen erlösend entgegen.

Anders ausgedrückt: Hier wird ein Kontrapunkt zu dem gesetzt, was man im allgemeinen denkt. Klartext: Ein Betrachter unseres einst christlich geprägten Abendlandes würde nämlich laut Eberhard Stammler denken: »Das christliche Abendland ist weithin nicht mehr am Kreuz orientiert, sondern am goldenen Kalb.« Die Antwort der Birgitten: Für uns ist das Kreuz weit mehr als ein modischer Halsschmuck.

– Und was das »goldene Kalb« angeht, so hatte sich Senator Josef Hattig bereits in einem Grußwort zur Einweihung geäußert: »Kloster, welche Art von Investition ist das? Investitionssumme, laufender Betriebsaufwand, Kapitaldienst, Return on Investment, Standortqualität ..., kurz und bündig – in einem langen Berufsleben geübt: Läßt es sich rechnen, überhaupt und in welcher Zeit?! Das Kloster lächelt mich an. Was für Fragen. Ich lächele zurück, versetze mich in die klösterliche Stille und antworte mit Don Bosco: ›Gutes tun, fröhlich sein und die Spatzen pfeifen lassen‹. Und das mitten in Bremen«, so Hattig. –

Am liebsten hätte Tilgner in der Sockelzone eine Art Schaufenster angebracht. Mit ihm werben schließlich die umliegenden Läden für sich. Doch das schied aus: Die Schwestern wollten kein Fenster zur Straße hin. Sie wollten nicht einsehbar sein und nicht auf dem Präsentierteller sitzen. Tilgner fand das zwar »schade«, hat dann aber die Idee, ein Stück Geschichte des Ordens in der Sockelzone zu präsentieren. Den Tip dazu bekommt er am neuen Kloster in Vadstena. Dort sind die Klöster des alten Ordenszweigs durch Steine aus den Abteien repräsentiert.

Der Tilgnersche Geschichtsfries fängt mit dem Relief an, das am Pfarrheim angebracht ist. Es erinnert an den Schwedenspeicher und daran, daß die Schweden von 1648 bis 1723 in Bremen präsent waren. Ihnen gehörte der Dom und die zahlreichen Domkurien. Einige von ihnen lagen wie die Schwedenscheune bzw. später die Niedersachsenscheune an der Gartenstraße, heute Kolpingstraße. Reste davon wurden beim Bau des Klosters im Boden entdeckt und beseitigt. Wenn man so will, kam man von diesem Stein, weil er alt ist und an Schweden erinnert, gedanklich den Bogen zu den beiden Ordensgründerinnen schlagen, zur heiligen Birgitta aus Schweden (1302/03-1373) und zu Maria Elisabeth Hesselblad (1870-1957).

Und das Relief erinnert daran, daß das Gelände an der früheren Gartenstraße schon mal in kirchlichen Händen war: Denn der »Schwedenspeicher« ist nichts anderes als der vormalige erzbischöfliche Kornspeicher. Symbolischer geht es nimmer: Kornspeicher und Bäckerei an dem Ort, an dem nun das »Brot des Lebens« ausgeteilt und als Leib Christi angebetet wird.

Zwischen den Gittern im Sockelbereich des Turms folgt in kleinen Schildern die Geschichte der Klostergründungen aller Birgittenklöster dieses Ordenszweigs, den die Schwedin, Mutter Maria Elisabeth Hesselblad, 1911 erneuert hat. Man entdeckt 38 Täfelchen. Sie verdeutlichen, weshalb dieser Orden boomt. Er beschränkt sich nämlich nicht auf das in Sachen Christentum alt und träge gewordene Mitteleuropa. Seine Reserven kommen aus Asien und Lateinamerika. Wir lesen: Italia, Via delle Isola, Roma, 1919; Svezia, Djursholm, 1923; Svizzera, Lugano, 1924; Ingilterra, Iver-Heath, 1931; Italia, Piazza Farnese, Roma, 1931; India, Marikunnu, 1937; USA, Darien, 1957; India, Bangalore, 1959; India, Kalamassery, 1961; India, Pallavaram, 1966; Italia, Assisi, 1966; India, Mysore, 1967; Svezia, Falun, 1968; Messico, Tacambaro, 1970; India, Nantoor, 1977; India, Trivandrum, 1978; India, Puttur, 1978; Messico, Citta del Messico, 1979; Messico, La Paz, 1984; Finlandia, Turku, 1986; Italia Farfa, 1987; Polonia, Czestochowa, 1990; India, Sipcot, 1990; Roma, Oligiata, 1991; India, Goa, 1994; Estonia, Tallin, 1994; Messico, Colina, 1995; India, Chicmaglor, 1995; Danmarcia, Naestved, 1995; Finlandia, Helsinki, 1996; India, Karnool, 1997; Polonia, Gdansk, 1997; Napoli-Camaldoli, 1998; Norvegia, Trondheim, 1998; Filipina, Tagaytay, 1998; Ingilterra, Birmingham, 1999; India, Belgaum, 2000; India, Mumbay 2000.

»Hat man das letzte Schild passiert, kommt der Witz«, wie Tilgner sich ausdrückt: »Ich gucke durch das Gitter in den Klosterhof, und was sehe ich? Da ist das Bremer Kloster, im Jahr 2001 gegründet und 2002 eingeweiht. Die Nummer 39 in der Reihe der Birgittenklöster. Am Sockel zwischen der kleinen und der großen Pforte steht deshalb: Germania, Bremen 2001«.

Und so ist Tilgner schlußendlich doch noch zu seinem Schaufenster gekommen. Für ihn ist »der ganze Sockel« nämlich »wie ein Schaufenster in die Geschichte des Birgittenordens«.

– Was nicht im Schaufenster steht, sei schnell hinzugefügt: Daß der Orden wächst und gedeiht, mag man auch daran ablesen, daß inzwischen in Bethlehem und sogar in Santiago de Cuba ein Birgittenkloster eröffnet wurde. Letzteres mit dem »Segen« des Maximo Lider Fidel Castro wie des Papstes Johannes Paul II. –

Zum »Schaufenster« gehört aber auch das, was der Betrachter sieht, wenn er durch die Scheibe schaut. Die Scheibe ist hier das Gitter des Tores. Dort springt dem Betrachter von der Brücke zwischen dem Konventsgebäude und dem Gästetrakt das Symbol der Birgittenschwestern entgegen: ihr Krönchen, das sie über dem Schleier tragen, auf dem die fünf Wundmale Jesu Christi mit fünf roten Punkten dargestellt sind. Es ist die materialisierte Form des Ordensmottos: »Amor meus crucifixus est«.

»Die Brücke ist eine verbindende und gleichzeitig eine trennende Brücke«, erläutert Tilgner. Zur Straße hin bildet sie eine Mauer, mit nur einem Loch drin, der Rosette mit den fünf Wundmalen Jesu. Zum Innenhof des Klosters hin ist die Brücke hingegen völlig offen verglast.« Sie deutet symbolisch an, was das Ordensleben ausmacht: Nicht das Äußere oder

Die Kapelle des Klosters ist geostet, so wie St. Birgitta es im schwedischen Urkloster Vadstena anordnete. Das Licht fällt mithin von Osten durch das große Fenster in das kleine Gotteshaus

die Welt steht im Mittelpunkt, sondern das Innere, die Seele ist es, um die man sich im Kloster vorrangig kümmert.

Hat man das Klostertor aus verzinktem Stahl geöffnet, dann steht man im Vorhof. »Hier ist der Eingangsbereich, hier kommen die Gäste an und hier treffen die Schwestern den Gast.« Und in der Garage kann man sogar sein Auto unterbringen, um es dann unter Umständen für Stunden oder Tage zu vergessen.

Denn nun genießt der Gast die Gastfreundschaft der Schwestern. Und die sind sich bei ihrem Tun durchaus bewußt, daß sie in biblischem Geiste handeln. Denn im Evangelium wird das Heilswerk Jesu häufig im Bild der Einladung geschildert. Ja, laut Matthäus wird der Gast dem, der ihn aufnimmt, nicht nur zum Nächsten, sondern im Gast ist Christus präsent: »Was ihr dem geringsten meiner Brüder (und Schwestern) getan habt, das habt ihr mir getan.« Und im Hebräerbrief wird den Gläubigen geraten: »Vergeßt die Gastfreundschaft nicht, denn durch sie haben einige, ohne es zu ahnen, Engel beherbergt.«

Bedeutsam für die Entwicklung der christlichen Gastfreundschaft wird die Regel des heiligen Benedikt, die erste Mönchsregel in der römischen Kirche, die zum Vorbild aller anderen Regeln wird. Man nennt sie nicht zu Unrecht das »Grundbuch mittelalterlicher Gastfreundschaft, des Herberge- und Pilgerwesens«. In ihr liest man im Kapitel 53: »Alle ankommenden Gäste sollen wie Christus aufgenommen werden, weil dieser selbst einst sprechen wird: Ich war ein Fremdling und ihr habt mich aufgenommen ... Der Aufnahme von Armen und Pilgern werde vor allem die größte Sorgfalt zugewandt; denn in ihnen wird Christus besonders aufgenommen.« Ja, die Gastfreundschaft hat für Christen gar einen eschatologischen Charakter. Er übt sie, weil er selbst Gast auf Erden ist und hier keine bleibende Stätte hat.

Beim Betreten des konkreten Gästetrakts des Birgittenklosters im Schnoor wird der Gast von einer Büste der heiligen Birgitta begrüßt. Das Krönchen auf ihrem Schleier ist unübersehbar. Die Büste stammt aus dem Nachlaß des Prälaten Dr. Stanis-Edmund Szydzik, Berlin-Köln, und wurde den Schwestern von Prälat Dr. Günter Assenmacher, Köln, zur Einweihung übergeben. Wie Sägespuren an ihrem unteren Teil vermuten lassen, könnte es sich um den Rest einer Birgittenstatue handeln. Laut Aussage von Prälat Assenmacher erwarb Dr. Szydzik die Büste bei einem polnischen Antiquar. Und der Prälat glaubte, sie könne aus dem Birgittenkloster in Danzig stammen. Auf der gegenüberliegenden Wand findet man ein Foto der zweiten Ordensgründerin: Mutter Maria Elisabeth Hesselblad.

Daneben ist die Tür zum kleinen Empfang nebst Empfangstresen. Hier bekommt der Gast seinen Schlüssel und die Zimmerzuweisung, auch Prospekte, die über den Birgittenorden und das Kloster informieren.

Die erste Etage im Gästetrakt gehört zur Klausur. In ihr befindet sich die Klosterküche und das Refektorium der Schwestern. In den Stockwerken darüber kommen die Gäste unter. Gästetrakt und Kloster gehören von Anfang an zusammen. Wie heißt es doch in der Regel des heiligen Benedikt? »Alle Fremden, die kommen, sollen aufgenommen werden wie Christus.« »Deine Liebe sei über dem Menschen, den Du erschaffen hast.« Das ist das Motto der heiligen Birgitta, nach dem sich die Bremer Birgitten im Gästetrakt um ihre Gäste kümmern.

Letzteres geschieht beispielsweise ganz oben im kombinierten Speisesaal und Aufenthaltsraum. Ihn schmückt eine Ikone der »Muttergottes von Smolensk« aus dem 18. Jahrhundert. Ihr Urbild ist der Legende nach vom Evangelisten Lukas gemalt worden. Eine byzantinische Prinzessin soll die Ikone Anno 988, als sie mit dem Großfürsten Wladimir von Kiew verheiratet wurde, von Byzanz nach Rußland mitgebracht haben. Der Kiewer Großfürst Wladimir Monomach habe sie dann 1101 in der Kathedrale von Smolensk aufgestellt. Tatsache ist: Die Ikonen der Gottesmutter von Smolensk sind erst seit dem 14./15. Jahrhundert in Rußland bekannt. Ihr Typ ist der der klassischen Hodigetria, der Wegweiserin. Das Kind sitzt auf dem linken Arm der Gottesmutter und schaut den Betrachter an. Jesus hält in seiner Linken eine Schriftrolle und macht mit der Rechten einen Segensgestus.

Unter diesem Bild kann man über den Glauben reden, Fragen stellen und beten, ohne daß man von irgend jemandem mitleidig belächelt wird. Man kann aber auch einfach dasitzen und vor sich hin schweigen, denn hier oben herrscht mitten in Bremen eine nahezu himmlische Ruhe.

Und von der Veranda gegenüber der Ikone hat man eine wunderschöne Aussicht auf den Schnoor und Teile der Bremer Altstadt bis zur Weser hin. Blickt man nach ganz rechts, so kann man den »ökumenischen Ausblick« genießen: Man sieht zur Rechten die beiden Türme des evangelischen St. Petri-Doms und vor sich Chor und Dachreiter der katholischen Propsteikirche St. Johann.

»Klein und bescheiden sind« laut Tilgner auch »die Möbel« im Kloster. Sie sind von einer jungen Arbeitsloseninitiative aus dem Emsland extra für dieses Haus gebaut worden. Den Tip, sich an diese Arbeitsloseninitiative zu wenden, bekam Tilgner vom Osnabrücker Generalvikar Theo Paul. Der unterstützt die neun jungen Leute nämlich, die abgerutscht waren und wieder auf den rechten Weg kommen wollen. Tilgner läßt sich überreden, von Menschen, »denen man gar nicht mehr zutraut, daß sie so etwas Wunderbares bauen können«, die Möbel fürs Kloster aus Ahornholz erstellen. Sein Urteil: »Sie haben sich bei weitem übertroffen. Genau nach unseren Plänen sind die Möbel hergestellt und auch pünktlich eingebaut worden.« Diese Möbel stehen sowohl im Bereich der Klausur, wo nur die Schwestern wohnen und schlafen, als auch im Gästetrakt und in der Kapelle.

Und noch etwas: Dieses Kloster ist nicht der hinterhältige Versuch, neuen Nachwuchs via Gästehaus zu rekrutieren. Nicht um die Probleme des Klosters geht es, sondern um ein Angebot für Menschen »draußen«, die die Jahrhunderte zurückreichenden Erfahrungen der

Blick zum Altar in der Kapelle bei der nachmittäglichen Vesper

Schwestern nicht ignorieren, sondern modern nutzen wollen. Denn so weit sind die Erfahrungen der Birgitten von der Jetztzeit gar nicht entfernt. Und: »Nach dem Gebetbuch oder der Gläubigkeit fragt niemand. Religion wird niemandem aufgedrängt. Der Freiraum des einzelnen bleibt respektiert. Das Angebot der Spiritualität bleibt diskret, aber präsent. Fragen stehen nicht auf dem Zeitplan, Antworten schon eher und sei es nur die der wiedergefundenen Gelassenheit«, wie Hanspeter Oschwald es in »Zeit für Klöster« formuliert.

Der innere Konvent oder die Klausur

Die Klausur ist an das Nachbarhaus angelehnt und mit einem Zugang zur Kapelle versehen. Es ist der »innere Konvent«, ein Trakt mit acht Zellen bzw. Zimmern für die acht vorgesehenen Schwestern nebst einem kleinen Büroraum für die Oberin.

Das Äußere ist schlicht. Der Bau ist zum Innenhof durch acht große Fenster gegliedert. Hinter denen sind die schlicht eingerichteten Zimmer/Zellen der Schwestern. Die Klausur erinnert in ihrer Einfachheit an die »Grundregel« des Ordens. Originalton Birgitta: »Die Grundregel dieses Orden und des Heiles ist wahre Demut, reine Keuschheit und freiwillige Armut.«

Trotzdem geht es in den Zellen ein wenig komfortabler zu, als es nach Birgittas Anweisung zugehen sollte: Das »regelmäßige Lagergerät« besteht heute nicht mehr »aus Streu«. Und darüber liegen auch keinesfalls »zwei Laken von grobem Tuch, aber ohne Leintuch und Federkissen«. – Nur unter dem Kopf war dazumal ein »Federkissen« erlaubt. – Heute stehen in den Zellen ganz normale Betten, natürlich mit »Federkissen«. Denn die »wahre Demut« läßt sich auch ohne »Streu« üben.

Das Licht für den Flur nebst Treppenhaus, das an das benachbarte Haus angelehnt ist, kommt notwendigerweise von oben. Doch auch das läßt sich symbolisch deuten. Stammt doch die Regel, nach der die Schwestern in Klausur wie Kloster leben, der Überlieferung nach »von oben«. Christus selbst hat Birgitta die Regeln ihres Ordens in ihren Visionen diktiert.

Die Kapelle

Um das »oben« geht es vor allem in der Kapelle. Sie steht nahezu frei und ist lediglich mit einem separaten Zugang von der Klausur her versehen, wie es die Ordensregel vorschreibt.

Entgegen der Ordensregel Birgittas ist die Kapelle jedoch nicht »aus Steinen« gebaut, »die aus dem Felsen gehauen oder in der Erde gefunden« wurden. Allerdings gehorcht man der Regel insofern, als man auch keine »Ziegelsteine« benutzte, sondern Kalksandsteine.

Die Kapelle steht aus den Zwängen des Baugeländes heraus an der Stelle der alten Schnoorbäckerei. Besser kann sie gar nicht stehen. Denn ihr Platz ist auf jeden Fall symbolträchtig: Wo sonst das tägliche Brot gebacken wurde, wird jetzt das Brot des Lebens ausgeteilt.

Die Kapelle steht außerdem in einer Achse mit der alten Franziskanerkirche St. Johann. Mit der Klosterkirche von Vadstena hat sie gemein, daß sie nicht nach Osten, sondern nach Westen ausgerichtet ist.

Der Raum selbst verengt sich zum Altar hin. Er macht somit klar, wo das Zentrum ist. Das unterstreicht auch die Decke, die sich in Stufen zum Altar hin neigt. Beides deutet an, daß man sich klein machen muß, um vor Gott hintreten zu können, und daß man sich nur in Stufen dem Geheimnis Gottes nähern kann.

Durch die Fenster fällt das Licht von oben wie von hinten in die Kapelle. Wenn man einmal erlebt hat, wie die Sonnenstrahlen des Morgens während eines Gottesdienstes langsam in die Kapelle eindringen, dann braucht man nicht lange zu überlegen, was das bedeutet: Gott ist größer als wir Menschen und er steht dennoch hinter einem jeden von uns.

In das große Fenster der Kapelle, das der Senat gestiftet hat, hat der Künstler Werner Grohs aus Wernigerode Texte aus den Visionen der heiligen Birgitta eingearbeitet. »Die Kloster waren lange Zeit Orte des Buchs«, begründet Architekt Tilgner die künstlerische Darstellung im Fenster. »Hier wurden die Bücher abgeschrieben und in Bibliotheken aufbewahrt.« Und hier konnte man sie auch lesen.

Im Fenster ist sozusagen das Buch der Visionen der heiligen Birgitta aufgeschlagen. Einige ihrer Zitate erstrahlen im morgendlichen Sonnenglanz, vorausgesetzt, die Sonne scheint in Bremen ... Die Sonnenstrahlen, die die Texte erleuchten, deuten an, woher Birgitta diese Worte hat: von oben. Das deutet auch das Kreuz an, das die Seiten im Fenster trennt. Und es verweist wieder auf die birgittinische Quintessenz: Amor meus crucifixus est.

In den Fenstern, die von der Glaswerkstatt F. Schneemelcher in Quedlinburg gefertigt wurden, steht in etwas altertümlichem Deutsch folgendes Gebet, das hier in modernem Deutsch zitiert werden soll:

O Herr, komme bald
und mache die Nacht hell.
So wie Sterbende sich sehnen,
so sehne ich mich nach Dir.
Sag meiner Seele, daß nichts geschieht,
ohne daß Du es tust
und daß nichts,
was Du tust, trost-los ist.
O, Jesus, Gottes Sohn,
du standest stumm vor denen,
die Dich verurteilten,
halte meine Zunge zurück,
bis ich mich besinnen kann,
was und wie ich reden soll.

Zeige mir den Weg
und mach mich willig,
ihn zu gehen.
Schlecht ist es zu zögern
und gefährlich weiterzugehen.
Erfülle Du meine Sehnsucht
und zeige mir den Weg.

Ich komme zu Dir,
wie der Verletzte zum Arzt.
Gib, o Herr, meinem Herzen Ruhe.
Amen. - Birgitta -

Die Fenster halten sich auch nahezu exakt an Birgittas Ordensregel. Nach der dürfen die Glasfenster nur von weißer und blauer Farbe sein. Die gedämpften Farben des Bremer Fensters hätte sie sicher akzeptiert.

»Papst Johannes XXIII. hat gesagt: Die Fenster der Kirche sollen weit zur Welt hin geöffnet werden«, so der Osnabrücker Domdechant Dr. Heinrich Heitmeyer anläßlich der ersten Heiligen Messe, die er am 20. Oktober 2002 in der Kapelle zelebriert. Er fügt hinzu: »Aber wer Johannes XXIII. gekannt hat, der weiß, daß es ihm beim Fensteröffnen nicht nur um eine Richtung ging. Er meinte vielmehr auch, dadurch der Welt wieder eine intensive Begegnung mit dem Transzendenten zu ermöglichen.«

Der Apostolische Protonotar Dr. Heinrich Heitmeyer fuhr fort: »Dazu ist eine Kapelle gebaut. Und dazu hat sie bestimmte Orte.« Welche, das erläuterte er in seiner Predigt: »Jedes Gotteshaus hat einen Ort des Wortes, der Verkündigung. Es gibt das Ambo oder die Kanzel in größeren Kirchen. ›Im Anfang war das Wort‹, so beginnt das Johannesevangelium. Damit ist der Anfang schlechthin gemeint. Gott hat von Ewigkeit her das Wort gesprochen. Das Wort ist der Sohn und die Brücke dazwischen der Heilige Geist. Das Wort ist also nicht nur Schall und Rauch, sondern es ist von Ewigkeit her etwas Existentielles - der ewige Sohn Gottes. Und es ist in der Zeit etwas Existentielles - das All. Ohne das Wort

Hoher Besuch im Kloster: Paul Kardinal Poupard, Rom, Präsident des Päpstlichen Rates für Kultur, feiert am 11. Juli 2004 mit Monsignore Gergely Kovacs, Rom und mit den Birgitten die Eucharistie in der Klosterkapelle

wäre nichts. Nicht unsere Meinung ist die Mitte, sondern das Wort, das auf uns zukommt, das wir hören, das uns trägt, durch das wir sind.«

Wenn der Prediger jedoch Probleme habe anzukommen, so liege das u.U. auch an einem Paradigmenwechsel, auf den der Osnabrücker Philosoph Böder aufmerksam mache. Bis vor wenigen Jahrzehnten sei unbestritten die am häufigsten gestellte Frage vom Kind bis zum Greis die Frage: Warum? gewesen. »Dieses Warum signalisiert: Es gibt einen Sinn, denn sonst brauchte ich nicht: Warum? zu fragen. Es gibt den Logos. Es gibt das Vorgegebene, von dem her ich etwas erfahren könnte, auf das hin ich mich orientieren kann. Heute hingegen fragt man: Warum nicht?« Heitmeyer: »In dieser Kapelle erinnert dieses Ambo an die Tatsache, dass es das Wort gibt, das alles trägt, und es nicht unsere Meinung ist, die trägt.«

»Jedes Gotteshaus hat den Altar, das Kreuz und den Tabernakel. Das Wort ist nämlich, als diese Welt durch den Sündenfall sich falsch entwickelte, Fleisch geworden. In diesem Ereignis kommt die Liebe Gottes auf uns zu. ›So sehr hat Gott die Welt geliebt, daß er seinen eigenen Sohn dahingab‹. Jedes Gotteshaus ist eine zeichenhafte Verkündigung, ein Hinweis darauf, daß die Welt vom Sich-Loslassen lebt, von der Hingabe.« – Und davon leben auch die Birgitten. –

»Drittens ist die Kapelle einfach der Raum der Stille. Dieser Raum ist kein Loch, einfach nichts, sondern dieser Raum ist der Geist. Das ist der Geist, von dem Christus sagte: ›Wenn ich von euch gegangen bin, dann werde ich euch einen anderen Tröster senden‹.

Dieser Geist baut uns alle auf zu lebendigen Steinen mit dem Eckstein Jesus Christus, der die Neuschöpfung bewirkt hat.«

Nach Birgittas Ordensregel sollen »an den Kirchenwänden keine anderen Bilder« hängen, »als allein Christi Leiden und das Andenken der Heiligen«. Begründung: Denn häufig haben die in die Kirche Eintretenden mehr Freude am Anblick der Bilder an den Wänden als an den Wohltaten Christi.

In der Kapelle des Birgittenklosters gibt es nur zwei »Bilder«, das Bronzekreuz hinter dem Altar und die Ikone der Muttergottes von Wladimir neben der Tür zur Klausur. Ansonsten sind die beiden Seitenwände von einem modernen Chorgestühl ausgefüllt, in dem die Schwestern während der Gottesdienste und Gebete Platz nehmen.

Kreuz, Ambo, Altar und Tabernakelstele schuf Günter Lang aus Eichstätt. Der Korpus des Gekreuzigten ist in das Bronzekreuz integriert. Man muß schon genau hinsehen, um ihn zu erblicken. Unter Umständen ist exakt das gewollt. Ist doch der Anblick des Kreuzes in unseren Gegenden inzwischen alltäglich geworden, weil es zur Dekoration von Hinz und Kunz gebraucht bzw. mißbraucht wird. Da bedarf es schon des genauen Hinsehens, um seine eigentliche Bedeutung wiederzuentdecken: Aus einem Zeichen der Niederlage und Schande wurde ein Zeichen des Sieges und der Ehre, weil ER daran hing und nicht im Tode blieb. Das Kreuz verkündet mithin: »Das Leben ist keine Sackgasse zum Tod, sondern eine Einbahnstraße über den Tod hinaus auf Gott hin«, so Bischöfin Margot Kaesmann.

Unter dem Kreuz erblickt man eine von Werner Grohs künstlerisch gestaltete Glasscheibe. Darunter ist eine Glasplatte, die von schwarzen Eisenstäben getragen wird. Sie weist auf den hin, der im Zeichen des Brotes vor der Scheibe in der Monstranz ausgestellt und von den Schwestern und ihren Besuchern verehrt und angebetet wird.

Schlicht schwarz ist auch der Tabernakel in der hellen Tabernakelstele. Schwarz ist die Farbe der Weltverachtung wie der Demut. Und demütig beugt ein gläubiger Christ sein Knie, wenn er am Tabernakel vorbeigeht oder die Kapelle betritt.

Das Ambo, aus gleichem Stein wie Altar und Tabernakelstele, scheint in der Mitte gespalten zu sein. Das scheint aber nur so. Blickt man genauer hin, zieht sich nur eine Rille von oben nach unten durch den Stein. Altes und Neues Testament, die von diesem Pult aus im Gottesdienst vorgelesen werden, sind zwei verschiedene Bücher. Das Alte Testament, besser die Hebräische Bibel, teilen die Christen sich mit den Juden. Das Neue Testament bzw. die vier Evangelien, die Apostelgeschichte, die Briefe und die Apokalypse sind nachträglich zur Bibel hinzugefügt worden. Für die Christen bildet aber beides zusammen ihre eine Bibel.

Der Altar, ein nahezu quadratischer Steinblock, ist auf seiner Oberfläche mit fünf Kreuzen gezeichnet. Sie verweisen auf Christus und seine fünf Wunden. »Was ist der Altar Christi anders als das Bild des Leibes Christi?« fragt der heilige Ambrosius. – Deshalb hat er wohl auch aus einem Stein zu sein. – St. Ambrosius fügt hinzu: »Der Altar stellt den Leib Christi dar und der Leib Christi ist auf dem Altar« im Gottesdienst. Der christliche Altar ist Opferaltar und Tisch des Herrn zugleich.

Nicht im Altar, sondern sichtbar vorm Altar ist das Reliquiengrab. In ihm wird unter einer Glasscheibe das versiegelte Kästchen sichtbar, in dem eine Reliquie der heiligen Birgitta enthalten ist. Mutter Tekla brachte sie zur Einweihung aus Rom mit. Bischof Dr. Franz-Josef Bode mauerte sie dort ein. Bleibt zu hoffen, daß das Vorbild der heiligen Birgitta, unerschrocken ihren Glauben zu verkünden, von ihren Töchtern nachgeahmt wird.

Da Birgitta eine große Marienverehrerin war, darf ein Marienbild in der Kapelle nicht fehlen. Deshalb hängt neben dem Eingang zur Klausur die russische Ikone der »Muttergottes von Wladimir« aus dem 17. Jahrhundert.

Der Legende nach geht auch diese Ikone auf den heiligen Lukas zurück. Der Kaiser Theodosios soll sie 450 von Jerusalem nach Konstantinopel gebracht haben. Der Patriarch Lukas Chrysoberges habe sie dann dem russischen Fürsten Juri Dolgoruki geschenkt. Der Fürst Andrej Bogoljubski bringt sie dann 1155 nach Wladimir an der Kljasma. Und von daher hat sie ihren Namen.

Sie ist in Rußland hochverehrt, weil dieser Ikone die Befreiung Moskaus von Tamerlan im Jahr 1395, die Abwehr der Tataren in den Jahren 1480 und 1521 und die der Polen im Jahre 1612 zugeschrieben wird. Sie ist heute in der Tretjakow-Galerie in Moskau zu besichtigen und gehört zu den bekanntesten Ikonen überhaupt.

Im Gegensatz zur »Muttergottes von Smolensk« ist sie der Typ der liebenden Mutter. Denn Jesu und Mariens Gesichter berühren einander. Und Jesus umfängt den Hals seiner Mutter liebevoll. Die Muttergottes schaut den Beter ernst an und verweist ihn mit ihrer Linken auf Jesus. Ein Bild, vor dem man so richtig sein Herz ausschütten kann. Nicht umsonst gehört diese Ikone zum Typ der »Gottesmutter des Erbarmens«.

Das Kloster verfügt seit 2004 auch über eine Orgel. Es handelt sich bei ihr um ein einmanualiges Positiv mit vier Registern und geteilten Schleifen, das von der Orgelbaufirma Werner Bosch aus Niesetal-Sangershausen 1974 für die Kapelle des Altenheims St. Michaels-Stifts in Strücklingen im Saterland gebaut wurde. Die Orgel wurde von Kirchenmusikdirektor Wilfried Langosz am 4. Februar 2004 in der abendlichen Vesper zum erstenmal gespielt. An der Vesper, die Msgr. Ansgar Lüttel leitete, nahmen außer den Birgitten auch die katholischen und evangelischen Bischöfe und Bischöfin Margot Kaesmann aus Niedersachsen teil. Sie hielten ihr traditionelles Februartreffen erstmals in Bremen ab.

Die Anschaffung der Orgel unterstreicht, daß die Kapelle, wenn sie auch noch so versteckt liegt, die Mitte eines jeden Klosters ist. Denn in ihrer Mitte ist Christus. Vor ihm, in der Gestalt des Brotes, knien Tag für Tag die Birgitten im Gebet, einem Gebet, in dem auch die eingeschlossen sind, für die das Gebet schon lange keine tägliche Gewohnheit mehr ist.

Die Gebete, das Knien und Schweigen vor Gott, ja, die Schwestern selbst sind für jemanden, der glaubt, ein Angebot, neue Vorsätze zu fassen. Für jeden anderen eine wunderbare Gelegenheit, sich vom Trott des Alltags zu lösen und in eine andere, unbekannte Welt einzutreten. Die Zeit im Kloster ist jedenfalls eine Zeit, die einen verändern kann.

In Peter Seewalds »Schule der Mönche«, formuliert »Pater John« das so: »Sie werden nie, wirklich niemals, ein Kloster wieder verlassen, ohne nicht auch etwas mitzunehmen. Alles ist möglich. Es muß nicht gleich eine spirituelle Revolution ausbrechen. Und es muß nicht ihr ganzes Leben verändern. Aber es kann ihnen helfen, zu sich selbst zu finden und ihre ganze Existenz besser, fröhlicher und gefestigter zu machen.«

Lohnt das nicht einen klitzekleinen Blick hinter die Klostermauern im Schnoor?

Birgitta aus dem ehemaligen Birgittenkloster Maihingen,
Privatbesitz des Fürsten Oettingen-Wallerstein

Die heilige Birgitta von Schweden (1303-1373)

»Zeugin der Ökumene«

Sie gehört ohne Zweifel zu den großen Frauen des weitgehend von Männern beherrschten Mittelalters. Ja, sie war das, was man heute eine Powerfrau nennen würde. Und sie ist eine der wenigen heiliggesprochenen Mütter und Ehefrauen. Acht Kinder hat sie geboren und großgezogen. Berühmt wurde sie jedoch als Gründerin eines Ordens, dem sie genau genommen erst im Tode, wie von Christus verheißen als »Monarcha et Mater« von Vadstena angehört, also als Nonne und Mutter und Äbtissin.

Die Rede ist von der heiligen Birgitta von Schweden (1303-1373). Die Kindheit dieser ungewöhnlichen Frau aus dem schwedischen Hochadel wird vom Tod ihrer Mutter überschattet. Die stirbt, als Birgitta elf Jahre alt ist. Bis zu ihrer Verheiratung im vierzehnten Lebensjahr lebt sie bei einer Tante. In dieser Zeit begegnet ihr erstmals Christus als Schmerzensmann.

Die gestrenge Tante ist nicht begeistert, als sie Birgitta mitten in der Nacht vor einem Kruzifix kniend erwischt. Im eiskalten Winter um Mitternacht aufzustehen, nur um zu beten, das scheint der resoluten Frau denn doch ein wenig zu überspannt zu sein. Mit einer Tracht Prügel und schweren Hausarbeiten versucht sie derlei für die Zukunft zu unterbinden. Doch der Stock zerbricht, laut Legende, bevor er Birgitta berührt.

Es hilft nichts. Birgittas Leben ist vom Gekreuzigten nicht mehr zu trennen, und es wird von Visionen begleitet, vielen Visionen. Wir lernen durch sie eine Frau kennen, die einen direkten Draht zu Jesus, Maria und den Heiligen hat. Heißt: Ihre Gebete und Bitten werden ge-hört, wenn auch nicht immer er-hört.

Als sie nach dem Brauch der Zeit als Vierzehnjährige mit Ulf Gudmarsson verheiratet wird, sträubt sie sich zunächst. Ihr Ideal ist es, Jungfrau zu bleiben. Ist die Jungfrauenschaft doch nach mittelalterlichem Denken der Stand der Vollkommenheit. Doch Christus beruhigt sie: »Eine demütige und fromme Verehelichte ist mir angenehmer als eine hochmütige Jungfrau ... die in Liebe zusammengefügt werden und Kinder zu Gottes Ehre zeugen und aufziehen, die sind mein geistiger Tempel, in dem ich als der Dritte neben ihnen wohnen will.«

Birgitta leitet den Haushalt ihres großen Gutes. Sie lernt dabei, nicht nur eine gute Hausmutter zu sein, sondern auch ein großes Maß an Selbstverleugnung. Ihren Besitz faßt sie als von Gott gegebenes Lehen auf, das sie gut verwalten muß. Ihre Devise lautet: »Alles, was man über seinen Bedarf hinaus besitzt, ist Überfluß und muß mit anderen geteilt werden.« Ihre Gastfreundschaft kennt keine Grenzen. Sie kümmert sich vor allem um die, von denen sie keine Gegeneinladung erwarten kann. Täglich speist sie zwölf Arme. Sie unterstützt Hospitäler, pflegt deren Kranke selbst, baut Kirchen und hilft Klöstern.

Als ihr der Verwalter vorwirft, sie treibe ihre Güter durch Freigebigkeit wirtschaftlich in den Ruin, erwidert sie: »Wir müssen geben, solange wir haben, denn auch wir haben einen großmütigen Geber.«

Zweiunddreißigjährig wird Birgitta als Oberhofmeisterin nach Stockholm gerufen. Am höfischen Leben liegt ihr nichts. Trotzdem folgt sie der Bitte des Königs. Sie will nämlich dem charakterschwachen König Magnus II. ins Gewissen reden. Der führt ein ausschwei-

Die hl. Birgitta bei der Niederschrift ihrer Offenbarungen. In der Mitte die Anrufung: »O Birgitta, bitt' Gott für uns!« Über ihr die Madonna mit dem Jesuskind und hinter ihr Pilgerhut und Pilgerstab. Mittelalterliche Handschrift, Nationalbibliothek Prag

fendes Leben und vernachlässigt seine Regierungsgeschäfte. Seine junge Frau Blanche, eine Tochter des Grafen von Namur, ist flatterhaft und vergnügungssüchtig. Als König Magnus die Staatskasse wegen Zahlungen an Dänemark in große Verschuldung stürzen will und an rigorose Besteuerung denkt, tritt Birgitta mit ihren Söhnen Karl und Birger vor den König hin und spricht: »Herr, tut das nicht! Nehmt meine beiden Söhne und stellt sie als Geiseln, bis Ihr zahlen könnt, und beleidigt nicht Gott in Euren Untertanen!«

Als Birgitta ihre Ohnmacht am Hofe erkennt, kehrt sie ihm den Rücken. Im Gehorsam gegen Gott begibt sie sich später aber wieder auf Geheiß des Herrn nach Stockholm zurück. Diesmal im bescheidenen Bußkittel »als Prophetin Gottes«. Als solche prangert sie das Raubritterwesen, die Grausamkeit der Vögte, die Schändung des Sonntags durch Frondienste und vor allem die Verletzung der Menschenwürde an. Dem König wirft sie vor, er führe sich angesichts der harten Steuerlasten wie ein Wegelagerer auf, der die Reisenden ausplündere.

In heiliger Entrüstung greift sie auch unwürdige Kleriker an. Ihre Worte sind deutlich: »Kein Priester lebt in seinen Taten nach seinem Wort, und darum ist das Wort wie tot geworden. Die Sakramente werden wie zum Spott erteilt. Die Priester dieser Zeit nehmen die Zehn Gebote und drängen sie in das eine Wort zusammen: Gib Geld!« Im Umgang mit den Priestern ist sie ebensowenig zimperlich wie später im Umgang mit Prälaten, Königen, ja, selbst dem Papst. So nennt sie König Magnus unumwunden einen »gekrönten Esel« und ein »Hasenherz«. Aber sie gibt ihm auch zehn Ratschläge an die Hand, deren Befolgung noch heute jedem Regierenden gut anstünden: Der Herrscher solle sein Urteil und sein Gewissen so sorgfältig prüfen, wie Gott es gebiete, seinen Zorn und seine Ungeduld überwinden, von Schmeichlern und schlechten Ratgebern Abstand halten und das Gesetz von Männern hüten lassen, die Maß und Barmherzigkeit kennen. Diesen Rat gibt es sozusagen kostenlos. Nur König Magnus II. befolgt ihn nicht.

Als König Magnus einen Krieg gegen Rußland plant, will er Birgitta vor seinen Karren spannen. Er will sie nutzen, um das Volk für den Krieg zu begeistern. Sie soll seinen gierigen Beutezug zu einem Kreuzzug veredeln. Entrüstet lehnt sie ab. Dem geschlagenen König schleudert sie entgegen: »Deine Soldaten kamen um, weil du sie aus Eroberungssucht ausschicktest!«

Zahlreiche Wallfahrten bestimmen einen großen Teil ihres Lebens. Sie sind »charismatische Äußerungen ihrer Frömmigkeit« (Holböck). Der mittelalterliche Mensch hat ein Faible für Wallfahrten. Er sucht heilige Stätten auf, um zu sühnen oder um Buße zu tun. Er hofft auf Heilung von einer Krankheit, um Erleuchtung vor wichtigen Entschlüssen oder er will einen bestimmten Heiligen um Fürsprache bitten.

Die heilige Birgitta beginnt nach dem Tode ihres elfjährigen Sohnes Gudmar mit ihren Wallfahrten ins norwegische Trondheim. Zusammen mit ihrem Gatten Ulf geht sie Anno 1338 35 Tage lang den beschwerlichen Weg über die skandinavischen Alpen. Ihr Ziel ist das Grab des Königs und Märtyrers Olaf II. Haraldson (* 1030). Sie nimmt die Mühe auf sich, um beim heiligen Harald Ablässe für den toten Sohn zu gewinnen und um Fürsprache zu bitten für den leichtsinnigen Schwedenkönig Magnus II. und für das von ihm so unklug regierte Königreich Schweden.

Vor ihrer Silberhochzeit pilgern Birgitta und Ulf 1341 nach Santiago de Compostela. Diese Wallfahrt hat in ihrer Familie Tradition. Glauben wir ihrer Biographin Barbara Günther-Haug, kommt Birgitta auf dem Weg zum heiligen Jakobus im fernen Galicien auch durch Bremen. Denn ihr Weg habe sie von Stralsund »in westlicher Richtung durch Mecklenburger Land«, von dort »nach Holstein, Bremen und durchs Bistum Münster auf dem kürzesten Weg an den Rhein« geführt. In Köln betet sie tief bewegt am Schrein der Heiligen Drei Könige und in Santiago ersteht sie ein Buch von Bernhard von Clairvaux, »Über die Art gut zu leben«. Sie trägt es fortan immer bei sich.

Da ein schwedischer Zisterziensermönch die Pilgergruppe begleitet, kann es nicht ausbleiben, daß sie auf dem Rückweg im Mutterkloster Citeaux vorbeischaut. Selbstverständlich bekommt Birgitta die Greuel des Hundertjährigen Kriegs zwischen Frankreich und England sowie die

Die »Blaue Kirche«, das Gotteshaus des birgittinischen Urklosters in Vadstena in Schweden

Die Ruinen des ehemaligen Zisterzienserkloster Alvastra

Auswirkungen der »babylonischen Gefangenschaft« der Päpste in Avignon mit. Damit ist ihr späteres Wirken vorbereitet.

Vermutlich besucht Birgitta auch den Benediktinerkonvent von Fontevrault. Denn hier könnte sie ein Doppelkloster kennengelernt haben. Sie selbst läßt ja später eines in Vadstena errichten. 1101 hat Robert von Abrissel in Fontevrault ein Kloster für Mönche und Nonnen gebaut, in dem die Mönche den Nonnen dienen und die Äbtissin das Sagen hat.

Als Ulf auf dem Rückweg in Arras todkrank wird, denkt er daran, Mönch zu werden. In Schweden zurück, tritt er in die Zisterzienserabtei von Alvastra ein. Er stirbt hier ein Jahr später; 42jährig. Seine Frau lebt ab 1344 im bescheidenen Gästehaus der Abtei. Ihren Besitz verteilt sie an ihre Söhne Karl und Birger sowie an die Armen. Sie trennt sich aber nicht nur von ihrem Besitz, sondern auch von ihrer kostbaren Standeskleidung. Sie wechselt sie gegen ein rauhes Bußkleid ein und nimmt ihren Ehering vom Finger. »Damit meine Seele sich in der Liebe zu Gott erhebe, will ich nun Ring und Gatten entbehren und mich ganz Gott anempfehlen«, sagt sie Kritikern.

In ihren mystischen Erscheinungen erhält sie nun den Befehl, an den Königshof zurückzugehen und König Magnus erneut zu mahnen. Erfolglos, wie wir bereits hörten.

Im Kloster von Alvastra erhält Birgitta im Frühling 1346 in Ekstase auch den Auftrag, einen neuen Orden zu gründen. In der Vision werden die bisherigen Klöster mit »alten Weinbergen« verglichen, die »einstmals« die Dürstenden erquickt, die Frierenden erwärmt, die Dünkelhaften gedemütigt und die Blinden erleuchtet hätten. »Aber nun muß ich klagen«, hört Birgitta weiter vom Herrn, »daß die Zäune der Weinberge darniederliegen; daß die Wächter schlafen und Diebe eindringen; daß die Wurzelstöcke untergraben, die Reben saft- und kraftlos und die Trauben vom Wind abgerissen und von Füßen zertreten sind. Damit es aber an Wein nicht ganz fehle, will ich einen neuen Weinberg anlegen, in den du die Reben meiner Worte tragen sollst.«

Die Regel zu diesem »neuen Weinberg« wird ihr in allen Einzelheiten geoffenbart. Ja sogar die beiden Priester, die ihr dabei helfen sollen und der Ort, an dem das Kloster entstehen soll, werden ihr »von oben« mitgeteilt. Petrus Olafson, Subprior von Alvastra, und Magister Petrus aus Skänninge sollen ihr beistehen. Das Kloster soll in Vadstena gegründet werden.

Kein Wunder, daß Birgitta Zeit braucht, bis sie den Plan, das Kloster zu gründen, verwirklichen kann. Denn die Herren der Kirche müssen das erst verdauen, daß hier eine Frau einen neuen Orden gründen will, schlimmer noch: soll. Denn nie zuvor hat eine Frau einen Orden gegründet, noch dazu eine, die nicht mal Jungfrau, sondern Mutter von acht Kindern und Hausfrau ist bzw. war ... Das widerspricht dem Frauenideal der Hochgotik total, denn das gipfelt in der Jungfräulichkeit.

Vorbild dafür, daß die Jungfräulichkkeit gegenüber der Ehe und der ehelichen Lust höher geschätzt wird, ist »seit dem frühen Christentum die Gottesgebärerin Maria« (Schiwy). Gleich im ersten Kapitel ihrer Offenbarungen erwähnt Christus die »Jungfrau« Maria, deren »Jungfräulichkeit bei der Aufnahme meiner Menschheit nicht versehrt worden« sei. Und er verspricht ihr: »Also wird Deine Seele erfüllt werden von mir und ich werde in Dir sein, so daß alles Zeitliche Dir bitter, jede Fleischeslust wie Gift sein wird. Du wirst im Arme meiner Gottheit ruhen, wo keine Lust des Fleisches, sondern Freude und Ergötzen des Geistes ist.« Hier wird die »Gottesbeziehung« sozusagen »als Geschlechtsbeziehung« gesehen. Birgitta ist in ihren Offenbarungen fortan die »Braut Christi«. Und die Liebesbeziehung zu Gott ist quasi paradiesisch, heißt, ohne fleischliche Lust.

Der Befehl zur Ordensgründung kommt vom Herrn selbst. Deshalb nennt Birgitta ihre neue Gemeinschaft auch »Orden des allerheiligsten Erlösers«. – So heißt der Orden auch heute offiziell. Der Volksmund nennt ihn jedoch schlicht Birgittenorden. –

Obwohl König und Königin Birgitta als »Prophetin Gottes« bei Hofe verspottet haben, wendet sie sich in Sachen Kloster dennoch an König Magnus II. Denn dem gehört in Vadstena ein Schloß. Und da König und Königin Birgitta in einer Mischung aus Furcht und Verehrung zugetan sind, erhält sie das Schloß und den dazugehörenden Grund für ihr Kloster. Die beiden ahnen wohl, daß an Birgittas direktem Draht zu Gott was dran ist. Es hilft dem Wort Gottes wohl ein wenig nach, wenn Birgitta den beiden Majestäten verspricht: »Wenn Ihr ein Kloster baut, könnt Ihr Eure Sünden tilgen und die göttliche Liebe wird sich in Euch wieder vermehren.« Denn das ist genau das, was ein mittelalterlicher Mensch hören will. Auch ein König.

Kein Wunder, daß die beiden bei der größten Klosterschenkung aller Zeiten verfügen, daß sie in der Klosterkirche zu Vadstena begraben werden wollen. Das klappt aber nicht, da beide im Exil sterben. Magnus ertrinkt vor der norwegischen Küste und seine Gemahlin Blanka wird vergiftet.

Noch einen weiteren Auftrag erhält Birgitta in Alvastra. Sie soll sich für die Herstellung des Friedens zwischen den Königen von England und Frankreich einsetzen und dafür sorgen, daß der Papst nach Rom zurückkehrt und sein Leben ändert. »Erhebe dich, um Frieden zu stiften zwischen den Königen von Frankreich und England, die wie Tiere

Die hl. Birgitta im Hochaltar des Ur-Klosters in Vadstena

Die heilige Birgitta schreibt ihre Visionen nieder. Mittelalterlicher Stich

und Verräter sind«, lautet der Befehl des Herrn.

Unverzüglich beginnt sie mit dem Bau des Mutterklosters in Vadstena. Sie kann es jedoch nicht vollenden. Denn in Alvastra zurück, erhält sie von Jesus den Befehl, nach Rom zu gehen. »Geh nach Rom und bleibe daselbst, bis du den Papst und den Kaiser gesehen hast, und rede mit ihnen jene Worte, die ich dir eingeben werde!« Der heilige Petrus bestärkt sie, als sie noch zweifelt: »Ich sage dir, in deinen Tagen wird man noch rufen: ›Es lebe der Nachfolger Petri!‹ Und du wirst ihn mit deinen Augen sehen.« Trotzdem fragt sich Birgitta mit Recht: Weshalb soll ich nach Rom, wenn der Papst in Avignon ist? In einer weiteren Vision sagt Christus ihr: »Die Ordensregel, die du vernommen hast, muß durch meinen Statthalter bestätigt werden.« Das macht Sinn. Denn nur der Papst kann die Ordensregel bestätigen und die Gründung eines neuen Ordens erlauben. Die ihr von Gott gegebene Ordensregel schreibt sie zuvor mit Hilfe ihres Sekretärs Petrus Olafson nieder.

Birgitta gehorcht. Sie greift im Herbst 1349 erneut zum Pilgerstab und begibt sich auf die beschwerliche Reise nach Rom. Sie ahnt nicht, daß sie ihre Heimat nicht wiedersehen wird.

Dreiundzwanzig Jahre lang lebt sie in Rom, unterbrochen von weiteren Pilgerfahrten, zum Grab des heiligen Franziskus nach Assisi, zu den Reliquien des Apostels Thomas in Ortona, zur Höhle des Erzengels Michael auf der Gargano-Halbinsel, zum Grab des heiligen Nikolaus nach Bari, zu den Reliquien des Apostels Bartholomäus in Benevent, des Apostels und Evangelisten Matthäus in Salerno und nach Jerusalem.

Birgitta wohnt in Rom zunächst im Palast des Kardinals Hugo von Beaufort, dem Bruder von Papst Clemens VI., direkt neben der Kirche San Lorenzo in Damso. Nach vier Jahren kündigt ihr der Hausverwalter. Kurz vor Ende der Kündigungsfrist bietet ihr die Witwe Francesca Papazzurri das eigene Haus an der Piazza Farnese an. Das steht fortan unzähligen Pilgern aus dem Norden offen. Hier können sie ihren Priestern begegnen und in ihrer Muttersprache beichten. Zu den beiden schwedischen Priestern gesellt sich auch der emeritierte spanische Bischof Alfonso von Jaen sowie ihre Tochter Katharina. Alle zusammen leben mitten in Rom ein klösterliches Leben.

In der »Ewigen Stadt« sieht es damals böse aus. Die Pest hat gewütet. Die großen Basiliken sind teilweise ruiniert. Die verbliebenen paar tausend Römer lassen unbekümmert ihr Vieh am Lateran wie um St. Peter weiden und wenn sich Ziegen und Schafe bis vor die Altäre wagen, nimmt niemand Anstoß. Die Pilger werden überfallen und ausgeplündert. »Auch sind die Heiligtümer der Stadt, nachdem die Dächer zerstört und die Schlösser weggerissen worden sind, in Aborte für Menschen, Hunde und Bestien verwandelt worden«, schreibt Birgitta dem Papst nach Avignon. Und »geistlich« sehe es nicht viel besser aus: Vieles, was »von heiligen Päpsten auf Eingebung des Heiligen Geistes zum Heil der unsterblichen Seelen« erlassen worden sei, gelte nicht mehr. Priester gäben sich mit Huren ab und prahlten mit ihren Kindern. Äbte lebten in Schlössern, und Mönchen hänge »anstelle von Griffel und Schreibtäfelchen ein Schwert an der Seite«. Sündennachlaß gäb es gegen Geld: »Während der Beichtvater mit dem Mund die Absolution spricht, scheut er sich nicht, mit den Händen das Geld in den Beutel zu stecken.« Einst arme Klöster häuften Reichtümer auf. Selbst Bann oder Exkommunikation würden nicht mehr ernst genommen. Birgittas Fazit: »Es ist darum zu befürchten, daß der katholische Glaube in kurzer Zeit untergeht, wenn nicht einer kommt, der mit ungeheucheltem Glauben Gott über alles und den nächsten wie sich selbst liebt und die Mißbräuche abstellt.«

Den Heiligen Vater Clemens VI. kann Birgitta damit zwar nicht bewegen, nach Rom zu kommen. Aber sie erreicht, daß er auf ihre Bitten hin 1350 in Rom ein Heiliges Jahr ausrufen läßt. Das bringt viele Pilger in die Ewige Stadt und führt dazu, daß manche ruinierte Kirche renoviert wird. Auch sonst erblüht in den Ruinen manche fromme Pflanze. Doch nach Rom bekommt Birgitta auch Clemens' Nachfolger Innozenz VI. nicht. Beide ziehen das ruhigere Avignon dem unruhigen Rom vor.

Genauso offen, wie sie den Päpsten in Avignon die Zustände in der Ewigen Stadt schildert, prangert Birgitta auch in Rom mutig und rücksichtslos die Sünden an und verkündet die Strafe Gottes. Kein Wunder, daß sie sich die Feindschaft gewisser Kreise zuzieht. Man streut gar, sie sei eine Hexe. Nur mit Mühe entkommt sie einer wütenden Menge.

Da sie sich seit früher Jugend im Umgang mit den Mächtigen dieser Welt auskennt, hat Birgitta keine Hemmungen, und zwar weder gegenüber weltlichen noch gegenüber geistlichen Herren. Deshalb liest sie Päpsten, Königinnen und Königen, Bischöfen und Äbten so deutlich die Leviten. »Birgitta fühlt sich zeitlebens nicht nur als Braut Christi, sondern auch als Kämpferin gegen Ungerechtigkeit, Unglauben und Unsittlichkeit« (Schiwy).

Mit flammenden Schreiben erreicht Birgitta 1370 endlich, daß Papst Urban V. Avignon verläßt. Dort residiert er als französischer Vasall und führt ein Leben, das Birgitta mit scharfen Worten geißelt. Sie erreicht mit ihren Ermahnungen schließlich, daß der Papst nach Rom zurückkehrt; allerdings nur vorübergehend. Am 30. Oktober 1367 feiert er im Petersdom eine Messe. Im Jahr darauf führt Karl IV. beim Einzug in Rom das Pferd des Papstes zu Fuß durch die Straßen der Ewigen Stadt. Im Jahr zuvor hat er die Kaiserkrone noch aus den Händen eines päpstlichen Legaten aufs Haupt gesetzt bekommen. Doch selbst diese Geste der Anerkennung der päpstlichen Macht, in der Birgitta ein Zeichen für die Einigung von Staat und Kirche sieht, kann den Papst nicht dazu veranlassen, in Rom zu bleiben. Als er der Ewigen Stadt resigniert den Rücken kehrt, reist Birgitta ihm bis Montefiascone nach. Sie kann ihn zwar nicht aufhalten, erhält aber wohl am 5. August 1370 die Anerkennung ihrer Ordensregel. Doch billigt der Papst ihre Regel nicht als selbstständige. Er akzeptiert sie nur als Anhang der Regel des heiligen Augustinus. Er hält sich damit an die Bestimmungen des IV. Laterankonzils von 1215, das die Approbierung neuer Ordensregeln verbietet.

Die päpstliche Ausrede für den Rückzug nach Avignon: »Ich bin des Kampfes müde«, läßt Birgitta nicht gelten. Sie entgegnet Urban V.: »Glaubt Ihr, Heiliger Vater, nicht auch, mein Herz wäre krank vor Sehnsucht nach dem nordischen Land, in dessen klaren Seen sich die uralten Wälder und wogenden Kornfelder spiegeln. Aber nicht das eigene Begehren darf unseren Weg entscheiden, sondern einzig der Wille Gottes. Solltet Ihr aber dennoch nach Avignon zurückkehren, so sollt Ihr wissen, daß Ihr es nur tut, um dort zu sterben.« – Urban stirbt wenige Wochen nach seiner Ankunft in Avignon.

1372/73 macht Birgitta eine Wallfahrt ins Heilige Land. Diese Pilgerfahrt ist der Höhepunkt ihres Lebens. In der heiligen Stadt Jerusalem erlebt sie visionär das Leiden Christi auf Golgatha mit. Er selbst und seine Mutter schildern es ihr in allen furchtbaren Einzelheiten.

Doch vor der Reise zögert sie. Sie fragt sich, ob sie ihrem siebzigjährigen Körper die Strapazen einer solchen Reise noch zumuten soll. Darauf bekommt sie vom Herrn zu hören: »Du schwätzt von deinem Alter. Ich bin der Schöpfer der Natur, ich kann die Natur erneuern und stärken, wie es mir genehm ist.« Auf dem Weg nach Jerusalem besucht sie Königin Eleonora von Zypern und redet ihr ins Gewissen. Erfolglos. In der Grabeskirche schaut sie das Drama der Kreuzigung. Dies und die Schau der Geburt Jesu, die ihr in der Geburtskirche zu Bethlehem zuteil wird, trägt nicht unwesentlich zum Bild der Krippe bei, das wir aus der Kunst des Mittelalters wie der späteren Krippendarstellungen kennen. So »sieht« sie beispielsweise »drei« Könige, während die Bibel nur von »Weisen aus dem Morgenland« spricht, ohne ihre Zahl zu bestimmen. Auf Grund ihrer Visionen wird das Jesuskind fortan nackt auf dem Boden liegend und von einem Strahlenkranz umgeben gemalt. Und Maria und Josef knien anbetend daneben.

Auf dem Rückweg von Jerusalem nimmt sie in der Kathedrale von Famagusta auf Zypern an der Krönung von Peter II. teil, dem Sohn der Königin Eleonora. Auf den Stufen der Kathedrale hält sie eine flammende Rede. Darin droht sie der sündigen Insel den Untergang an. Der kommt kurz darauf auch in Form der Eroberung durch die Genueser und zweihundert Jahre später durch die Türken.

Auch der Königin Johanna von Neapel liest sie die Leviten und gibt ihr 14 Regeln an die Hand, die sie von Christus selbst empfangen hat. Doch Johanna läßt nicht ab von ihrem lasterhaften Leben und endet als Exkommunizierte gewaltsam im Gefängnis.

Bei alldem geht ihr ihr Herzenswunsch nicht aus dem Sinn: Der Papst muß zurück nach Rom! Der Herr macht ihr klar, daß das nicht leicht sein werde: denn »diesen Papst hält die ungezügelte Liebe seines Blutes und die Kälte der Lauheit seiner Gesinnung für mich in Avignon fest«. Er verheißt ihr aber: »Wisse ganz bestimmt: daß dieser Papst nach Rom kommen wird.« Er fügt hinzu. »Ob du ihn aber noch dorthin kommen sehen wirst, das zu wissen, ist dir nicht erlaubt.«

Trotzdem läßt sie Papst Gregor XI. durch den emeritierten spanischen Bischof von Jaen, Alfonso Pecha de Vadaterra, 1373 eine göttliche Aufforderung, nach Rom zu kommen, nach Avignon überbringen. In ihr heißt es: »Fang an, meine Kirche zu erneuern ... Sie muß erneuert werden und in geistlicher Weise zu ihrem früheren, heiligen Zustand zurückgeführt werden, denn jetzt wird ein Freudenhaus mehr in Ehren gehalten als die heilige Mutter Kirche.« Die Botschaft macht dem Papst Mut: »Er soll auf mich vertrauen! Ich werde ihm

Die »ekstatische« Birgitta, gotische Holzskulptur der Heiligen in der Klosterkirche von Vadstena

helfen, und niemand soll die Oberhand über ihn gewinnen« Der Papst zieht vier Jahre später wirklich in Rom ein. Sein Pferd führt Roberto Orsini. Der hatte zuvor Birgitta gegenüber geäußert: »Laß die Hoffnung fahren! Es gibt doch keinen mehr, der glaubt, daß Gregor XI. jemals nach Rom kommt.« Als Orsini den Papst 1377 von San Paolo fuori la mura nach Rom begleitet, ruft er aus: »Jetzt begreife ich, daß Birgitta die Wahrheit gesagt hat.«

Birgitta ist damals schon tot. Sie stirbt 1373 in Rom. Ihr Tod ist von großer Symbolik: Sie haucht ihr Leben während einer Messe aus. Als in der Wandlung das Kreuzesopfer gegenwärtig gesetzt wird, vereinigt sie ihren eigenen Tod mit dem Tod des Herrn. Sie spricht Jesu letztes Wort als ihr eigenes letztes aus: »Vater, in deine Hände befehle ich meinen Geist.« Nicht zu Unrecht heißt daher der Wahlspruch des Birgittenordens: »Meine Liebe ist der Gekreuzigte.«

Dem Mitleiden mit dem Gekreuzigten hat Birgitta ihr ganzes Leben gewidmet. Ihm verdanken die Birgitten ihr Krönchen. Denn die Fünf-Wunden-Krone über dem Schleier des Ordenshabits ist ein Zeichen der Verehrung der Wunden Jesu und sie entspricht der Mitleids-Mystik Birgittas.

Birgittas Leichnam wird im Triumph in Begleitung ihrer Kinder Katharina und Birger von Rom nach Vadstena überführt. Nun bewahrheitet sich, was sie von seiner Stimme vor Stralsund vernahm, als sie von Schweden gen Rom aufbricht: »Wenn du auch stirbst, bevor du wiederkommst, sollst du doch deines guten Willens wegen zu den Nonnen von Vadstena gezählt werden.«

Birgittas Beisetzung in Vadstena gibt den Anstoß zur Fertigstellung des Klosters nach ihren Plänen. Denn Katharina, ihre Tochter, bringt die Bulle vom 5. August 1370 mit. In ihr befiehlt Papst Urban V. dem Bischof von Linköping, in Vadstena zwei Klöster zu errichten, eines für 60 Nonnen und eines für 25 Mönche, unter der Leitung der Äbtissin.

Ihr Orden trägt laut Schiwy »einen marianischen und feministischen Charakter«. Denn die Nonnen sollen laut Regel täglich am Marienaltar im Ostchor den Sermo Angelicus beten, einen Lobgesang auf Maria, die Gottesmutter; und, wie wir bereits wissen, ist kein Mann, sondern die Äbtissin die Leiterin des Doppelklosters. Das biblische Vorbild dafür ist Maria als »Haupt der Apostel«. An letztere erinnern die 13 Priestermönche des Männerkonvents. Sie symbolisieren die zwölf Apostel sowie den Völkerapostel Paulus. Aufgabe der Priester ist es, die Eucharistie zu feiern, sonntags dem Volk zu predigen, die Sakramente zu spenden und die theologische wie geistliche Bildung der Schwestern zu fördern. Kontemplation, mystische Hingabe, tägliches Chorgebet und die Gottesdienste sollen im Mittelpunkt von Birgittas Kloster stehen. Vier Diakone assistieren ihnen. Sie erinnern an die vier Kirchenlehrer Ambrosius, Augustinus, Gregorius und Hieronymus. Acht Laienbrüder sorgen durch ihre Arbeit für den Unterhalt der Geistlichen. Zählt man Nonnen und Mönche zusammen, so erreicht man die Zahl der Jünger Jesu. Fazit laut Schiwy: »Schon durch die Zahl seiner Insassen verweist Birgittas Kloster symbolisch auf seine Christozentrik. Die Erwähnung der Apostel und Kirchenlehrer unterstreicht Birgittas Orientierung an den Autoritäten der Kirche.«

Das Habit der Mönche und Nonnen ist grau. Die Priestermönche tragen auf der linken Seite ihres Mantels ein rotes Kreuz mit einer weißen Hostie in der Mitte. Die Diakone haben an gleicher Stelle einen weißen Kreis mit Feuerzungen in Rot und Gelb, während die Laienbrüder an einem weißen Kreuz mit fünf roten Punkten zu erkennen sind. Sie erinnern an die Wundmale Jesu. Die tragen auch die Schwestern in Form von roten Punkten auf einer weißen Leinenkrone über ihrem schwarzen Schleier. Die Krone ist ein Symbol der Keuschheit und sie erinnert an die Dornenkrone.

Mit der Errichtung des Ordens wird 1374 begonnen. Als Gründungsdatum gilt jedoch der 5. August 1370, das Ausstellungsdatum der Päpstlichen Bulle.

Erste Äbtissin von Vadstena wird Katharina, Birgittas Tochter. Sie bemüht sich um die Heiligsprechung ihrer Mutter. Und sie hat Erfolg; dreifachen. Denn Birgittas Heiligsprechung wird von drei Päpsten bestätigt, von Bonifaz IX., Martin V. sowie dem Gegenpapst Johannes XXIII. - Das zeigt, in welcher Zeit die Heilige lebt: Kaum ist die »babylonische Gefangenschaft« der Kirche in Avignon beendet, beginnt das »große abendländische Schisma«, eine Zeit, wo zeitweise drei Päpste darum streiten, der rechte Nachfolger Petri zu sein. -

»Schwedens größte Frau, deren Name einer der beliebtesten unter den Töchtern ihres Landes ist, hat den seltenen Ruhm, die Nationalheilige eines protestantischen Volkes zu sein.« (K. Aldasten). Sie eignet sich mithin ausgezeichnet als Patronin eines in Katholiken und Protestanten gespaltenen Nord- und Mitteleuropas.

Das hat vermutlich unter anderem Papst Johannes Paul II. bewogen, die bereits 1391 heiliggesprochene Birgitta als vorbildliche Familienmutter und mystische Visionärin 1999 zur Patronin Europas zu erheben. Eine Statue der Heiligen steht seitdem in einer Nische an der Rückseite von St. Peter.

Denn Papst Johannes Paul II. zählt die heilige Birgitta - mit Recht - zu »einer der bemerkenswertesten Menschen ihrer Zeit«, wie er in der ökumenischen Vesper anläßlich des 700. Jahrestages der Geburt der heiligen Birgitta von Schweden am 4. Oktober 2002 im Petersdom erläutert. Er sagte - vor allem mit Blick auf die im vollen Ornat mitfeiernden lutherischen Bischöfe aus Schweden und Finnland sowie den orthodoxen Erzbischof von Helsinki: »Ich möchte unbedingt einen weiteren Aspekt der Persönlichkeit dieser großen Missionarin des Glaubens hervorheben, die ich zur Mitpatronin Europas proklamiert habe: ihr tatkräftiges und eifriges Wirken für die Einheit der Christen. In einer komplexen und gewiß nicht einfachen Zeit der kirchlichen und europäischen Geschichte setzte sich diese unbeugsame Anhängerin des Herrn für den Zusammenhalt und den wahren Fortschritt der Einheit der Gläubigen ein. Als Frau der Einheit zeigt sich uns die heilige Birgitta als Zeugin der Ökumene. Ihre ausgeglichene Persönlichkeit inspiriert das Leben des Ordens, der in ihr seinen Ursprung im Hinblick auf eine spirituelle und zugleich wirkungsvolle Ökumene findet.«

Tafelbild der Nürnberger Dominikanerkirche: Die hl. Birgitta, ihre Relevationes niederschreibend, von Hans Traut, 1505, Germanisches Nationalmuseum Nürnberg

Und in einem Brief an Mutter Tekla Famiglietti, der Generaläbtissin des Birgittenordens vom Heiligsten Erlöser, aus gleichem Anlaß kommt der Papst noch auf einen weiteren Aspekt des Lebens der heiligen Birgitta zu sprechen: »Durch die Proklamation der heiligen Birgitta zur Mitpatronin Europas wollte ich den Gläubigen dieses Kontinents ein einzigartiges Beispiel ›fraulicher Heiligkeit‹ vor Augen stellen. Nachdem sie glückliche Jahre als treue Ehefrau, vorbildliche Mutter und weise Erzieherin erfahren hatte, durchlebte sie eine heilige Witwenschaft und gelangte schließlich im Hafen des geweihten Lebens an. In jeder Lebensphase vermochte sie eine kluge Verbindung herzustellen zwischen Kontemplation und aktivem Tun in vielen Lebensbereichen, wobei sie stets von der Liebe zu Christus und zur Kirche getragen wurde. In die christliche Gemeinschaft ihrer Zeit brachte sie frauenspezifische Gaben ein, und als vollständig selbstverwirklichte Frau stellte sie sich in den Dienst ihrer Brüder und Schwestern. Ihr Beispiel kann für die heutigen Frauen ein starker Ansporn sein, als Protagonistin in Erscheinung zu treten in einer Gesellschaft, in der ihre Würde umfassend geachtet wird; eine Gesellschaft, die Mann und Frau auf gleicher Ebene des universalen göttlichen Planes für die Menschheit als Hauptpersonen betrachtet. Man muß nur die Biographie dieser Frau durchgehen, die höchste Kontemplation mit mutigster apostolischer Initiative in sich zu vereinen verstand, um sich bewußt zu machen, daß Birgitta auch den heutigen Frauen nützliche Hinweise geben kann, wie Probleme bezüglich Familie, der christlichen Gemeinschaft, ja sogar der Gesellschaft am besten angegangen werden können.«

Zum Schluß sei auch noch eine evangelische Stimme zitiert, die des Theologen Jobst Reller. Er schreibt: In Birgitta »begegnet uns eine Frau, die zu den herausragenden Kräften der Kirchenreform im 14. Jahrhundert gehört und die eine ganz auf Christus bezogene Frömmigkeit vertritt. Obwohl sie wegen ihres königlichen Geschlechtes Zugang zur Macht hatte, hält sie es mit dem, was machtlos erscheint, weil es den Namen Geist verdient – im geistlichen wie im weltlichen Sinne. Mit Birgitta stellt sich erneut die Frage, was vom Geist Gottes berührte Menschen, die vom Geist gefangengenommen und getrieben sind, bewegen können, obwohl doch Geld und Mächtige die Welt regieren. Mit Birgitta stellt eine Frau ihre eigenen Beweggründe und Ziele gegen die Machtpolitiker ihrer Zeit, repräsentiert durch Kaiser, König und Papst, die sie zwar nicht umstimmen kann, denen sie aber ihr Ziel, die neue geistliche Gemeinschaft, ihren Orden abtrotzt«.

Ach, hätte sie doch Erfolg gehabt mit ihren Ermahnungen an Fürsten wie Prälaten, vermutlich hätte es dann keiner Reformation bedurft, um die Kirche wieder auf Vordermann zu bringen. Hat leider nicht geklappt. Verständlich, daß gerade deshalb die Birgitten, ihre Töchter, sich bemühen, Wege zur Einheit hin zu tun. Sei es auch nur, daß sie ökumenische Gastfreundschaft anbieten.

Birgittas Kloster in Vadstena steht übrigens noch. König Gustav Wasa wagt es nicht, es anzurühren. Die unweit gelegene Zisterzienserabtei Alvastra läßt er jedoch weitgehend schleifen und nutzt ihre Steine für den Bau seines Schlosses in Sichtweite des Klosters von Vadstena, um die Bewohner Östergotlands zu warnen. Sie sind seiner Meinung nach »vollgestopft mit Papisterei, der Milch der Jungfrau Maria und den Offenbarungen der heiligen Birgitta«.

Der Schrein mit den Gebeinen der heiligen Birgitta befindet sich bis heute im ehemaligen Mönchschor der Kirche; ungewöhnlich für ein lutherisches Gotteshaus.

Im Jahre 1550 werden die Mönche des Klosters verwiesen. Die Birgitten bleiben und sind in den Jahrzehnten darauf fast immer ohne eigenen Priester. Sie verlassen Vadstena erst 1595, als Herzog Karl sie vor die Wahl stellt, evangelisch zu werden oder auszuwandern.

Birgitta auf dem Sterbebett. Detail aus dem spätgotischen Hochaltar der ehemaligen Klosterkirche und des heutigen Doms zu Vadstena

Sie ziehen letzteres vor und begeben sich über die Ostsee nach Danzig. Dort leben sie in in dem 1394 gegründeten Birgittenkloster.

Ihre alte Klosterkirche spielt in der Zeit des Solidarnosc-Aufstandes eine große Rolle, liegt sie doch in der Nähe der Lenin-Werft. Übrigens: Seit 1963 gibt es auch in Vadstena wieder Birgitten. Ihr neues Kloster liegt in Sichtweite des alten.

Und seit 2002 gibt es Birgitten auch in Danzigs Partnerstadt Bremen.

Das Aufblühen ihres neuen Ordenszweiges zeigt: Birgittas Leben und Werk sind auch heute noch aktuell, und zwar nicht nur für Europa, wie ihre Proklamation als »Mitpatronin Europas« neben Katharina von Siena und Edith Stein durch Johannes Paul II. 1999 nahelegt, meint Günther Schiwy als Quintessenz seines Buchs über die große Seherin aus dem Norden.

Seinem Urteil schließen wir uns hier gern an: Schiwy meint zu Recht, Birgittas Antworten könnten auch heute wie zu ihrer Zeit »Weltgeltung« beanspruchen. Und er zählt auf:

- Die weltweite Anerkennung und Durchsetzung von Gerechtigkeit und Gleichberechtigung im wirtschaftlichen, politischen, kulturellen, religiösen und ethnischen Bereich.
- Die Verantwortung der politischen und religiösen Autoritäten für die Weiterentwicklung der Völker und Kontinente zu einer weltumspannenden Einheit.

- Der gleichberechtigte Beitrag der Geschlechter zur Entwicklung gedeihlicher zwischenmenschlicher Beziehungen.
- Die Fundierung der Menschenrechte in einer von möglichst vielen Menschen akzeptierten richterlichen Instanz, sei es das Gewissen, die Vernunft oder eine übermenschliche göttliche Autorität.

Für die Lösung dieser Probleme habe Birgitta zu ihrer Zeit »nach bestem Wissen und Gewissen ihren Beitrag geleistet«. Dabei habe sie »nicht nur schonungslos Kritik« geübt, sondern sie sei »selbst mit gutem Beispiel vorangegangen«.

Schiwy: »Das ist auch für unsere Zeit und für die Zukunft eine Ermutigung.« Die Schwestern im kleinen Konvent von Bremen gehen dabei voran.

Wer es nicht ganz so groß haben will, dem sei ein Blick in den Brief Birgittas an ihren Sohn Birger anempfohlen. Ihm gibt die Mutter folgenden Rat: »Wo immer Du dich befindest, denk an die Armen ... Zahle dem Arbeiter immer gern den schuldigen Lohn! Bei der Zurechtweisung der Untergebenen sei nachsichtig! Gegen Gott, den Magistrat und Deinen Nächsten sei treu ... Was Deine Verhältnisse und Umstände betrifft, sei der Macht Gottes eingedenk, denk an das Leiden des Erlösers und an Deine Sünden! ... Bevor Du ein Urteil fällst, überlege gut die Umstände der Handlungen und Deine Worte! Richte Deinen Nächsten gerecht und denke daran, dass Du bald über alles Rechenschaft ablegen musst! Wenn Du von Deinem Nächsten durch Unrecht verletzt worden bist, so halte Dich an die allgemeinen Gesetze! Im Zorn lasse Dich nicht zur Rache hinreißen und sei nicht ungeduldig, wenn man Dir nicht Gerechtigkeit entgegenbringt!«

»Man muß diesen Text nicht modern finden, um ihn richtig zu finden«, schreibt Ulrich Schacht im Rheinischen Merkur im Juli 2003 über die heilige Birgitta. Er fügt hinzu: »Sein Kern ist im Gespräch mit den Birgittinnen des Vadstena-Klosters zu erfahren: ›Demut und Stärke‹ ist Birgittas Botschaft an die Männer und Frauen des Ordens.«

Kein schlechtes Motto, auch für das Birgittenkloster im Schnoor.

Ganz simpel ausgedrückt, heißt von Birgitta lernen Mut zu haben, um für Gottes Wort einzutreten, sei es gelegen oder ungelegen. Zivilcourage zu zeigen bzw. keine Angst zu haben, weder vor Fürstenthronen noch vor dem päpstlichen Thron. Und einen langen Atem zu haben in der Kirche Gottes, wenn die in Rom nicht auf Anhieb verstehen, worum es geht oder nicht einsehen wollen, weshalb dieses oder jenes geändert oder neu eingeführt werden müßte. Aber auch bereit zu sein, der Sache wegen Kompromisse einzugehen. - Birgitta wartet schließlich zwanzig Jahre auf ihre eigene Ordensregel. Und als sie die nicht bekommt, gibt sie sich auch mit der modifizierten Regel des heiligen Augustinus zufrieden. -

Birgittas Leben ist das beste Beispiel dafür, daß man die Kirche nicht der »Amtskirche« überlassen darf. Birgitta mischt sich ein, obwohl sie dazu weder durch Amt noch durch Weihe, noch gar durch den im Mittelalter hochgeschätzten Jungfrauenstand, sondern höchstens durch ihre adelige Herkunft befähigt ist.

Sie ist mithin ein leuchtendes Beispiel für alle Laien, die durch die Taufe als Kinder Gottes geadelt sind. Denn in diesem Stand bleibt sie bekanntlich bis an ihr Lebensende, auch wenn sie als die Stifterin ihres Ordens gewöhnlich in der Tracht einer Nonne dargestellt wird. Frauen vom Schlage der heiligen Birgitta kann die Kirche auch heute gebrauchen. Männer übrigens auch. Denn denen kaufte sie im Mittelalter gewaltig den Schneid ab; selbst Päpsten, Kaisern und Königen ...

Die Gründerin des neuen Ordenszweigs: Maria Elisabeth Hesselblad

Wenn man von den Birgittenschwestern in Bremen spricht, dann reicht es nicht, von der heiligen Birgitta von Schweden zu reden. Sie ist zwar die Urmutter des Erlöserordens. Jedoch gibt es am Baum dieses uralten mittelalterlichen Ordens seit dem ersten Viertel des 20. Jahrhunderts einen neuen Zweig, einen blühenden zumal. Und dem gehören die Bremer Birgittenschwestern an.

Wenn man von diesem Zweig redet, muß von Maria Elisabeth Hesselblad gesprochen werden. Denn sie pfropfte den neuen Zweig in den alten Ordensbaum ein, da er kaum noch neue Blüten trieb. Der alte Stamm verlor nämlich in den Zeiten der Reformation an Kraft. Sie erfaßte damals beinahe flächendeckend ganz Nordeuropa und raubte somit vielen Abteien des Birgittenordens den Lebensnerv. Von den 25 Klöstern, die der Orden in seiner Blütezeit in Europa hat, bleibt in Deutschland nur eines, das in Altomünster, übrig.

Um so erstaunlicher ist es, daß der neue Zweig von jemandem aufgepfropft wird, der gebürtig aus Schweden kommt und in vielem der heiligen Birgitta gleicht.

Maria Elisabeth Hesselblad wird - erstens - wie Birgitta in eine kinderreiche Familie hineingeboren. In Faglavik, Provinz Västergötand in Schweden, erblickt sie am 4. Juni 1870, dem Vorabend des Pfingstfestes, das Licht der Welt, als fünftes von dreizehn Kindern. Da die Familie aus praktizierenden Lutheranern besteht, wird das Kind am 12. Juli 1870 auf den Namen Maria Elisabeth getauft. Später wird sie gemäß der lutherischen Tradition konfirmiert. Dabei empfängt sie mit 14 Jahren die erste Kommunion. Dies ist in ihrem Leben allerdings kein Datum, das - wie heute in unseren Breiten häufig - wegen irgendwelcher materieller Geschenke erwähnenswert wäre. Wie Maria Elisabeth Hesselblad sich viele Jahre später erinnert, bereitete sie sich »während eines ganzen Jahres mit großer Beflissenheit und großer Sorgfalt auf die erste Kommunion vor«, und als der große Tag kam, war sie sicher, daß sie »den Herrn empfangen werde«.

Mit ihrem Vorbild, der heiligen Birgitta, hat sie mithin zweitens gemein, daß sie sich schon früh für religiöse Fragen interessiert. So fragt sie sich beispielsweise, als ihre Kameradinnen verschiedene Kirchen besuchen, welches wohl der »einzige Schafstall« sei, von dem sie im Johannesevangelium gelesen hat. Sie beläßt es jedoch nicht bei der Frage, sondern sie reagiert: »Oft betete ich, zu diesem einzigen Schafstall geführt zu werden.«

Allerdings kommt Maria Elisabeth Hesselblad nicht aus dem Adel, wie Birgitta von Schweden. Ihr Vater ist Kaufmann, dazu nicht einmal ein erfolgreicher. Doch - Zufall oder Fügung - der Mißerfolg des väterlichen Geschäfts bestimmt ihren weiteren Lebensweg.

Um sich eine Arbeit zu suchen und um ihre Familie zu unterstützen, wandert sie mit 18 Jahren, Anno 1888, in die USA aus. Sie findet Arbeit als Krankenschwester im New Yorker Roosevelt Hospital. Dort kümmert sie sich nicht nur darum, den Kranken bei physischen Schmerzen zu helfen, sondern ihnen auch in ihren geistigen Nöten nahe zu sein. Wenn es von den Patienten gewünscht wird, läßt sie auch katholische Priester an das Krankenbett rufen. So kommt sie erstmals in Kontakt mit Katholiken.

In all diesen Jahren hat sie nie aufgehört, zu suchen und sich für alles Religiöse zu interessieren. Auf Grund des Unfalls einer Klosterschwester hält sie sich gelegentlich in einem Frauenkloster auf. Dort beginnt sie, sich näher mit dem Katholizismus zu befassen, eingedenk ihres jugendlichen Gebets: »zu diesem einzigen Schafstall geführt zu werden«.

Den Weg dorthin findet sie, wie sie glaubt, weil sie – drittens – Visionen hat wie die heilige Birgitta. Eine solche führt im Jahre 1900 zum Durchbruch. Als sie nämlich in jenem Jahr in Brüssel mit zwei katholischen Freundinnen einer Fronleichnamsprozession zusieht, hat sie die entscheidende Eingebung, den katholischen Glauben anzunehmen, als das Heilige Sakrament des Altares vorbeigetragen wird: »Während der Bischof mit der Monstranz vorbeikam, erfuhr ich die Gegenwart und die Stimme Gottes: ›Ich bin der, den du suchst‹.«

Am 15. August 1902 wird sie – zurück in Amerika – in Washington in die katholische Kirche aufgenommen. Zwei Jahre später kommt sie am 25. März 1904 nach Rom. Dort will sie im Haus der heiligen Birgitta von Schweden sterben. Die besten Ärzte in den USA haben ihr nämlich keine Hoffnung mehr gemacht: Ihre Krankheit sei so schwer, daß sie nicht mehr lange leben werde.

Doch – o Wunder – vom Sterben ist bald nicht mehr die Rede. Als sich ihre Gesundheit von 1904 bis 1905 bessert, lebt sie als Karmeliternovizin im Haus der heiligen Birgitta an der Piazza Farnese in Rom. Auch hier – viertens – Birgitta ähnlich, findet sie erst spät den Weg ins Kloster.

Am Fest des Heiligsten Herzens 1906 darf sie mit einer besonderen Erlaubnis von Papst Pius X. das graue Kleid der Birgitten an- und die Gelübde der heiligen Birgitta ablegen. Nun begibt sie sich wie ihre Vorgängerin Birgitta auf Wanderschaft: Von 1908 bis 1911 besucht sie alle Klöster der Birgitten, die es in Europa noch gibt, um deren Regeln zu studieren und eine kleine Gruppe von Schwestern um sich zu sammeln. Dabei spürt sie, daß die alten Ordensregeln modifiziert werden müssen. Ihr Ziel: in Rom ein Kloster der Birgitten neu zu beleben und den Orden wieder nach Schweden zu bringen.

Nach ihrer Rückkehr gelingt ihr 1911 der Neubeginn in Rom. zwölf Jahre später erfolgt 1923 auch der Neubeginn in Schweden. Weitere Neugründungen in Europa und Indien schließen sich an. Am Tor des Bremer Birgittenklosters sind deren Namen und das jeweilige Gründungsdatum verzeichnet.

Im Jahre 1920 erhält die Neugründung per Dekret der Kongregation für die Ausbreitung des Glaubens die offizielle kirchliche Bestätigung. Und am 12. September 1942 wird Mutter Elisabeth gestattet, ihren Zweig auch »Ordo Sanctissimi Salvatoris« zu nennen, Orden vom allerheiligsten Erlöser.

Allen Töchtern legt sie »das Gebet und die Arbeit für die Einheit der Christen« ans Herz. »Daß alle eins seien«, ist das »besondere Sehnen« der Konvertitin Maria Elisabeth Hesselblad. – Allerdings entspricht ihre Vorstellung von Einheit noch der der Rückkehr in den einen – katholischen – Schafstall. Von einer Kirche, die in »versöhnter Verschiedenheit« zusammenlebt, ist bei ihr noch nicht die Rede. –

Die Arbeit für die Einheit der Kirchen muß jedoch während des Zweiten Weltkriegs erst mal ein wenig zurückstehen. Nun ist tatkräftige Hilfe gefragt. Daher widmet sich Elisabeth Hesselblad mit ihren Schwestern freigebig allen Notdürftigen, die sie um Hilfe bitten; auch hier – fünftens – ihrem Vorbild St. Birgitta ähnlich. Sie beherbergt oder verbirgt in den Häusern ihres Ordens politisch Verfolgte und Juden. In den Jahren 1945 bis 1946 verteilt sie die Liebesgaben an die Armen, die sie aus Schweden bekommt.

Die Gründerin des jüngsten Ordenszweiges am Stamm des alten Birgittenordens: die Selige Mutter Maria Elisabeth Hesselblad

Ab 1947 wird Elisabeth Hesselblad eine glühende Mitarbeiterin der ökumenischen Bewegung, die Pater Boyer gründet. Sie stellt für diese Arbeit Räume im Haus der heiligen Birgitta zur Verfügung und hilft dem Sekretariat der Unitas, indem sie einige Klosterfrauen zur Mitarbeit freistellt.

Am Ende ihres Lebens verschlimmert sich ihre Krankheit, die sie seit ihrer Jugendzeit begleitet hat. Nun ist sie fast immer ans Bett gefesselt.

Sie stirbt im Morgengrauen des 24. April 1957 in ihrer Zelle in der Casa di Santa Brigida in Rom.

Ihr folgt die Engländerin Mutter Riccarda Beauchamp-Hambrough als Generaloberin. Danach wird der Orden von der Schweizerin Mutter Hilaria Laubenberger geleitet. Die Generaläbtissin Mutter Tekla Famiglietti ist die erste Italienerin, die den Orden leitet.

Am 9. April 2000 spricht Papst Johannes Paul II. Maria Elisabeth Hesselblad selig. Ihre Gebeine ruhen in der Ordenskurie an der Piazza Farnese. Dort sorgt ihre Nachfolgerin, Mutter Tekla, dafür, daß unter der Oberkirche eine lutherische Unterkirche eingerichtet wird, so daß die skandinavischen Lutheraner dort ihre Gottesdienste feiern können.

Und da Klöster in Mexiko und anderswo hinzukommen, wächst der neue Zweig, den Elisabeth Hesselblad in den alten Ordensbaum einpfropfte. Ja, er blüht, wächst und gedeiht so, daß Bremen nun auch über ein Birgittenkloster verfügt. Es ist das 39. in der Reihe der Birgittenklöster des jüngsten Zweigs, der inzwischen auf rund 690 Schwestern angewachsen ist. Und es ist, wie wir der Geschichte der Bremer Klöster entnehmen können, das erste Frauenkloster in der Stadt Bremen überhaupt.

Chronik der Bremer Klöster

847 Mit Ansgar taucht in Bremen erstmals nachweislich ein Mönch auf, und zwar ein Benediktinermönch aus Corbie in der Picardie. Er gehört zu den Gründungsmönchen von Nova Corbeia, d.h. Corvey an der Weser. Als Missionserzbischof von Hamburg übernimmt er nach dem Überfall der Wikinger auf die Hammaburg das Bistum Bremen, das fortan mit Hamburg ein Erzbistum bildet. Ansgar gründet »ein Stift frommer Männer« in Bremen, gemeint ist wohl das spätere Domkapitel, und »ein Stift frommer Jungfrauen« in Birxinon, Bassum, das spätere Kanonissenstift.

865 Rimbert, Vertrauter, Sekretär und Biograph seines Vorgängers Ansgar, wird Erzbischof von Hamburg-Bremen. Er erhält Tonsur und Mönchsgewand im flandrischen Kloster Turnholt und tritt auf Wunsch Ansgars als Erzbischof in die Abtei Corvey als Mönch ein. Er gründet das Stift Bücken.

888 Mit Adalgar kommt erneut ein Corveyer Benediktinermönch auf den erzbischöflichen Stuhl in Bremen. Er ist bereits zuvor Gehilfe des Erzbischofs Rimbert.

909 Hoger, ein Mönch aus Corvey, wird nach Bremen beordert, um dem betagten Erzbischof Adalgar als Gehilfe zur Seite zu stehen. Er wird sein Nachfolger.

918 Mit Erzbischof Unni kommt der letzte Corveyer Mönch auf den erzbischöflichen Stuhl in Bremen. Er stirbt 936 auf einer Missionsreise im schwedischen Birka.

1050 Erzbischof Adalbert gründet eine Propstei St. Pauli vor der Stadt.

1131/32 Trutbert, ein Vertrauter des Erzbischofs Adalbero, beschließt, in einer Kapelle östlich von Bremen als Mönch zu leben. Nach seinem Tod gründet der Erzbischof dort ein Kloster.

1138/39 Der Erzbischof bestätigt das St. Pauls-Kloster.

1190 Der »Deutsche Orden« entsteht nach Johannitern und Templern während des dritten Kreuzzugs (1189–1191). Angeblich geht er aus einem Feldlazarett hervor, das Bürger aus Bremen und Lübeck zur Betreuung von Kranken in ihrem Lager vor Akkon errichten.

1225 Am 9. Oktober »uppe Dionisius dage« lassen sich die »schwarzen Mönche«, die Dominikaner, in Bremen nieder und gründen das St. Katharinen-Kloster.

Im selben Jahr kommen aller Wahrscheinlichkeit nach auch die »grauen Mönche«, die Franziskaner. Sie lassen sich an der Balge nieder und bauen dort ihr St. Johannis-Kloster.

1230 Der Deutsche Orden gründet eine Komturei in Bremen, indem er das Heiliggeisthospital übernimmt. Die bremische Komturei am Ostertor entsteht.

1253 Die Dominikaner erhalten ein Grundstück zwischen Sögestraße und Schüsselkorb für einen Klosterbau.

1258 Die Beginen an St. Katharinen und an St. Nikolai werden aktenkundig.

1431 Abt Heinrich schließt das St. Pauls-Kloster der Bursfelder Kongregation an.

1523 Das St. Pauls-Kloster wird angeblich aus militärischen Gründen zerstört, vermutlich aber aus reformatorischen.

1524 Der Rat verweist die lautesten Eiferer unter den Dominikaner der Stadt.

1528 Das St. Katharinen-Kloster der Dominikaner und das Franziskanerkloster St. Johann werden geschlossen.

1531 Am 10. Mai wird der Komtur des Deutschen Ordens, Rolf von Bardewisch, »schmählich ermordet« und zwar »unter dem falschen Verdachte, im Besitze des Bürgerweidebriefs zu sein«.

Das Klostergebäude der Franziskaner wird zum Irrenhaus.

1546 Der Rat sammelt »alles Silberzeug der Kirchen« ein, um es einzuschmelzen, darunter auch den Schatz des Paulsklosters.

1547 Die verbliebenen Benediktinermönche des St. Pauls-Klosters flüchten im Schmalkaldischen Krieg in die Stadt. Die Wirtschaftsgebäude werden abgebrochen.

1548 Die Bremer Franziskanermönche geben ein letztes Lebenszeichen. Damit ist das mittelalterliche Kapitel der Klöster beendet.

1567 Der letzte Abt des St. Pauls-Klosters Gerhard Vogt stirbt in Bremen.

1599 Der Konvent der Beginen in der Hutfilterstraße wird zum Waisenhaus umfunktioniert.

1648 Mit dem Jesuitenpater Johannes Zweenbruggen wird in Bremen erstmals nach der Reformation ein katholischer Ordenspriester heimisch. Ihm folgt eine ganze Reihe Jesuiten als »Hofkapläne« des Kaiserlichen Residenten. Sie bleiben offiziell bis zum Verbot 1773.

1785 Bis zu diesem Jahr wirkt der letzte Jesuit als Weltgeistlicher in Bremen.

1823 Der Paderborner Generalvikar und Apostolische Vikar Richard Cornelius Dammers weiht die ehemalige Franziskanerkiche St. Johann als erste katholische Kirche Bremens nach der Reformation am 17. 10. feierlich ein.

1856 Mit den Schwestern von der Göttlichen Vorsehung aus Münster kommen erstmals katholische Ordensfrauen nach der Reformation nach Bremen. Sie übernehmen die Waisenanstalt der St. Johannis-Gemeinde und unterrichten später in der katholischen St. Johannis-Schule.

1868 Die ersten Mauritzer Franziskanerinnen werden wegen einer Typhusepidemie nach Bremen gerufen.

1869 Die Mauritzer Franziskanerinnen bleiben in Bremen und werden im neugegründeten »St. Joseph-Stift« heimisch.

1903 Die Schwestern von der Göttlichen Vorsehung aus Münster verlassen Ostern 1903 Bremen. Sie sind nicht bereit, in der Schule ohne ihr Ordenshabit zu unterrichten.

Die Franziskanerinnen von Thuine übernehmen Ostern 1903 den Dienst als Schulschwestern an der St. Johannis-Schule und auf eigenen Wunsch auch den Dienst im St. Johannis-Kinderheim in Walle.

1927 Die Netter Schwestern übernehmen das St. Theresienhaus in Vegesack. Sie bleiben dort bis 1989.

1946 Missionare der Heiligen Familie übernehmen im St. Joseph-Stift die Krankenhausseelsorge und Aufgaben in der Seelsorge. Der letzte Pater geht 1984.

1959 Frauen des Säkular-Instituts St. Bonifatius werden in Bremen tätig.

1961 Frauen des Säkular-Instituts St. Bonifatius übernehmen das Altenzentrum St. Michael in der Kornstraße.

1963 Bischof Dr. Helmut-Hermann Wittler weiht das Peter-Faber-Haus der Jesuiten am Schwachhauser Ring 151 ein. Damit sind zum erstenmal nach dem Verbot des Ordens 1773 wieder Jesuiten in Bremen heimisch.

Holländische Passionistenpatres übernehmen die Seelsorge der neugegründeten St. Pius-Gemeinde in Huchting bis 1969.

1966 Die Dominikaner kommen zurück. Sie übernehmen die Pfarrei St. Hedwig in der Neuen Vahr.

1968 Die Dominikaner ziehen nach St. Ursula, Schwachhausen, um. Geplant ist dort ein Klosterbau, der jedoch nie realisiert wird.

1988 Die Bremer Niederlassung der Dominikaner wird kirchenrechtlich aufgehoben.

1990 Der Jesuitenorden kündigt den Ordensgestellungsvertrag für die letzten drei, so daß die Bremer Niederlassung aufgelöst wird.

1995 Als letzter Dominikaner verläßt Pater Willigis Kretschmer OP St. Ursula.

1998 11.-13. 5. Auf der Klausurtagung der Dekanatspastoralkonferenz Bremen in Stapelfeld wird ein »geistlicher Ort!« gewünscht. Dies ist die Initialzündung für den Bau des Birgittenklosters.

1999 Die letzten zwei Netter Schwestern verlassen das Haus St. Elisabeth in Schwachhausen.

2000 Indische St. Marthaschwestern beziehen ihr Mini-Kloster in der Rethemer Straße 43, in der Gartenstadt Vahr, um im Caritas-Altenpflegeheim St. Laurentius tätig zu werden.

9. 4. Anläßlich der Seligsprechung der Ordensgründerin Elisabeth Hesselblad in Rom wird die Generaläbtissin Mutter Tekla Famiglietti gefragt, ob sie in Bremen ein Kloster gründen möchte.

30. 6. Die Generaläbtissin Mutter Tekla kommt zu ersten Gesprächen nach Bremen und schaut sich den vorgesehenen Bauplatz an.

8. 8. Der Osnabrücker Bischof Dr. Franz-Josef Bode lädt den Birgittenorden offiziell ein, in seine Diözese zu kommen.

12. 9. Postwendend liegt der Beschluß des Generalrats des Ordens vor, das Kloster in Bremen zu gründen.

2001 15. 10. Der erste Spatenstich des Birgittenklosters erfolgt.

2002 20. 6. Die Grundsteinlegung und das Richtfest des Birgittenklosters werden am selben Tag begangen.

19. 10. Bischof Dr. Franz-Josef Bode weiht das Birgittenkloster ein.

2003 1. 9. Vier Marthaschwestern nehmen Wohnung im Pfarrhaus von St. Thomas. Sie betreuen die Senioren im St. Elisabeth-Haus in Schwachhausen.

29. 9. Das Altenzentrum St. Michael wird am Michaelstag von den Frauen des Säkular-Instituts St. Bonifatius in die Hände des Caritasverbandes zurückgelegt.

2004 14. 10. Drei Frauen des Säkularinstituts St. Bonifatius beginnen in St. Godehard, Hemelingen.

Literatur

Arnold Angenendt: Geschichte der Religiosität im Mittelalter, Darmstadt 1997.
Joachim F. Angerer, Lois Lammerhuber: Mensch Mönch, Innsbruck - Wien 1994.
»Ansgarius«: Diverse Artikel.
Hans Georg Aschoff: Die katholische Kirche in Bremen im 19. und 20. Jahrhundert, in: Bremische Kirchengeschichte im 19. und 20. Jahrhundert, Bremen 1994.
Wilhelm von Bippen: Die Deutschordens-Capelle, Die Pfarr- und Ordenskirchen, in: Denkmale der Geschichte und Kunst der Freien Hansestadt Bremen, Bremen 1876.
Wilhelm von Bippen: Das St. Katharinen-Kloster. In: Denkmale der Geschichte und Kunst der Freien Hansestadt Bremen, Dritte Abtheilung: Die Bremischen Kirchen, Bremen 1876.
Das St. Paulskloster, a. s. O.
Das St. Johanniskloster a. s. O.
Wilhelm von Bippen: Geschichte der Stadt Bremen Bd. 1, Bremen 1892.
Bischöfliches Generalvikariat Münster: »Orden, Säkularinstitute und Geistliche Gemeinschaften im Bistum Münster«, Münster 2002.
Holger Stefan Brünjes: Die Deutschordenskomturei in Bremen, Bremen 1997.
Franz Buchenau: Die Freie Hansestadt Bremen. Eine Heimatkunde, Bremen 1934.
Chronik der Propsteigemeinde St. Johann.
Chronik der Gemeinde St. Ursula.
Alain Demurger: Die Ritter des Herrn - Geschichte der geistlichen Ritterorden, München 2003.
Eugen De Porre und Willi Hunold: Festschrift: «Das St. Joseph-Stift Bremen 1869-1969«.
Karl Dillschneider: St. Johann in Bremen, Bremen 1973.
Johann Hermann Duntze: Geschichte der Freien Stadt Bremen, Bremen 1845ff.
Dietrich Rudolf Ehmck: Die Fahrt der Bremer und Lübecker nach Accon und die Stiftung des Ordens, in: BJ 21,1 1865.
Michael Feldkamp: Die Jesuitenmission in Bremen 1648-1773, Rom 1990.
Siegfried Fliedner: Zur Entstehung der Wandgemälde im Bremer Rathaus, in: BJ 43, 1951.
Walter Felicetti-Liebenfels: Geschichte der russischen Ikonenmalerei in den Grundzügen dargestellt, Graz 1972.
Barbara Günther-Haug: Birgitta von Schweden - die große Seherin des 14. Jahrhunderts, Irdning 2002.
Handbuch der Ikonen, München 1966.
Friedrich Hardinghaus: Die St. Johanniskirche in Bremen, in Ansgarius, 10. Jg., 1933.
Manfred Heim: Kleines Lexikon der Kirchengeschichte, München 1998.
Ferdinand Holböck: Gottes Nordlicht - Die hl. Birgitta von Schweden und ihre Offenbarungen, Stein am Rhein 1998.
Paul Huvelle: Petit béguinage de Lauzelle, Louvain 1995.
Michael Karger: Die Weihnachtsvision der heiligen Birgitta von Schweden, in: Die Tagespost, 24. 12. 2002.
»Kirchenbote«: Diverse Artikel.

Kirche wächst mit der Großstadt - Bilder aus der Diaspora in Bremen, Osnabrück 1962.
Walter Krumwiede: Die mittelalterlichen Kirchen- und Altarpatrozinien Niedersachsens. Göttingen 1960.
Hermann Lange: Die Franziskaner in Bremen, ihr Kloster und ihre Kirche, in: Bremer Nachrichten, 1925.
Hermann Lange: Die Franziskaner in Bremen, ihr Kloster und ihre Kirche - zur 700-Jahr-Gedächtnisfeier der Ankunft der Franziskaner in Bremen in: Ansgarius, 2. Jg., 1925.
Lexikon für Theologie und Kirche, Freiburg 1986.
Erna und Hans Melchers: Das große Buch der Heiligen - Geschichte und Legende im Jahreslauf, München 1978.
Johannes Metzler SJ: Die Apostolischen Vikariate des Nordens, ..., Paderborn 1919.
Luise Michaelsen: Das Paulskloster vor Bremen, Br. Jb. 59/61.
Missionsschwestern vom heiligen Namen Mariens - Kloster Nette Osnabrück, Kleinschrift.
Konrad Onasch: Ikonen, Gütersloh 1961.
Hanspeter Oschwald, Mirko Milovanovic: Zeit für Klöster - Orte der Ruhe und Besinnung, München 2003.
Osservatore Romano, dt. Ausgabe, Oktober 2002.
Günter Peters: Norddeutsches Beginen- und Begardenwesen im Mittelalter, Nieders. Jb für Landeskunde, Bd. 41/42, 1979.
Günter Peters: Die Bremer Beginen im Mittelalter - Entstehung und Struktur einer städtischen Frauengemeinschaft, Niedersächsisches Jahrbuch für Landesgeschichte, Bd. 64, 1992.
Franz Probst: Situationsbericht an den Central-Vorstand des Ludwig-Missions-Vereins Anno 1844 aus dem Archiv von St. Johann. Den Hinweis verdanke ich Herrn Wessel, Bremerhaven.
Reclams Lexikon der Heiligen und biblischen Gestalten, Stuttgart 2001.
Jobst Reller: Eine Frau trotzt König, Kaiser und Papst - Birgitta von Schweden. Anstöße von einem Loccumer Altar, Gera 2002.
Christian Nikolaus Roller: Geschichte der Kaiserlichen und Reichsfreyen Stadt Bremen, I. Theil, Bremen 1799.
Cesare Romano: Abteien und Klöster in Europa, Augsburg 1997.
Ulrich Schacht: Birgitta ..., Rheinischer Merkur, Juli 2003.
Günther Schiwy: Birgitta von Schweden - Mystikerin und Visionärin des späten Mittelalters - eine Biographie, München 2003.
Patricius Schlager O.F.M.: Geschichte des Franziskanerklosters in Bremen, Separatdruck aus »Beiträge zur Geschichte der sächsischen Franziskanerprovinz vom Heil. Kreuze«, IV. und V. Bd. 1911/1912.
Dietrich Schomburg: Die Dominikaner im Erzbistum Bremen, Braunschweig 1910.
Hermann Albert Schumacher: Die Deutschherren-Commende zu Bremen, in: BJ 2.1, 1865.
Wendelin Seebacher und Dieter Cordes: Ostertor, Bremen 1987.
Wolfgang Seegrün: Klöster und Wallfahrten im Bistum Osnabrück, Kehl 2002.
Peter Seewald: Die Schule der Mönche - Inspirationen für unseren Alltag, Freiburg 2003.
Rudolf Stein: Romanische, gotische und Renaissance-Baukunst in Bremen, Bremen 1962.
Adam Storck: Ansichten der Freien Hansestadt Bremen und ihrer Umgebung, Frankfurt am Main 1822.
Herbert Schwarzwälder: Geschichte der Bremer Bürgerweide, in: BJ 48, 1962.

Herbert Schwarzwälder: Die Gedichte in der oberen Halle des Bremer Rathauses und ihre ursprüngliche Fassung, in: Jb. des Vereins für niederdeutsche Sprachforschung 77, 1954.
Herbert Schwarzwälder: Bremen im Wandel der Zeiten. Die Altstadt, Bremen 1970.
Herbert Schwarzwälder: Sehenswürdigkeiten in Bremen einst und jetzt, Bremen 1990.
Herbert Schwarzwälder: Geschichte der Freien Hansestadt Bremen, Bremen 1995.
Herbert Schwarzwälder: Das große Bremen-Lexikon, Bremen 2002.
Georg Schwaiger: Mönchtum, Orden, Klöster - ein Lexikon, München 1993.
Bernard Schnieders: Geschichte der St. Marien-Schule in Bremen, Bremen ohne Jahr.
Helgard Warns: Das St. Joseph-Stift in Bremen, Bremen 1994.
Otto Werra: Die katholische Kirche in Bremen seit der Kirchenspaltung, Osnabrück 1950.
Erhard Welzel: Chronik der St. Marien-Gemeinde, Manuskript.
Sr. Angelika Welzenberg: Die westfälische Provinz der Ordensgemeinschaft der Schwestern von der göttlichen Vorsehung, Münster 1998

Bildnachweis

Archiv der Schwestern von der Göttlichen Vorsehung, Münster: 92, 97,
Archiv des St. Joseph-Stifts: 100, 101, 102, 103, 105
Archiv Propsteigemeinde St. Johann: 40, 41
Becks-Bier-Brauerei: 18
Bischöfl. Generalkvikariat Münster: Orden, Säkularinstitute und Geistliche Gemeinschaften im Bistum Münster: 81, 85, 91, 99, 116
Bremer Landesbank: 32
Dilich-Chronik: 13, 21, 24
Michael Feldkamp: Die Jesuitenmission in Bremen 1648-1773: 75
Germanisches National Museum, Nürnberg: 167
Dr. J. G. Kohl, aus: Das alte Bremen: 25
Koster-Chronik: 59, 61
Propst Ansgar Lüttel: 36,38, 39
Günther Peters: Die Bremer Beginen im Mittelalter: 45
Privat: 155, 162, 173
Rennerchronik: 9, 10
Jörg Sarbach: 125
Herbert Schwarwälder: Bremer Geschichte: 29, 35
Herbert Schwarzwälder: Großes Bremen-Lexikon: 67
Schiwy: 157
Hermann Albert Schumacher, Die Deutschherren-Commende zu Bremen, BJ 2,1, 1865: 49, 51
Staatsarchiv Bremen: 14, 26
Rudolf Stein, römische, gotische und Renaissance Baukunst in Bremen: 22, 27
Hanni Steiner: 69
Wilhelm Tacke: 1, 11, 15, 16, 17, 19, 20, 30, 31, 33, 37, 42, 43, 44, 54, 76, 77, 87, 89, 109, 111, 113, 117, 118, 120, 122, 125, 126, 127, 128, 129, 130, 131, 132, 133, 135, 136, 139, 141, 143, 144, 147, 149, 152, 158, 159, 161, 165, 169
Dieter Zimmerling: Der Deutsche Ritterorden, Düsseldorf (Econ) 1988: 47

Ortsregister

T

U

V

W

Z

Personenregister

T

U

V

W

Z

Sachregister

E

F

G

H

I

J

K

T

U

V

W

Z